Zu diesem Buch

Eine Auslese der aufregenden und nachdenklichen, humorvollen und melancholischen Hundegeschichten aus den Büchern des berühmten Tierarztes und Autors James Herriot. Sein nie versiegendes Staunen vor den Wundern des Lebens und der warmherzige Umgang mit seinen Patienten, den Tieren, und mit ihren Besitzern, den Menschen, haben ihn zu einem der weltweit erfolgreichsten Erzähler von Tiergeschichten gemacht. James Herriot wurde 1916 geboren, wuchs in Schottland auf und studierte in Glasgow Tiermedizin. Er lebte mit seiner Frau und seinen zwei Kindern in Nordengland. Seine Arztpraxis gab er mit zweiundsiebzig Jahren auf. James Herriot starb am 23. Februar 1995 in Thirsk in Yorkshire. Weltberühmt wurde Herriot mit seinem 1972 erschienenen Roman «Der Doktor und das liebe Vieh» (rororo 14393; auch als Großdruck Nr. 33133).

Von James Herriot liegen im Rowohlt Taschenbuch Verlag ferner vor: «Der Tierarzt» (Nr. 14579), «Der Tierarzt kommt» (Nr. 14910) und «Von Zweibeinern und Vierbeinern» (Nr. 15460). Im Wunderlich Verlag erschien «Ein jegliches nach seiner Art. Neue Geschichten vom Doktor und dem lieben Vieh» (1993).

James Herriot

Auf den Hund gekommen

Stories

Rowohlt

Aus der Originalausgabe «Dog Stories»
erschienen 1986 bei Michael Joseph, London
Umschlaggestaltung Susanne Müller
Foto: Mauritius-Phototake

Ungekürzte Ausgabe
Veröffentlicht im Rowohlt Taschenbuch Verlag GmbH,
Reinbek bei Hamburg, Mai 1998
Copyright © 1974, 1976, 1979, 1982, 1995
by Rowohlt Verlag GmbH, Reinbek bei Hamburg
Copyright © 1970, 1972, 1973, 1974, 1976, 1977, 1981
by James Herriot
Auswahl «Dog Stories» Copyright © 1986
by James Herriot
(s. Quellenverzeichnis Seite 445)
Alle deutschen Rechte vorbehalten
Satz Excelsior PostScript PageOne
Gesamtherstellung Clausen & Bosse, Leck
Printed in Germany
ISBN 3 499 33141 1

Meinem jüngsten Enkelkind,
Katrina, in Liebe

Inhalt

Tricki Woo, der Pekinese 9

Tristans Nachtwache 21

Ein Triumph der ärztlichen Kunst 34

Lächeln unter Tränen 44

Ein braver Hund 52

Mrs. Donovan 63

Jock ist der Beste 80

Eine Promenadenmischung 95

Ein Fall für
Granville Bennett 121

Gyp bellt nie 144

Familie Dimmocks 160

Magnus und Company 189

Ein wahres Wunder 215

Cedrics Winde 229

Wesley war wie verwandelt 245

Sheps Hobby 263

Micks Augen geht es besser 282

Mr. Pinkertons Problem 302

Theo, der Pubterrier 306

Die große Flucht 322

Myrtle soll nicht sterben 342

Die fröhliche Venus 364

Räude! 391

Ruffles und Muffles 413

Brandys Hang zu Mülltonnen 426

Quellenverzeichnis 445

Tricki Woo, der Pekinese

Als der Herbst in den Winter überging und auf den hohen Berggipfeln die ersten Schneestreifen erschienen, entdeckte ich, was für Beschwerlichkeiten eine Praxis in den Dales mit sich brachte. Man mußte stundenlang mit eiskalten Füßen und in schneidendem Wind fahren, um zu den hoch gelegenen Höfen zu gelangen. Dazu das ständige Sichauskleiden in zugigen Ställen, das Waschen in kaltem Wasser, mit Scheuerseife und oft einem Stück Sack als Handtuch. Ich merkte jetzt erst so richtig, was es heißt, aufgesprungene Hände zu haben. Wenn viel zu tun war, wurden meine Hände nie richtig trocken, und die kleinen roten Risse zogen sich fast bis zu den Ellenbogen hinauf.

In solchen Zeiten war es ein Segen, wenn man zu einem Kleintier gerufen wurde, für eine Weile der rauhen, harten Routinearbeit entrinnen und sich statt dessen in einem warmen Wohnzimmer aufhalten konnte. Und von all den gemütlichen Wohnzimmern war keines so verlockend wie der Salon von Mrs. Pumphrey.

Mrs. Pumphrey war eine ältliche Witwe. Ihr verstorbener Mann, ein Biermagnat, dessen Brauereien und Pubs über ganz Yorkshire verstreut waren, hatte ihr außer einem beachtlichen Vermögen auch ein wunderschönes Haus am Stadtrand von Darrowby hinterlassen. Hier lebte sie mit einer großen Anzahl von Bediensteten, einem Gärtner, einem Chauffeur und Tricki Woo. Tricki Woo war ein Pekinese und der Augapfel seiner Herrin.

Als ich jetzt vor dem prächtigen Portal stand, sah ich in Gedanken bereits den tiefen Sessel dicht neben den züngelnden Flammen des Kamins, die Schale mit den Cocktailplätzchen, die Flasche mit dem ausgezeichneten Sherry. Wegen des Sherrys richtete ich es immer so ein, daß ich eine halbe Stunde vor dem Lunch erschien.

Ein Mädchen öffnete mir die Tür, begrüßte mich mit strahlendem Lächeln und führte mich in den Salon, der vollgestopft war mit teuren Möbeln, herumliegenden Illustrierten und den neuesten Romanen. Mrs. Pumphrey, die in einem hochlehnigen Sessel am Kamin saß, legte ihr Buch mit einem Schrei des Entzückens aus der Hand. «Tricki! Tricki! Onkel Herriot ist da.» Ich war vor kurzem zum Onkel avanciert und hatte, da ich die Vorteile einer solchen Verwandtschaft erkannte, keine Einwände erhoben.

Tricki hüpfte wie stets von seinem Kissen, sprang auf die Sofalehne und legte seine Vorderpfoten auf meine Schulter. Dann leckte er mein Gesicht gründlich ab, bevor er sich erschöpft zurückzog. Er war immer schnell erschöpft, denn er bekam etwa zweimal soviel Futter, wie ein Hund seiner Größe benötigte. Außerdem war es das falsche Futter.

«Oh, Mr. Herriot», sagte Mrs. Pumphrey und blickte besorgt auf ihren Liebling, «ich bin so froh, daß Sie gekommen sind, bei Tricki bockt es wieder einmal.»

Mit diesem Ausdruck, der in keinem Lehrbuch zu finden ist, beschrieb sie die durch Trickis eingeklemmte Afterdrüsen hervorgerufenen Symptome. Wenn die Drüsen sich füllten, zeigte er sein Unbehagen, indem er sich plötzlich mitten im Laufen hinsetzte, und dann stürzte seine Herrin in großer Aufregung zum Telefon. «Mr. Herriot, bitte, kommen Sie, bei Tricki bockt es schon wieder!»

Ich hob den kleinen Hund auf einen Tisch und drückte einen Wattebausch auf den Anus, um die Drüsen zu entleeren.

Ich begriff nicht, weshalb der Pekinese sich immer so freute, wenn er mich sah. Ein Hund, der einen Mann gern hatte, obgleich dieser Mann ihm bei jeder Begegnung schmerzhaft das Gesäß quetschte, ein solcher Hund mußte ein unglaublich nachsichtiges und gutmütiges Wesen sein. Tricki zeigte niemals irgendwelche Ressentiments; er war ein wirklich liebes Tierchen, das vor Intelligenz sprühte, und ich empfand echte Zuneigung für ihn. Es war ein Vergnügen, sein Leibarzt zu sein.

Als die Prozedur vorbei war, hob ich meinen Patienten vom Tisch herunter. Dabei fiel mir auf, daß Tricki schwerer geworden war und dicke Fleischpolster auf den Rippen hatte. «Hören Sie, Mrs. Pumphrey, ich glaube, Sie überfüttern ihn wieder. Habe ich Ihnen nicht gesagt, daß Sie ihm keine Süßigkeiten geben dürfen und daß er mehr Proteine braucht?»

«Ja, ja, Mr. Herriot, aber was soll ich tun?» jammerte Mrs. Pumphrey. «Er mag nun mal kein Hühnerfleisch.»

Es war hoffnungslos. Ich ließ mich von dem Mädchen zu dem palastartigen Badezimmer führen, wo ich immer ein rituelles Händewaschen vollzog. Es war ein ungeheuer großer Raum mit einem voll bestückten Frisiertisch und Reihen von Glasborden, beladen mit Toilettenartikeln. Neben der teuren Toilettenseife war mein privates Gästehandtuch zurechtgelegt.

Dann kehrte ich in den Salon zurück, mein Sherryglas wurde gefüllt, und ich setzte mich an den Kamin, um Mrs. Pumphrey zu lauschen. Eine Unterhaltung konnte man es nicht nennen, denn sie allein besorgte das Reden, aber ich fand immer, daß es sich lohnte.

Mrs. Pumphrey war liebenswert, spendete großzügig für wohltätige Zwecke und half jedem, der in Not war. Sie besaß Intelligenz, Witz und sehr viel Charme. Aber wie die meisten Leute hatte sie einen schwachen Punkt, und bei ihr war es Tricki Woo. Die Geschichten, die sie über ihren Liebling erzählte, waren zumeist im Reich der Phantasie angesiedelt, und so wartete ich gespannt auf die nächste Fortsetzung.

«Stellen Sie sich vor, Mr. Herriot, Tricki hat jetzt einen Brieffreund! Ist das nicht aufregend? Ja, er hat an den Chefredakteur der *Welt des Hundes* geschrieben und eine Spende beigelegt. In dem Brief erzählte er, daß er von chinesischen Kaisern abstamme, aber trotzdem beschlossen habe, Verbindung zu gewöhnlichen Hunden aufzunehmen. Er bat, der Zeitungsmann möge unter den Hunden, die er kenne, einen Brieffreund für ihn aussuchen – zum gegenseitigen Gedankenaustausch, wissen Sie. Zu diesem Zweck, schrieb Tricki, werde er sich den Namen Mr. Utterbunkum zulegen. Und denken Sie nur, er bekam einen ganz reizenden Brief von dem Chefredakteur. Dieser Herr meinte, er werde ihn gern mit Bonzo Fotheringham bekannt machen, einem einsamen Dalmatiner, der bestimmt entzückt wäre, Briefe mit einem neuen Freund in Yorkshire zu wechseln.»

Ich trank ein Schlückchen Sherry. Tricki schnarchte auf meinem Schoß.

«Aber ich bin so enttäuscht über die neue Gartenlaube», fuhr Mrs. Pumphrey fort.

«Sie wissen, ich ließ sie speziell für Tricki aufstellen, damit wir an warmen Nachmittagen zusammen im Freien sitzen könnten. Es ist ein so hübsches rustikales Häuschen, aber er kann es einfach nicht ausstehen. Er hat einen Abscheu davor und weigert sich entschieden, hineinzugehen. Sie sollten seine angewiderte Miene sehen, wenn er es nur von weitem erblickt. Und wissen Sie, wie er es gestern genannt hat? Oh, ich wage es Ihnen kaum zu erzählen.» Sie schaute sich im Zimmer um, bevor sie hinter der vorgehaltenen Hand flüsterte: «Er nannte es Scheißbaracke!»

Das Mädchen fachte das Feuer von neuem an und füllte nochmals mein Glas. Der Wind schleuderte eine Handvoll Graupeln gegen das Fenster. Ich wartete auf weitere Neuigkeiten.

«Und habe ich Ihnen schon erzählt, Mr. Herriot, daß Tricki gestern wieder gewonnen hat? Wissen Sie, ich bin sicher, daß er die Rennberichte liest, denn er weiß immer, welches Pferd am besten in Form ist. Also gestern riet er mir, beim Drei-Uhr-Rennen in Redcar auf Canny Lad zu setzen, und wie üblich gewann dieses Pferd. Tricki setzte einen Shilling auf Sieg und Platz, und das brachte ihm neun Schilling ein.»

Diese Wetten wurden immer im Namen von Tricki Woo abgeschlossen, und ich dachte voller Mitgefühl an die örtlichen Buchmacher. Im Laufe des Jahres eine Shillingflut an einen Hund zu verlieren, das mußte für diese Männer höchst unerfreulich sein.

«Letzte Woche ist etwas Schreckliches passiert», sprach Mrs. Pumphrey weiter. «Ich dachte schon, ich würde Sie rufen müssen. Der arme kleine Tricki – er schnappte völlig über. Es war entsetzlich, ich war ganz außer mir. Der Gärtner warf Ringe für Tricki – Sie wissen ja, er macht das jeden Tag eine halbe Stunde lang.»

Ich hatte dieses Schauspiel mehrere Male miterlebt. Hodgkin, ein mißmutiger alter Mann, der aussah, als hasse er alle Hunde und speziell Tricki, mußte jeden Tag auf dem Rasen kleine Gummiringe werfen, die Tricki dann holte und zurückbrachte.

Mrs. Pumphrey fuhr fort: «Also Tricki machte sein Ringspiel, er liebt es doch so sehr. Aber plötzlich schnappte er über. Er vergaß seine Ringe, fing an, im Kreis zu ren-

nen, und dabei bellte und kläffte er so merkwürdig. Und auf einmal fiel er um. Wie ein
Toter lag er da. Wissen Sie, Mr. Herriot, ich
dachte wirklich, er wäre tot, weil er sich
überhaupt nicht rührte. Und was mich am
meisten verletzte – Hodgkin lachte darüber.
Er ist seit vierundzwanzig Jahren bei mir,
und ich habe ihn niemals auch nur lächeln
sehen, aber beim Anblick dieser reglosen
kleinen Gestalt brach er in ein seltsames
schrilles Kichern aus. Es war grauenhaft.
Ich wollte gerade zum Telefon laufen, als
Tricki aufstand und davonging – er wirkte
völlig normal.»

Hysterie, dachte ich, verursacht durch falsche Ernährung und übermäßige Erregung.
Ich stellte mein Glas hin und blickte Mrs.
Pumphrey streng an. «Sehen Sie, deswegen
warne ich Sie ja dauernd, Tricki zu überfüttern. Wenn Sie ihn weiterhin mit all diesem
ungesunden Zeug vollstopfen, ruinieren Sie
seine Gesundheit. Was er braucht, das ist
eine vernünftige Hundediät – ein- oder
höchstens zweimal am Tag eine kleine Mahlzeit. Nur Fleisch und Schwarzbrot oder
Zwieback. Und nichts zwischendurch.»

Mrs. Pumphrey sank förmlich in sich zu-

sammen, ein Bild tiefsten Schuldbewußt-
seins. «Ach, bitte, sprechen Sie nicht so
streng mit mir. Ich versuche ja, ihm die richtigen Dinge zu geben, es ist nur so schwierig.
Wenn er um seine kleinen Leckerbissen bet-
telt, kann ich einfach nicht nein sagen.» Sie
betupfte ihre Augen mit einem Taschentuch.

Aber ich war unnachgiebig. «Gut, Mrs.
Pumphrey, es liegt bei Ihnen, aber glauben
Sie mir, wenn Sie so weitermachen, wird
Tricki immer häufiger solche Anfälle erlei-
den.»

Ich verließ den gemütlichen Hafen nur un-
gern. Auf dem Kiesweg blieb ich stehen, um
mich nach Mrs. Pumphrey umzublicken, die
mir nachwinkte. Tricki hockte wie immer
hinter der Fensterscheibe, und sein Gesicht
mit der breiten Schnauze war offensichtlich
zu einem herzlichen Lachen verzogen.

Auf der Heimfahrt dachte ich darüber
nach, wie vorteilhaft es doch war, Trickis
Onkel zu sein. Wenn er ans Meer fuhr,
schickte er mir Kisten mit frischgeräucher-
ten Bücklingen, und wenn die Tomaten in
seinem Gewächshaus reiften, bekam ich
jede Woche ein oder zwei Pfund. Regelmäßig
traf Tabak in Blechdosen ein, dem manch-

mal ein Foto mit einer liebevollen Widmung beilag. Für diese Gaben bedankte ich mich telefonisch, und Mrs. Pumphrey sagte stets ziemlich kühl, nicht sie, sondern Tricki habe mir das geschickt und ihm gebühre daher der Dank.

Als zu Weihnachten der große Präsentkorb eintraf, wurde mir plötzlich klar, daß ich mir einen schweren taktischen Fehler hatte zuschulden kommen lassen. Ich setzte mich sofort hin, um Tricki einen Brief zu schreiben. Ohne Siegfrieds sardonisches Lächeln zu beachten, dankte ich meinem Hundeneffen für die Weihnachtsgeschenke und für all seine Großzügigkeit in der Vergangenheit. Ich äußerte die Hoffnung, daß die Feiertagskost seinem empfindlichen Magen gut bekommen sei, und empfahl ihm für den Fall von Beschwerden, das schwarze Pulver einzunehmen, das ihm sein Onkel immer verschreibe. Ein vages Gefühl beruflicher Scham ertrank in Visionen von Lachs, Bücklingen, Tomaten und Geschenkkörben. Ich adressierte das Dankschreiben an Master Tricki Pumphrey, Barlby Grange, und warf es fast ohne Gewissensbisse in den Briefkasten.

Bei meinem nächsten Besuch nahm mich Mrs. Pumphrey beiseite. «Mr. Herriot», flüsterte sie, «Tricki war ganz entzückt von Ihrem bezaubernden Brief, und er wird ihn immer aufbewahren. Nur etwas hat ihn sehr verstimmt – Sie adressierten den Brief an Master Tricki, und das ist doch eine Anrede für kleine Jungen. Er besteht auf Mister. Zuerst war er furchtbar beleidigt, aber als er sah, daß der Brief von Ihnen war, kehrte seine gute Laune zurück. Ich weiß gar nicht, woher er diese kleinen Eigenheiten hat. Vielleicht liegt es daran, daß er ein Einzelhund ist – ich glaube, ein Einzelhund entwickelt mehr Eigenheiten als einer, der viele Geschwister hat.»

Als ich Skeldale House betrat, hatte ich das Gefühl, in eine kältere Welt zurückzukehren. Auf dem Gang lief mir Siegfried in die Arme. «Ach, wen haben wir denn da? Ist das nicht der liebe Onkel Herriot? Und was haben Sie heute gemacht, Onkelchen? Sich in Barlby Grange abgemüht, vermute ich. Armer Junge, Sie müssen ja völlig fertig sein. Glauben Sie wirklich, daß es sich lohnt, bis zum Umfallen für einen neuen Geschenkkorb zu schuften?»

Tristans Nachtwache

Ich ließ die chirurgische Nadel auf das Tablett fallen und trat zurück, um die fertige Arbeit zu begutachten. «Also ohne mich loben zu wollen, es sieht recht hübsch aus.»

Tristan stand über den bewußtlosen Hund gebeugt und untersuchte den sauberen Schnitt mit der Reihe regelmäßiger Stiche. «Tatsächlich sehr hübsch, mein Junge. Ich selbst hätte es nicht besser machen können.»

Der großе schwarze Neufundländer lag regungslos auf dem Tisch, die Zunge herausgestreckt, die Augen blicklos und glasig. Man hatte ihn mit einer häßlichen Geschwulst über den Rippen zu uns gebracht, und ich hatte entschieden, daß es ein harmloses Lipom sei, gutartig und sehr geeignet für einen operativen Eingriff. Und diese Diagnose hatte sich bestätigt. Ich hatte die Geschwulst mühelos herausschälen können, sie war rund, intakt und glatt. Keine Blutung, und es war auch nicht zu befürchten, daß sich ein neues Lipom bildete.

Die häßliche Schwellung war durch diese

saubere Naht ersetzt worden, die in einigen Wochen nicht mehr zu sehen sein würde. Ich war froh und zufrieden.

«Am besten behalten wir ihn hier, bis er zu sich kommt», sagte ich. «Fassen Sie mal mit an, Tristan, wir wollen ihn auf die Dekken legen.» Wir betteten den Hund vor einem elektrischen Ofen, und dann brach ich zu meiner morgendlichen Runde auf.

Beim Lunch hörten wir den seltsamen Laut zum erstenmal. Es war ein Mittelding zwischen Stöhnen und Heulen, fing ganz leise an, steigerte sich zu gellender Höhe und glitt dann die Tonleiter wieder hinab.

Siegfried sah erschrocken von seiner Suppe auf. «Um Gottes willen, was ist das?»

«Muß der Hund sein, den ich heute morgen operiert habe», antwortete ich. «Die Wirkung der Barbiturate läßt nach, und er kommt langsam zu sich. Ich denke, das Geheul wird bald aufhören.»

Siegfried sah mich zweifelnd an. «Na, hoffentlich. Mir langt's. Klingt ja schauerlich.»

Wir gingen hinüber und sahen nach dem Hund. Der Puls war kräftig, die Atmung tief und regelmäßig, die Schleimhäute hatten eine gute Farbe. Das Tier lag noch immer regungslos ausgestreckt, und das einzige Anzeichen des zurückkehrenden Bewußtseins war das Heulen, das sich alle zehn Sekunden wiederholte.

«Ja, er ist völlig in Ordnung», sagte Siegfried. «Aber was für ein gräßliches Geräusch! Kommt bloß hier raus.»

Die Mahlzeit wurde hastig und schweigend beendet, man hörte nur das Jammern im Hintergrund. Siegfried hatte kaum den letzten Bissen hinuntergeschlungen, da war er schon auf den Beinen. «Ich muß abschwirren. Habe 'ne Menge zu tun heute nachmittag. Tristan, das beste ist wohl, wenn du den Hund ins Wohnzimmer bringst und vor den Kamin legst. Auf diese Weise kannst du ihn im Auge behalten.»

Tristan starrte seinen Bruder entgeistert an. «Du meinst, ich soll mir den ganzen Nachmittag dieses Geheul anhören?»

«Ja, genau das meine ich. Wir können ihn in diesem Zustand nicht nach Hause schikken, und ich möchte nicht, daß ihm etwas passiert. Er braucht Pflege und Beaufsichtigung.»

«Soll ich vielleicht seine Pfote halten oder

ihn im Kinderwagen um den Marktplatz herumschieben?»

«Verschone mich mit deinen Unverschämtheiten. Du bleibst bei dem Hund, und damit basta!»

Tristan und ich zogen das schwere Tier auf den Decken den Korridor entlang; dann mußte ich zu meiner nachmittäglichen Runde aufbrechen. An der Tür blieb ich stehen und blickte zurück auf das große schwarze Tier neben dem Feuer und auf Tristan, der unglücklich in einem Sessel hockte. Das Geheul war fürchterlich. Ich schloß hastig die Tür.

Es war dunkel, als ich zurückkam, und das alte Haus ragte schwarz und schweigend in den kalten Himmel. Schweigend – das heißt mit Ausnahme des Geheuls, das gespenstisch in der menschenleeren Straße widerhallte.

Ich sah auf meine Uhr. Es war sechs, also hatte Tristan diese Tortur vier Stunden über sich ergehen lassen. Ich eilte die Stufen hinauf und durch den Korridor. Als ich die Wohnzimmertür öffnete, stand Tristan mit dem Rücken zu mir an dem französischen Fenster und blickte in den dunklen Garten hinaus. Er hatte die Hände tief in die Taschen gesteckt, und aus seinen Ohren hingen Wattebüschel.

«Na, wie sieht's aus?» fragte ich.

Da keine Antwort kam, ging ich zu ihm und berührte ihn an der Schulter. Die Wirkung war ungeheuerlich. Er sprang in die Luft und fuhr herum. Sein Gesicht war aschfahl, und er zitterte heftig. «Mein Gott, Jim, Sie hätten mich beinahe getötet. Ich kann durch diese Ohrpfropfen nichts hören – bis auf den Hund natürlich.»

Ich kniete mich hin und untersuchte den Neufundländer. Sein Zustand war ausgezeichnet, aber außer einem schwachen Augenreflex deutete nichts auf eine Wiederkehr des Bewußtseins hin. Das durchdringende Heulen ertönte nach wie vor in regelmäßigen Abständen.

«Er braucht aber entsetzlich lange, um zu sich zu kommen», sagte ich. «War er den ganzen Nachmittag so?»

«Ja, genau so. Verschwenden Sie bloß kein Mitleid an diesen jaulenden Teufel – er weiß ja nichts davon. Aber sehen Sie mich an! Ich bin nach all den Stunden völlig mit den Nerven herunter. Noch ein bißchen länger, und

Sie müssen auch mir eine Spritze geben.» Er fuhr sich mit zitternder Hand durch das Haar, und in seiner rechten Wange zuckte unaufhörlich ein Muskel.

Ich nahm ihn am Arm. «Essen Sie erst mal was, dann werden Sie sich gleich besser fühlen.» Er folgte mir widerstandslos ins Eßzimmer.

Während der Mahlzeit war Siegfried in ausgezeichneter Stimmung. Er lachte, scherzte und führte das große Wort, ohne das schrille Geheul im Nebenzimmer zu beachten. Um so heftiger zerrte es zweifellos an Tristans Nerven.

Als wir das Zimmer verließen, legte mir Siegfried die Hand auf die Schulter. «Vergessen Sie nicht die Versammlung heute abend in Brawton, James. Der alte Reeves spricht über Schafskrankheiten – er macht so was immer sehr gut. Schade, daß du nicht mitkommen kannst, Tristan, aber ich fürchte, du mußt bei dem Hund bleiben, bis er zu sich kommt.»

Tristan zuckte zusammen, als hätte ihn jemand geschlagen. «O nein, bitte nicht! Das verdammte Biest treibt mich zum Wahnsinn!»

«Leider geht es nicht anders. James oder ich hätten dich heute abend ablösen können, aber wir müssen nun mal zu dieser Versammlung. Es würde einen schlechten Eindruck machen, wenn wir nicht kämen.»

Tristan wankte ins Wohnzimmer zurück, und ich zog meinen Mantel an. Auf der Straße blieb ich einen Augenblick stehen und lauschte. Der Hund heulte immer noch.

Die Versammlung war ein Erfolg. Sie fand in einem Luxushotel statt, und wie meistens war das anschließende gesellige Beisammensein der Tierärzte das Beste vom Abend. Es war ungemein beruhigend, von den Problemen und Fehlern der Kollegen zu hören – besonders von den Fehlern.

Gegen elf Uhr brachen wir auf. Ich dachte schuldbewußt daran, daß ich Tristan und seine Nachtwache in den letzten paar Stunden völlig vergessen hatte. Aber gewiß hatte er an diesem Abend keine Schwierigkeiten gehabt. Der Hund war sicherlich ruhiger geworden. Doch als ich in Darrowby aus dem Auto sprang, erstarrte ich, denn aus dem Haus drang ein schwaches Jaulen. Unglaublich, der Hund heulte noch immer. Und was war mit Tristan? Ich wagte mir nicht vorzustellen, in welcher Verfassung er war. Beinahe ängstlich öffnete ich die Wohnzimmertür.

Tristans Sessel bildete eine kleine Insel in einem Meer von leeren Bierflaschen. Eine hochkant gestellte Kiste lehnte an der Wand, und Tristan saß mit feierlicher Miene sehr aufrecht da. Ich stieg über die Flaschen hinweg.

«Nun, war es sehr schlimm, Triss? Wie fühlen Sie sich?»

«Könnte schlimmer sein, mein Lieber, viel schlimmer. Bald nachdem ihr abgefahren wart, bin ich zu den Drowers gegangen und habe 'nen Kasten Bier geholt. Das half mir über das Schlimmste hinweg. Nach drei oder vier Stunden ließ mich der Hund völlig kalt – ich habe sogar mitgejault. Wir hatten einen recht interessanten Abend. Übrigens kommt er jetzt zu sich. Schauen Sie mal.»

Der Hund hatte den Kopf gehoben, und in seinen Augen lag ein Ausdruck des Wiedererkennens. Das Geheul war verstummt. Ich ging zu ihm und streichelte ihn, und das Tier wedelte mit dem buschigen schwarzen Schwanz.

«So ist's schon besser, alter Junge», sagte

ich. «Und jetzt solltest du dich ein bißchen zusammennehmen. Du hast dem armen Onkel Tristan ganz schön zugesetzt.»

Der Hund reagierte sofort. Er richtete sich mühsam auf und machte ein paar schwankende Schritte. Dann brach er zwischen den Flaschen zusammen.

Siegfried erschien in der Türöffnung und blickte angewidert auf Tristan, der noch immer sehr gerade dasaß. Dann betrachtete er den Hund zwischen den Flaschen. «Was ist denn das für ein Tohuwabohu? Kannst du nicht auf den Hund aufpassen, ohne eine Orgie zu veranstalten?»

Beim Klang von Siegfrieds Stimme richtete sich der Neufundländer auf und versuchte in einem Anflug von Selbstvertrauen mit wedelndem Schwanz zu ihm zu laufen. Aber er kam nicht weit. Nach wenigen Schritten sackte er wieder zusammen und stieß dabei eine leere Flasche um, die langsam bis vor Siegfrieds Füße rollte.

Siegfried bückte sich und streichelte den glänzenden schwarzen Kopf. «So ein liebes, freundliches Tier. Bestimmt ist er ein großartiger Hund, wenn er seine fünf Sinne beisammen hat. Morgen früh wird er wieder ganz normal sein, die Frage ist nur, was wir heute nacht mit ihm machen. Wir können ihn nicht hier unten herumtorkeln lassen, sonst bricht er sich womöglich ein Bein.» Er blickte Tristan an, der jetzt noch steifer, noch aufrechter dasaß. «Weißt du, am besten nimmst du ihn mit in dein Zimmer. Jetzt, wo er glücklich über den Berg ist, wollen wir doch nicht, daß er sich verletzt. Ja, er soll die Nacht bei dir verbringen.»

«Vielen Dank, vielen herzlichen Dank», sagte Tristan tonlos, die Augen starr geradeaus gerichtet.

Siegfried warf ihm einen scharfen Blick zu und wandte sich zum Gehen. «Also gut, räume den Kram hier weg, und dann ab ins Bett.»

Tristan und ich schliefen Tür an Tür. Mein Zimmer war der Hauptraum, riesengroß, quadratisch, mit hoher Decke und einem von Pfeilern flankierten Kamin. Tristans Zimmer, der ehemalige Ankleideraum, war lang und nicht sehr breit, so daß man das schmale Bett an die hintere Querwand hatte quetschen müssen. Auf den glatten, gebohnerten Dielen lag kein Teppich. Ich legte den Hund auf einen Stapel Decken und wandte mich Tristan zu, der sich erschöpft auf sein Bett geworfen hatte.

«Er ist ganz ruhig – schläft wie ein Baby», sagte ich tröstend. «Ich denke, Sie werden jetzt Ihre wohlverdiente Ruhe haben.»

In meinem Zimmer zog ich mich rasch aus und stieg ins Bett. Ich schlief sofort ein. Wann der Lärm wieder anfing, kann ich nicht sagen, ich weiß nur, daß ich plötzlich hochfuhr, weil ein wütender Schrei in meinen Ohren gellte. Dann hörte ich ein Rutschen, einen dumpfen Schlag und noch einen Schrei aus Tristans Kehle.

Ich schrak vor dem Gedanken zurück, nach nebenan zu gehen – tun konnte ich sowieso nichts –, also kuschelte ich mich in die Decken und lauschte. Nach einer Weile döste ich ein, wurde aber jäh aus dem Schlaf gerissen, als weitere Schlaggeräusche und Schreie durch die Wand drangen.

Nach etwa zwei Stunden änderten sich die Laute. Der Neufundländer schien seine Beine wieder gebrauchen zu können, denn er wanderte im Zimmer auf und ab, wobei seine Pfoten ein regelmäßiges Tack-a-Tack auf dem Holzfußboden machten. Das ging unentwegt so weiter, und von Zeit zu Zeit brüllte Tristan, der schon stockheiser war: «Hör auf, zum Donnerwetter! Setz dich, verdammter Köter!»

Ich mußte wohl trotzdem fest eingeschlafen sein, denn als ich aufwachte, füllte graues Morgenlicht das Zimmer. Ich wälzte mich auf den Rücken und lauschte. Das Tack-a-Tack der Pfoten war noch immer zu hören, aber ganz unregelmäßig, als liefe der Neufundländer bald hierhin, bald dorthin, statt blindlings von einem Ende des Zimmers zum anderen zu stolpern.

Ich stand auf. Zitternd in der eiskalten Luft zog ich mein Hemd und die Hose an. Dann schlich ich zu der Verbindungstür und öffnete sie. Ich wurde fast umgeworfen, als sich zwei große Pfoten gegen meine Brust drückten. Der Neufundländer war hocherfreut, mich zu sehen, und schien sich hier schon ganz heimisch zu fühlen. Er wedelte ekstatisch mit dem Schwanz.

«Na, bist du wieder in Ordnung, Freundchen?» sagte ich. «Komm, zeig mal deine Wunde.» Ich untersuchte die Naht über den Rippen. Keine Schwellung und nicht einmal schmerzempfindlich.

«Wunderbar!» rief ich. «Du bist ja so gut

wie neu.» Ich gab ihm einen scherzhaften Klaps, der einen Begeisterungsausbruch hervorrief. Das Tier sprang an mir hoch, umarmte und leckte mich.

Ich versuchte ihn abzuwehren, als ich ein jämmerliches Stöhnen aus dem Bett hörte. In dem trüben Licht sah Tristan gespenstisch aus. Er lag auf dem Rücken, hatte beide Hände in die Bettdecke gekrallt, und seine Augen leuchteten wild. «Nicht eine Minute Schlaf, Jim», flüsterte er. «Nicht eine einzige Minute. Hat einen herrlichen Humor, mein Bruder, läßt mich die ganze Nacht bei diesem schwarzen Satan. Beobachten Sie ihn nachher – ich gehe jede Wette ein, daß er zufrieden aussehen wird.»

Beim Frühstück ließ sich Siegfried die Einzelheiten von Tristans qualvoller Nacht erzählen und war sehr mitfühlend. Wortreich entschuldigte er sich für all die Aufregung, die der Hund dem Bruder bereitet hatte. Aber wie Tristan es vorausgesagt hatte: Er sah zufrieden aus.

Ein Triumph
der ärztlichen Kunst

Diesmal machte ich mir ernstliche Sorgen um Tricki. Ich hatte mein Auto angehalten, als ich ihn auf der Straße mit seiner Herrin sah, und sein Aussehen erschreckte mich. Er war ungeheuer fett geworden und sah aus wie ein Luftballon mit vier Beinen. Seine blutunterlaufenen, wässerigen Augen hatten einen starren Blick; die Zunge hing heraus.

«Er war so teilnahmslos, Mr. Herriot», erklärte Mrs. Pumphrey hastig. «Er schien überhaupt keine Energie mehr zu haben. Ich dachte, er litte an Unterernährung, und daher habe ich ihm zwischen den Mahlzeiten immer ein paar Extrahäppchen zur Stärkung gegeben. Kalbssülze zum Beispiel, abends ein Schüsselchen Ovomaltine zum Einschlafen und natürlich Lebertran. Wirklich nicht viel.»

«Und haben Sie ihn mit Süßigkeiten kurzgehalten, wie ich es Ihnen riet?»

«Zuerst schon, aber dann kam er mir so entkräftet vor, und da mußte ich nachgeben.

Er mag so gern Sahnetorte und Schokolade. Ich bringe es einfach nicht übers Herz, ihn darben zu lassen.»

Da lag der Hase im Pfeffer: Trickis einziger Fehler war seine Gier. Es kam ihm einfach nicht in den Sinn, Futter abzulehnen; er fraß zu jeder Tages- und Nachtzeit. Ich fragte mich, was Mrs. Pumphrey ihm wohl noch alles gegeben hatte, ohne es zu erwähnen. Gänseleberpastete auf Toast, feine Butterpralinen – so etwas liebte Tricki.

«Hat er genügend Bewegung?»

«Nun, Sie sehen ja, er macht seine kleinen Spaziergänge mit mir, aber Hodgkin liegt mit Hexenschuß im Bett, und daher gab es in letzter Zeit kein Ringspiel.»

Ich bemühte mich, mit äußerster Strenge zu sprechen. «Hören Sie, Mrs. Pumphrey, wenn Sie sein Futter nicht drastisch reduzieren und er nicht mehr Bewegung hat, kann es ihn das Leben kosten. Sie müssen hart sein und ihn auf eine sehr strenge Diät setzen.»

Mrs. Pumphrey rang die Hände. «Ja, Mr. Herriot, ich weiß, daß Sie recht haben, aber es ist so schwer, so furchtbar schwer.» Sie ging mit gesenktem Kopf weiter.

Ich sah den beiden besorgt nach. Tricki wackelte in seinem Tweedmäntelchen neben Mrs. Pumphrey her. Er besaß eine ganze Kollektion solcher Mäntel – aus warmem Tweed- oder Schottenstoff für kalte Tage, aus imprägniertem Gabardine für Regenwetter. Matt und kraftlos zottelte er die Straße entlang. Ich vermutete, daß ich bald von Mrs. Pumphrey hören würde.

Der erwartete Anruf kam nach ein paar Tagen. Mrs. Pumphrey war verzweifelt. Tricki wollte nicht fressen, wies sogar seine Lieblingsgerichte zurück und hatte sich mehrmals übergeben. Er lag apathisch auf seinem Lager und atmete keuchend. Zum Spazierengehen hatte er keine Lust und auch zu nichts anderem.

Mein Plan stand bereits fest: Tricki mußte für einige Zeit von Mrs. Pumphrey getrennt werden. Ich schlug ihr vor, ihn für etwa vierzehn Tage zwecks Beobachtung zu uns zu geben.

Die arme Frau wurde beinahe ohnmächtig. Sie war noch nie ohne ihren Liebling gewesen und behauptete, er werde vor Sehnsucht vergehen, wenn er sie nicht jeden Tag sehe.

Aber ich blieb fest. Tricki war sehr krank, und dies war die einzige Möglichkeit, ihn zu retten. Ich hielt es für das beste, ihn gleich mitzunehmen, und so wickelte ich trotz Mrs. Pumphreys Gejammer den kleinen Hund in eine Decke und trug ihn hinaus zum Wagen.

Das ganze Haus war in Aufruhr. Dienstmädchen liefen hin und her, brachten sein Bett für den Tag, sein Bett für die Nacht, seine Lieblingskissen, Spielzeug und Gummiringe, Näpfe fürs Frühstück, für den Lunch, für das Abendessen. Da mir klar war, daß mein Wagen all diesen Kram unmöglich fassen konnte, fuhr ich kurzerhand los. Im letzten Augenblick warf Mrs. Pumphrey mit einem verzweifelten Schrei einen Armvoll kleiner Mäntel durch das Fenster. Bevor ich am Tor um die Ecke bog, blickte ich in den Spiegel: Alle waren in Tränen aufgelöst.

Ich sah auf das Mitleid erregende Tierchen hinab, das keuchend auf dem Beifahrersitz lag, und streichelte ihm den Kopf. Tricki machte einen tapferen Versuch, mit dem Schwanz zu wedeln. «Armer, alter Kerl», sagte ich, «du hast überhaupt keinen

37

Mumm mehr, ich glaube, ich weiß eine Kur für dich.»

In der Praxis sprangen unsere Hunde wie wild um mich herum. Tricki blickte mit trüben Augen auf die lärmende Meute, und als ich ihn niedersetzte, blieb er regungslos auf dem Teppich liegen. Die anderen Hunde beschnüffelten ihn, stellten fest, daß er gänzlich uninteressant sei, und kümmerten sich nicht weiter um ihn.

Ich brachte Tricki in einer warmen Box unter, dicht neben dem Verschlag, in dem die anderen Hunde schliefen. Zwei Tage lang gab ich ihm kein Futter, aber sehr viel Wasser. Am Ende des zweiten Tages begann er Interesse für seine Umgebung zu zeigen, und am dritten Tag winselte er, als er die Hunde auf dem Hof hörte.

Ich öffnete die Tür, Tricki trottete heraus und wurde sogleich von Joe, dem Windhund, und seinen Freunden mit Beschlag belegt. Nachdem sie ihn spielerisch gestupst und gründlich inspiziert hatten, liefen sie in den Garten. Tricki folgte ihnen, leicht schwankend wegen seines Übergewichts, aber offensichtlich neugierig.

Später am Tag war ich zur Futterzeit anwesend. Ich sah zu, wie Tristan die Schüsseln füllte. Es gab das übliche stürmische Gedränge, das hastige Schlabbern und Schmatzen. Jeder Hund wußte, daß er sich beeilen mußte, wenn er beim letzten Teil der Mahlzeit keinen ‹Mitesser› haben wollte.

Als sie fertig waren, spazierte Tricki an den blanken Schüsseln vorbei und leckte in zweien von ihnen herum. Am nächsten Tag wurde ein Extranapf für ihn hingesetzt, und ich sah mit Freude, wie er sich daraufstürzte.

Von nun an machte er rapide Fortschritte. Er wurde überhaupt nicht medizinisch behandelt, sondern war den ganzen Tag mit den anderen Hunden zusammen und nahm an ihren freundschaftlichen Raufereien teil. Er fand das herrlich, wenn er hin und her gestoßen, geknufft und gepufft wurde. So entwickelte er sich sehr bald zu einem akzeptierten Mitglied der Meute, zu einem entzückenden, seidigen kleinen Geschöpf, das bei den Mahlzeiten wie ein Tiger um seinen Anteil kämpfte und nachts im alten Hühnerstall auf Rattenjagd ging. Er hatte noch nie soviel Spaß gehabt.

Währenddessen stand Mrs. Pumphrey

schreckliche Ängste aus und rief täglich mindestens zehnmal an, um das neueste Bulletin zu erfahren. Ich wich ihren Fragen aus, ob seine Kissen auch regelmäßig gewendet würden und er je nach dem Wetter den richtigen Mantel trüge. Aber ich konnte ihr berichten, daß ihr kleiner Liebling ganz außer Gefahr sei und sich zusehends erhole.

Das Wort ‹erholen› löste bei Mrs. Pumphrey eine Lawine nahrhafter Liebesbezeigungen aus. Sie brachte regelmäßig frische Eier herüber, jedesmal zwei Dutzend, um Tricki zu kräftigen. Eine Zeitlang gab es für jeden von uns zwei Eier zum Frühstück, aber erst als die Flaschen mit Sherry eintrafen, dämmerte es uns, was für ungeahnte Möglichkeiten sich hier boten.

Der Sherry war von demselben köstlichen Jahrgang, den ich so gut kannte, und er sollte Trickis Blut anreichern. Der Lunch wurde jetzt eine feierliche Angelegenheit mit zwei Glas Sherry vor und weiteren während der Mahlzeit. Siegfried und Tristan wetteiferten in Trinksprüchen auf Trickis Gesundheit, und das Niveau ihrer Reden steigerte sich mit jedem Tag. Mir als

Trickis Onkel oblag es, die Toasts zu erwidern.

Wir trauten unseren Augen nicht, als der Brandy kam. Zwei Flaschen Cordon Bleu, die Trickis Konstitution den letzten Schliff geben sollten. Siegfried brachte von irgendwoher bauchige Gläser zum Vorschein, die seiner Mutter gehörten. Mehrere Abende lang schwenkten wir in ihnen den köstlichen Alkohol und atmeten den Duft ein, bevor wir den Brandy ehrfurchtsvoll schlürften.

Die Versuchung, Tricki als Dauergast zu behalten, war groß, aber ich wußte, wie sehr Mrs. Pumphrey litt, und so fühlte ich mich nach zwei Wochen verpflichtet, ihr telefonisch mitzuteilen, Tricki sei wieder wohlauf und könne jederzeit abgeholt werden.

Wenige Minuten später fuhren dreißig Fuß glänzendes schwarzes Metall vor. Der Chauffeur riß den Wagenschlag auf, und ich konnte undeutlich die Gestalt von Mrs. Pumphrey erkennen, die sich im Innern des großen Wagens fast verlor. Sie hatte die Hände ineinandergekrampft, und ihre Lippen bebten. «Mr. Herriot, bitte, sagen Sie mir die Wahrheit. Geht es ihm wirklich besser?»

«Ja, es geht ihm ausgezeichnet. Bleiben Sie ruhig sitzen – ich hole ihn.»

Ich ging durch das Haus in den Garten. Die Hunde tollten auf dem Rasen umher, und der goldfarbene winzige Tricki jagte mit flatternden Ohren und wedelndem Schwanz bald hierhin, bald dorthin. Binnen zwei Wochen hatte er sich in ein gelenkiges Tier mit festen Muskeln verwandelt. Er hielt prächtig mit der Meute Schritt und streckte sich bei den großen Sprüngen so sehr, daß seine Brust fast den Boden streifte.

Ich trug ihn durch den langen Korridor nach vorn. Der Chauffeur hielt noch immer die Wagentür offen. Als Tricki seine Herrin sah, sprang er mit einem gewaltigen Satz von meinem Arm und sauste auf Mrs. Pumphreys Schoß. «Ooooh!» rief sie erschrocken, und dann mußte sie sich wehren, weil Tricki sie mit Zärtlichkeiten förmlich überschwemmte.

Während dieser Wiedersehensszene half ich dem Chauffeur, die Betten, Kissen, Mäntelchen, Freßnäpfe und Spielsachen herauszutragen – nichts davon war benutzt worden. Als der Wagen anfuhr, beugte sich Mrs. Pumphrey aus dem Fenster. Sie hatte

Tränen in den Augen, und ihre Lippen zitterten.

«Lieber Mr. Herriot», rief sie, «wie kann ich Ihnen nur danken? Dies ist ein Triumph der ärztlichen Kunst!»

Lächeln unter Tränen

Ich sah noch einmal auf das Stück Papier, auf dem ich meine Besuche notiert hatte. «Dean, Thompson's Yard Nr. 3. Kranker alter Hund.»

Darrowby hatte viele solcher Yards. Es handelte sich dabei um Gäßchen, die in einem Roman von Dickens hätten vorkommen können. Einige gingen vom Marktplatz ab, und viele lagen verstreut hinter den Hauptverkehrsstraßen in dem alten Teil der Stadt. Von außen sah man lediglich einen Bogengang, und ich war immer von neuem überrascht, wenn ich am Ende eines solchen schmalen Ganges plötzlich auf die ungleichmäßigen Reihen kleiner Häuser stieß, von denen nicht eines dem anderen glich und die sich über acht Fuß Kopfsteinpflaster hinweg in die Fenster blickten. Vor manchen Häusern gab es einen Streifen Garten, und Ringelblumen und Kapuzinerkresse wucherten über die holperigen Steine hinaus; aber am Ende der schmalen Gassen waren die Häuser in einem elenden Zustand. Einige standen leer, und ihre Fenster waren mit Brettern vernagelt.

Das Haus Nr. 3 lag an diesem Ende und sah aus, als werde es demnächst einstürzen. Von dem verfaulten Holz der Tür blätterten Farbschnitzel ab, als ich klopfte: Oben wölbte sich das Gemäuer beiderseits eines Risses gefährlich nach außen.

Ein kleiner, weißhaariger Mann öffnete. Aus einem hohlwangigen, von Falten durchfurchten Gesicht blickte ein Paar fröhliche Augen; er trug eine gestopfte Wolljacke, eine geflickte Hose und Hausschuhe.

«Ich wollte mal nach Ihrem Hund sehen», sagte ich, und der alte Mann lächelte.

«Ich bin froh, daß Sie kommen», sagte er. «Der alte Bursche macht mir Sorgen.» Er führte mich in ein winziges Wohnzimmer. «Ich lebe allein. Meine Frau ist vor einem Jahr gestorben. Sie hat sehr an dem Hund gehangen.»

Überall offenbarten sich die erbarmungslosen Zeichen der Armut: in dem abgetretenen Linoleum, dem feuerlosen Kamin, dem feuchtkalten, muffigen Geruch. Die Tapete hing in Fetzen von der Wand, und auf dem Tisch sah ich die bescheidene Abendmahlzeit des alten Mannes: ein Stückchen Speck, ein paar Bratkartoffeln und eine Tasse Tee.

Auf einer Decke lag mein Patient, ein nicht rassereiner Neufundländer. Er mußte seinerzeit ein großer, kräftiger Hund gewesen sein, aber die Spuren des Alters zeigten sich in den weißen Haaren rund um die Schnauze und in den fahlen, trüben Augen. Er sah mich ohne Feindseligkeit an.

«Er ist nicht mehr der Jüngste, stimmt's, Mr. Dean?»

«Allerdings. Fast vierzehn, aber bis vor ein paar Wochen ist er noch wie ein junger Hund herumgaloppiert. Ein prächtiges Tier für sein Alter, mein guter Bob, und er hat nie in seinem Leben jemand gebissen. Die Kinder können alles mit ihm machen. Er ist jetzt mein einziger Freund – ich hoffe, Sie machen ihn bald wieder gesund.»

«Frißt er, Mr. Dean?»

«Nein, gar nichts, und das ist seltsam, denn er konnte ganz schön was verdrücken. Er saß bei den Mahlzeiten immer neben mir und legte den Kopf auf meine Knie, aber in letzter Zeit hat er das nicht mehr getan.»

Ich betrachtete den Hund mit wachsendem Unbehagen. Der Bauch war geschwol-

len, ich konnte die verräterischen Schmerz-
symptome erkennen: das stoßweise Atmen,
die verkniffene Linie der Lefzen, den ängstlichen Ausdruck in den Augen.

Als sein Herr sprach, schlug der Hund
zweimal mit dem Schwanz auf die Wolldecke, und in den weißlichen Augen glomm
ein flüchtiges Interesse auf, das aber sogleich wieder dem leeren, nach innen ge-
wandten Blick wich.

Ich befühlte vorsichtig den Bauch des
Hundes. Eine ausgeprägte Bauchwasser-
sucht, und die gestaute Flüssigkeit erzeugte
nun einen starken Druck. «Komm, alter
Bursche», sagte ich. «Laß dich mal auf die
Seite rollen.» Der Hund leistete keinen Widerstand, als ich ihn langsam auf die andere
Seite drehte, dann aber winselte er und sah
sich um. Ich betastete ihn ganz sanft. Durch
den dünnen Muskel an der Flanke konnte
ich eine harte, gewellte Masse fühlen, zweifellos ein Milz- oder Leberkarzinom, riesengroß und völlig inoperabel. Ich streichelte
den Kopf des alten Hundes, während ich
mich zu konzentrieren suchte. Dies war kein
leichter Fall.

«Wird er lange krank sein?» fragte der alte

Mann, und wieder klopfte der Schwanz beim Klang der geliebten Stimme. «Es ist so traurig, wenn Bob mir nicht nachläuft, während ich hier herumwirtschafte.»

«Tut mir leid, Mr. Dean, aber die Sache ist sehr ernst. Sehen Sie hier die große Schwellung? Sie wird von einem Tumor verursacht.»

«Sie meinen ... Krebs?» fragte der kleine Mann leise.

«Ich fürchte, ja, und zwar in einem Stadium, in dem nichts mehr zu machen ist. Ich wünschte, ich könnte Ihrem Bob helfen, aber es ist hoffnungslos.»

Der alte Mann sah völlig verwirrt aus, und seine Lippen zitterten. «Dann muß er also sterben?»

Ich schluckte. «Ja, aber wir können ihn nicht einfach sich selbst überlassen, meinen Sie nicht auch? Er hat jetzt schon Schmerzen, und bald werden sie unerträglich sein. Wäre es nicht das beste, ihn einzuschläfern? Schließlich hat er ein schönes, langes Leben gehabt.» Ich bemühte mich in solchen Fällen immer, einen Ton munterer Sachlichkeit anzuschlagen, aber diesmal klangen die alten Klischees leer.

Der alte Mann schwieg. Dann sagte er: «Einen Augenblick bitte», und kniete sich mühsam neben dem Hund nieder. Wortlos strich er immer wieder über die graue Schnauze und die Ohren, während der Schwanz des Hundes auf den Boden klopfte. Lange kniete er so, und ich stand derweil in dem freudlosen Raum, ließ meinen Blick über die verblichenen Bilder an den Wänden, über die ausgefransten, schmutzigen Vorhänge und den schadhaften Lehnstuhl wandern.

Schließlich stand der alte Mann schwerfällig auf und schluckte ein paarmal. Ohne mich anzusehen, murmelte er:

«Gut, wollen Sie es jetzt tun?»

Ich füllte die Spritze und sagte das, was ich immer sagte:

«Sie brauchen sich keine Sorgen zu machen, er wird überhaupt nichts merken. Dies ist lediglich die Überdosis eines Betäubungsmittels. Es ist wirklich ein schmerzloser Tod.»

Der Hund rührte sich nicht, als ich die Nadel einführte. Während das Barbiturat in die Vene floß, wich die Angst aus seinen Augen, und die Muskeln begannen sich zu entspannen. Als die Injektion beendet war, hatte die Atmung aufgehört.

«Ist das alles?» fragte Mr. Dean heiser.

«Ja, das ist alles», antwortete ich. «Er hat jetzt keine Schmerzen mehr.»

Der alte Mann stand regungslos da, nur seine Hände krampften sich immer wieder ineinander. Als er sich schließlich mir zuwandte, leuchteten seine Augen. «Sie haben recht, wir konnten ihn nicht so leiden lassen, und ich bin dankbar für das, was Sie getan haben. Und was bin ich Ihnen schuldig, Sir?»

«Ach, das ist schon in Ordnung, Mr. Dean», sagte ich hastig. «Dafür nehme ich nichts. Ich kam sowieso hier vorbei.»

Der alte Mann sah mich erstaunt an. «Aber Sie können das doch nicht umsonst tun.»

«Lassen Sie's gut sein, Mr. Dean, bitte. Wie ich schon sagte, ich kam sowieso hier vorbei.» Ich verabschiedete mich, verließ das Haus und ging durch den Torweg auf die Straße. Im Gedränge der Leute und in dem hellen Sonnenlicht sah ich immer nur das ärmliche kleine Zimmer, den alten Mann und seinen toten Hund. Als ich zu meinem

Wagen ging, hörte ich hinter mir jemand rufen. Der alte Mann kam in seinen Pantoffeln aufgeregt angeschlurft. Auf seinen Wangen waren Tränenspuren zu sehen, aber er lächelte.

«Sie waren sehr freundlich, Sir. Ich habe hier etwas für Sie.» Er hielt mir einen kleinen braunen Gegenstand hin, der arg mitgenommen, aber noch immer erkennbar war: ein kostbares Überbleibsel von einem längst vergangenen Fest.

«Hier», sagte der alte Mann, «darf ich Ihnen eine Zigarre anbieten?»

Ein braver Hund

«Ob Mr. Herriot sich wohl bitte meinen Hund ansehen könnte?»

Die Worte, die da aus dem Wartezimmer herausdrangen, hörte ich nur allzu oft, doch die Stimme ließ mich innehalten.

Nein, es konnte nicht sein. Ausgeschlossen. Und doch, die Stimme klang genau wie Helens Stimme. Ich schlich zurück und spähte durch die Türritze. Drinnen im Wartezimmer stand Tristan und sprach mit jemandem, der sich außerhalb meines Blickfelds befand. Ich sah nur eine Hand, die auf dem Kopf eines geduldigen Schäferhunds ruhte, und zwei Beine in Seidenstrümpfen.

Es waren hübsche Beine, und es konnten durchaus Helens Beine sein. Während ich noch darüber nachdachte, beugte sich ein Kopf zu dem Hund herab, und jetzt sah ich ein Profil wie in Großaufnahme vor mir: die gerade Nase und das dunkle Haar, das über die glatte weiche Wange fiel.

Völlig durcheinander spähte ich noch immer durch die Ritze, als Tristan aus dem

Zimmer geschossen kam und mit mir zusammenprallte. Er unterdrückte einen Fluch, packte mich am Arm und zerrte mich den Flur entlang in das hintere Zimmer. Er schloß die Tür und flüsterte heiser:

«Sie ist es! Die Alderson! Und sie will Sie sehen! Nicht Siegfried, nicht mich, sondern Sie! Mr. Herriot persönlich!»

Er sah mich mit großen Augen an. Und dann, als ich zögerte, riß er die Tür auf und versuchte mich hinauszustoßen.

«Worauf warten Sie?» zischte er.

«Nun ja, es ist doch ein bißchen peinlich, oder etwa nicht? Nach dem Abend damals, meine ich. Ich muß einen hinreißenden Anblick geboten haben – stockbetrunken und unfähig zu reden.»

Tristan schlug sich mit der Hand vor die Stirn. «Herrgott! Lassen Sie doch diese Albernheiten. Sie will Sie sehen – was wollen Sie mehr? Los, gehen Sie!»

Unentschlossen ging ich ein paar Schritte durch den Flur.

«Moment», zischelte Tristan. «Warten Sie hier!»

Er eilte davon und kam gleich darauf mit einem weißen Kittel wieder. «Gerade aus der

Wäscherei zurück», sagte er und machte sich daran, meine Arme in die gestärkten Ärmel zu zwängen. «Sie werden fabelhaft darin aussehen, Jim – der lautere junge Arzt.»

Ich leistete keinen Widerstand, als er mir den Kittel zuknöpfte. Doch als er meine Krawatte zurechtziehen wollte, schlug ich seine Hand weg. Er lachte und winkte mir aufmunternd zu.

Ich dachte nicht weiter nach, sondern marschierte schnurstracks ins Wartezimmer. Helen blickte auf und lächelte. Es war genau das gleiche Lächeln wie immer. Nichts verbarg sich dahinter. Es war das gleiche freundliche, stille Lächeln wie bei unserer ersten Begegnung.

Wir sahen einander schweigend an. Als ich nichts sagte, senkte sie den Kopf und deutete auf den Hund.

«Diesmal geht es um Dan», sagte sie. «Er ist unser Schäferhund, aber wir hängen alle so sehr an ihm, daß er fast schon zur Familie gehört.»

Der Hund wedelte mit dem Schwanz, als er seinen Namen hörte, jaulte jedoch, als er auf mich zukam. Ich streichelte seinen Kopf.

54

«Ich sehe schon, er hat etwas an dem einen Hinterbein.»

«Ja, er ist heute morgen über eine Mauer gesprungen, und seither zieht er das Bein an. Es muß etwas Schlimmes sein – er kann sich nicht darauf stützen.»

«Gut. Bringen Sie ihn hinüber. Ich werde ihn mir ansehen. Und gehen Sie bitte mit ihm vor mir her, damit ich sehe, wie er läuft.»

Ich hielt Helen die Tür auf, und sie ging mit dem Hund vor mir her.

Zuerst hingen meine Blicke nur an Helens Beinen, doch bis wir die zweite Biegung des langen Flurs erreicht hatten, war es mir gelungen, mich auf meinen Patienten zu konzentrieren.

Es war eine Hüftverrenkung. Es konnte gar nichts anderes sein. Man sah deutlich, wie er das eine Bein unter dem Körper hielt und mit der Pfote eben nur den Boden berührte.

Ich betrachtete den Schaden mit gemischten Gefühlen. Es war eine schwere Verletzung. Andererseits konnte ich die Sache mit etwas Glück schnell in Ordnung bringen und so eine gute Figur machen. Ich wußte aus Erfahrung, daß die Korrektur einer traumatischen Hüftgelenkluxation eines der spektakulärsten, eindrucksvollsten Verfahren war.

Im Operationsraum hievte ich Dan auf den Tisch und untersuchte seine Hüfte. Kein Zweifel – der Oberschenkelkopf war nach hinten aus der Gelenkpfanne herausgetreten. Ich fühlte es deutlich mit dem Daumen.

Der Hund blickte sich nur einmal um, nämlich als ich behutsam versuchte, das Bein zu beugen. Dann wandte er sich wieder ab und starrte entschlossen geradeaus, demütig in sein Schicksal ergeben.

«Ein braver Hund», sagte ich. «Und obendrein ein sehr hübsches Tier.»

Helen strich ihm über den breiten weißen Stirnfleck. Dan wedelte langsam mit dem Schwanz. «Ja», sagte sie. «Er ist der Liebling der Familie und außerdem sehr arbeitsam. Ich hoffe nur, die Verletzung ist nicht zu schlimm.»

«Hm, es ist eine Hüftverrenkung. Scheußliche Sache, aber mit ein bißchen Glück müßte ich's eigentlich in Ordnung bringen können.»

«Und was ist, wenn es nicht gelingt?»

«Dann würde sich da oben ein falsches Gelenk bilden. Er würde wochenlang lahmen und wahrscheinlich immer ein leicht verkürztes Bein haben.»

«O Gott, das wäre ja entsetzlich! Glauben Sie, er wird wieder in Ordnung kommen?»

Ich sah auf das folgsame Tier, das immer noch unbeirrt vor sich hinstarrte. «Ich glaube, er hat eine gute Chance. Es ist gut, daß Sie gleich mit ihm hergekommen sind. Je schneller man diese Dinge in Angriff nimmt, um so besser.»

«Fein, und wann können Sie mit der Behandlung beginnen?»

«Jetzt gleich.» Ich ging zur Tür. «Ich will nur Tristan rufen, damit er mir zur Hand geht.»

«Kann *ich* Ihnen nicht helfen? Bitte!»

Ich sah sie zweifelnd an. «Na, ich weiß nicht. Es wird ein heftiges Gezerre geben. Natürlich wird er betäubt, aber trotzdem ist es kein Spaß.»

Helen lachte. «Och, ich bin nicht zimperlich. Ich bin den Umgang mit Tieren gewohnt.»

«Gut», sagte ich. «Dann ziehen Sie diesen Kittel an. Wir fangen gleich an.»

Der Hund zuckte nicht einmal, als ich die Nadel in die Vene stieß. Das Nembutal wirkte sofort. Sein Kopf sank gegen Helens Arm, und gleich darauf lag er bewußtlos auf der Seite.

Ich ließ die Nadel in der Vene und betrachtete das schlafende Tier.

«Ich sollte ihm vielleicht ein bißchen mehr geben. Je tiefer er schläft, um so mehr läßt der Widerstand der Muskeln nach.»

Schließlich lag Dan so schlaff wie eine Stoffpuppe da. Ich ergriff das verletzte Bein. Über den Tisch hinweg sagte ich zu Helen: «Jetzt falten Sie bitte die Hände unter seinem Schenkel, und dann halten Sie ihn so fest, wie Sie können, wenn ich ziehe. Verstanden? Also los – jetzt!»

Es erfordert erstaunlich viel Kraft, den Kopf eines verrenkten Oberschenkelknochens über den Rand der Gelenkpfanne zu ziehen. Ich zog fest und stetig mit der rechten Hand und drückte gleichzeitig mit der linken auf den Oberschenkelkopf. Helen machte ihre Sache gut. Sie stemmte sich mit aller Kraft gegen die Zugbewegung, und vor lauter Konzentration schoben sich ihre Lippen vor.

Ich meine, es müßte für diese Prozedur eine narrensichere Methode geben, ein Verfahren, das gleich beim erstenmal funktioniert, aber ich bin nie dahintergekommen. Ich habe immer erst nach mehreren Versuchen Erfolg gehabt, und so war es auch diesmal. Ich probierte es mit allen möglichen Drehungen und Bewegungen und mochte gar nicht daran denken, wie ich dastehen würde, falls es mir ausgerechnet in diesem Fall nicht gelang. Ich überlegte gerade, was Helen wohl von diesem Ringkampf hielt, als ich plötzlich das leise Knacken hörte. Ein süßer und willkommener Laut!

Ich bog das Hüftgelenk hin und her. Keinerlei Widerstand mehr! Der Oberschenkelkopf bewegte sich wieder geschmeidig in seiner Gelenkpfanne.

«So, das wär's», sagte ich. «Ich hoffe, es bleibt dabei. Wir wollen alle Daumen halten. Manchmal springt der Oberschenkelkopf wieder heraus, aber diesmal habe ich das Gefühl, es ist alles in Ordnung.»

Helen strich mit der Hand über die seidigen Ohren und den Hals des schlafenden Hundes. «Armer Dan», sagte sie. «Bestimmt wäre er nicht über die Mauer gesprungen, wenn er gewußt hätte, was ihn erwartete. Wann wird er wieder zu sich kommen?»

«Oh, ich nehme an, erst gegen Abend. Wenn er aufwacht, sollten Sie bei ihm sein und ihn stützen, sonst fällt er womöglich und renkt sich das Ding noch einmal aus. Vielleicht rufen Sie mich an, damit ich Bescheid weiß.»

Ich nahm Dan auf beide Arme und trug ihn vorsichtig hinaus. Im Flur kam mir Mrs. Hall entgegen. Sie trug ein Tablett mit zwei Tassen.

«Ich habe mir gerade Tee gekocht, Mr. Herriot», sagte sie, «und da dachte ich mir, Sie und die junge Dame würden vielleicht auch gern ein Täßchen trinken.»

Ich sah sie prüfend an. Wollte sie etwa auch wie Tristan Cupido spielen? Aber ihr breites, wie immer gleichmütiges Gesicht verriet nichts.

«Fein, Mrs. Hall, vielen Dank. Ich will nur schnell den Hund nach draußen bringen.» Ich legte Dan behutsam auf den Rücksitz von Helens Auto und breitete eine Decke, die dort lag, über ihn. Er wirkte ganz zufrieden.

Helen saß bereits da und hielt eine Tasse in der Hand. Ich mußte daran denken, wie

60

ich einst in diesem Zimmer mit einem jungen Mädchen Tee getrunken hatte. Am Tag meiner Ankunft in Darrowby. Sie war eine von Siegfrieds Verfolgerinnen gewesen und sicherlich die zäheste von allen.

Aber diesmal war es anders, und diesmal stockte die Unterhaltung nicht. Vielleicht weil ich mich auf meinem eigenen Boden befand – vielleicht war ich nie ganz frei und ungezwungen, wenn nicht irgendwo ein krankes Tier mit im Spiel war. Jedenfalls redete ich munter drauflos, genau wie damals, als wir einander zum erstenmal begegnet waren.

Das gleiche Gefühl der Sicherheit und des Selbstvertrauens hatte ich, als Helen mich am Abend anrief.

«Dan ist auf und spaziert herum», sagte sie. «Er ist noch ein bißchen wacklig auf den Beinen, aber das Hüftgelenk ist in Ordnung.»

«Großartig, er hat das erste Stadium hinter sich. Ich denke, es geht alles gut.»

Es folgte eine lange Pause. «Vielen Dank für alles, was Sie getan haben», sagte Helen schließlich. «Wir waren so in Sorge um Dan, besonders mein kleiner Bruder und meine Schwester. Wir sind Ihnen sehr dankbar.»

«Nichts zu danken. Ich freue mich auch. Ein prächtiger Hund.» Ich zögerte, aber dann überwand ich meine Scheu. «Ach so, ja», fuhr ich fort, «wir sprachen doch heute über Schottland. Ich bin vorhin am Plaza vorbeigekommen. Sie zeigen dort einen Film über die Hebriden. Ich dachte, vielleicht ... Ich wollte fragen ... Ich wollte Sie fragen, ob Sie Lust hätten, sich den Film mit mir anzusehen.»

Wieder eine Pause. Mein Herz klopfte dröhnend.

«Fein», sagte Helen endlich. «Sehr gern. Und wann? Freitag abend? Gut, vielen Dank, und dann auf Wiedersehen.»

Mit zitternder Hand legte ich den Hörer auf. Warum fand ich alle solche Dinge so kompliziert? Aber es machte nichts – am Freitag würde ich Helen wiedersehen.

Mrs. Donovan

Der weißhaarige alte Herr mit dem sympathischen Gesicht sah nicht aus wie jemand, der leicht in Erregung gerät, aber seine Augen funkelten mich zornig an, und seine Mundwinkel zuckten vor verhaltener Empörung.

«Mr. Herriot», sagte er, «ich bin gekommen, um mich zu beschweren. Sie lassen es zu, daß Studenten ausgerechnet an meiner Katze den Beruf erlernen. Dagegen erhebe ich energisch Einspruch.»

«Studenten? Was für Studenten?» Ich war völlig verwirrt.

«Sie wissen sehr gut, was ich meine, Mr. Herriot. Ich habe vor einigen Tagen meine Katze für eine Gebärmutterentfernung hierhergebracht, und ich spreche von dieser Operation.»

Ich nickte. «Ja, ich erinnere mich sehr deutlich daran ... aber was hat das mit Studenten zu tun?»

«Nun, der Schnitt ist ziemlich groß, und ich weiß aus zuverlässiger Quelle, daß er von jemandem gemacht worden ist, der noch keine Erfahrung mit solchen Eingriffen hat.» Der alte Herr schob grimmig das Kinn vor.

«Moment. Eins nach dem anderen», sagte ich. «Ich habe die Operation an Ihrer Katze selbst vorgenommen. Der Einschnitt mußte vergrößert werden, weil das Tier trächtig war, und zwar schon in einem fortgeschrittenen Stadium. Durch die ursprüngliche Öffnung konnte ich die Fetusse nicht herausholen.»

«Ach so. Das wußte ich nicht.»

«Zweitens arbeiten bei uns keine Studenten. Die kommen nur während der Semesterferien, und dann erlauben wir ihnen ganz gewiß nicht, Operationen vorzunehmen.»

«Aber diese Dame schien sich ihrer Sache ganz sicher zu sein. Sie warf einen Blick auf die Katze und erklärte, das habe ein Student gemacht.»

«Dame?»

«Ja», sagte der alte Herr. «Sie versteht sehr viel von Tieren und fragte, ob sie mir helfen solle, die Katze gesundzupflegen. Sie brachte mir mehrere ausgezeichnete Stärkungsmittel mit.»

Bei mir blitzte es. Plötzlich war mir alles klar. «Sie meinen Mrs. Donovan, nicht wahr?»

«Nun ... hm, ja, so heißt sie wohl.»

Die alte Mrs. Donovan war eine Person, die man wirklich überall traf. Ganz gleich, was in Darrowby vor sich ging – Hochzeiten, Beerdigungen, Hausversteigerungen –, stets sah man unter den Zuschauern die untersetzte Gestalt mit dem auffallend dunklen Teint und den lebhaften Knopfaugen, die alles begierig in sich aufnahmen. Und immer hatte sie ihren Terrier dabei.

Mrs. Donovans Alter war schwer zu schätzen. Sie konnte alles sein zwischen fünfundfünfzig und fünfundsiebzig. Ihre Vitalität glich der einer jungen Frau. Viele Leute in Darrowby spotteten über sie, doch von anderen wurde sie als eine Art Tierdoktor angesehen. «Der junge Doktor Herriot», pflegte sie zu den Hunde- und Katzenbesitzern zu sagen, «mag ja für Rinder und Schafe ganz nützlich sein, aber von Kleintieren versteht er nichts.»

Über deren Leiden konnte sie stundenlang reden, und sie verfügte über ein ganzes Arsenal von Medikamenten und Heilmitteln:

ihre Hauptspezialität waren die Wunder wirkenden Stärkungsmittel und ein Hundeshampoo von unvergleichlichem Wert für die Verbesserung des Fells. Da sie den lieben langen Tag auf Achse war, begegnete ich ihr häufig, und sie lächelte stets liebenswürdig zu mir empor.

Es lag jedoch kein Lächeln auf ihrem Gesicht, als sie eines Nachmittags, während Siegfried und ich gerade beim Tee saßen, in die Praxis gestürzt kam.

«Mr. Herriot!» stieß sie hervor. «Können Sie kommen? Mein kleiner Hund ist überfahren worden!»

Ich sprang sofort auf, packte sie in den Wagen und fuhr mit ihr los. Starr vor sich hinblickend, die Hände fest um die Knie geklammert, saß sie neben mir.

«Er hat sich sein Halsband abgestreift und ist vor einen Wagen gelaufen», murmelte sie. «Er liegt vor der Schule in der Cliffend Road. Bitte, beeilen Sie sich.»

Ich war in drei Minuten dort, aber als ich mich über den staubigen kleinen Körper beugte, sah ich sofort, daß es nichts gab, was ich hätte tun können. Der zusehends glasig werdende Blick, das Röcheln, die fahle

Blässe der Schleimhäute – das alles bedeutete nur eines.

Ganz vorsichtig schob ich meine Linke unter das kleine Tier, um es behutsam aufzuheben, aber noch während ich das versuchte, hörte die Atmung auf, und seine Augen brachen.

Mrs. Donovan kniete neben ihm nieder und streichelte sanft das rauhe Fell. «Er ist tot, nicht wahr?» flüsterte sie schließlich.

«Ja», sagte ich.

Ich nahm ihren Arm, führte sie zum Wagen und half ihr beim Einsteigen. «Setzen Sie sich», sagte ich. «Ich kümmere mich darum und bringe Sie dann nach Hause.»

Ich wickelte den Hund in meinen Overall und legte ihn in den Kofferraum. Dann fuhr ich los. Erst als wir vor ihrem Haus hielten, fing Mrs. Donovan an zu weinen. Ich wartete schweigend, bis sie sich wieder gefaßt hatte.

«Armer kleiner Rex», sagte sie. «Ich weiß nicht, was ich ohne ihn anfangen werde. Wir haben ja doch ein langes Stück Weg zusammen zurückgelegt.»

«Ja, das ist wahr. Er hat ein herrliches Leben gehabt, Mrs. Donovan. Und wenn ich Ihnen einen Rat geben darf – schaffen Sie sich wieder einen Hund an. Sie kommen sich sonst so verloren vor.»

Sie schüttelte den Kopf. «Nein, das kann ich nicht. Dafür hat mir Rex viel zuviel bedeutet. Ich brächte es nicht fertig, einen andern seinen Platz einnehmen zu lassen.»

«Das kann ich gut verstehen. Und ich möchte bestimmt nicht gefühllos erscheinen – aber ich glaube doch, daß es ein guter Ratschlag ist.»

«Nein, Mr. Herriot, ich will keinen Hund mehr haben. Rex war jahrelang mein treuer Freund, und ich werde ihn nie vergessen. Er soll der letzte Hund bleiben, den ich hatte.»

Ich sah Mrs. Donovan danach noch oft auf der Straße, und sie wirkte unverändert rüstig, machte aber ohne den kleinen Hund an der Leine einen merkwürdig unvollständigen Eindruck. Aber es vergingen mehrere Wochen, ehe ich ihr persönlich wieder begegnete.

Es war an dem Nachmittag, als Mr. Halliday vom Tierschutzverein mich anrief.

«Ich wollte Sie bitten, sich einen Hund anzusehen, Mr. Herriot», sagte er. «Es handelt sich um einen ziemlich schlimmen Fall von Tierquälerei.»

«Einverstanden. Wann und wo sollen wir uns treffen?»

Er nannte mir den Namen einer Zeile von alten Backsteinhäusern unten am Fluß und sagte, daß er in einer halben Stunde dort sein werde.

Halliday wartete auf mich.

«Er ist dort drinnen», sagte er und steuerte auf eine Tür in der breiten, zerbröckelnden Mauer zu. Ein paar Leute lungerten neugierig herum, und ich war nicht weiter überrascht, als ich Mrs. Donovans braunes Zwergengesicht entdeckte. Es wäre ja auch seltsam gewesen, wenn sie sich ein Ereignis wie dieses hätte entgehen lassen, dachte ich.

Wir gingen durch die Tür und gelangten in einen langgestreckten Garten. Mir war schon oft aufgefallen, daß es in Darrowby hinter jedem Haus, und sei es noch so ärmlich, ein schmales Stück Land gab, wo die Leute für gewöhnlich ein Schwein und ein paar Hühner hielten und man oft außer Gemüsebeeten hübsche Blumenrabatten antraf.

Doch in diesem Garten hier herrschte eine trostlose Öde.

Halliday ging auf einen baufälligen, fensterlosen Holzschuppen zu. Er holte einen Schlüssel aus der Tasche, öffnete das Vorhängeschloß und zog die Tür ein Stück weit auf. In der Dunkelheit war kaum etwas zu erkennen: mehrere zerbrochene Gartengeräte standen herum, eine alte Mangel, unzählige Blumentöpfe und angebrochene Farbbüchsen. Und ganz hinten an der Wand saß regungslos ein Hund.

Als ich zu ihm hinging, sah ich, daß es ein großes Tier war, das aufrecht dasaß, das Halsband mit einer Kette an einem Ring in der Wand befestigt. Ich hatte schon wiederholt magere Hunde gesehen, aber eine Auszehrung dieses Ausmaßes war mir bisher nur auf Abbildungen in meinen Anatomiebüchern begegnet; nirgendwo sonst noch hatte ich mit derart erschreckender Deutlichkeit die Knochen von Becken, Gesicht und Brustkasten hervortreten sehen. Eine tiefe Aushöhlung im Erdboden zeigte, wo er gelegen, sich umherbewegt, ja sozusagen lange Zeit hindurch gelebt hatte.

Der Anblick des Tieres erschütterte mich

so tief, daß ich alles übrige – die schmutzigen Fetzen Sackleinwand, die Schüssel mit abgestandenem Wasser – nur halbwegs in mich aufnahm.

«Sehen Sie sich sein Hinterteil an», murmelte Halliday.

Ich hob den Hund behutsam aus seiner sitzenden Stellung und merkte, daß der Gestank, der mir schon beim Hereinkommen aufgefallen war, nicht allein von den Kothaufen herrührte. Das Gesäß war über und über mit brandig gewordenen Druckwunden bedeckt. Auch längs des Brustbeins und der Rippen waren solche Verletzungen zu sehen. Das Fell, ursprünglich wohl von einem stumpfen Gelb, war filzig und schmutzverkrustet.

«Soviel ich weiß, ist er aus diesem Schuppen hier nie herausgekommen», sagte mein Begleiter. «Er ist noch jung – etwa ein Jahr alt. Irgend jemand hat das Tier wimmern gehört, sonst hätte man es nie erfahren.»

Ich mußte gegen eine plötzliche Übelkeit ankämpfen. Es war nicht der Geruch, es war der Gedanke an dieses geduldige Tier, das seit einem Jahr hungrig und verlassen hier in Dunkelheit und Schmutz hockte. Ich blickte

71

wieder auf den Hund und sah in seinen Augen nur ruhiges Vertrauen.

«Nun, Mr. Halliday, wer auch immer dafür verantwortlich ist, ich hoffe, Sie werden ihn zur Rechenschaft ziehen», sagte ich.

«Da ist leider nicht viel zu machen», brummte er. «Der Besitzer kann verminderte Zurechnungsfähigkeit in Anspruch nehmen. Ein richtiger Schwachsinniger. Lebt mit seiner alten Mutter zusammen, die kaum weiß, was vor sich geht. Ich habe mir den Burschen angesehen; anscheinend hat er dem Tier hin und wieder einen Bissen hingeworfen, wenn ihm gerade danach war, aber mehr auch nicht. Man wird ihm eine Geldstrafe aufbrummen und ihm verbieten, je wieder ein Tier zu halten – aber das ist auch alles.»

«Ich verstehe.» Ich streichelte den Kopf des Hundes. Sofort legte er mir die Pfote aufs Handgelenk. Eine rührende Würde lag in der Art, wie er aufrecht dasaß und mich mit seinen ruhigen Augen freundlich und furchtlos ansah.

«Machen Sie doch bitte die Tür einmal weit auf, damit ich ihn besser sehen kann.»

In dem hellen Tageslicht, das jetzt hereindrang, konnte ich ihn gründlicher untersuchen. Tadellose Zähne, gutproportionierte Gliedmaßen mit einer gelben Haarfranse. Ich hielt das Stethoskop an seine Brust, und während ich auf das langsame, kräftige Pochen des Herzens lauschte, legte der Hund abermals eine Pfote auf meine Hand.

Ich wandte mich an Halliday. «Sie werden es nicht glauben, in diesem Hund, der ja wirklich nur aus Haut und Knochen besteht, steckt ein gesunder goldfarbener Retriever.»

Hinter dem breiten Rücken Mr. Hallidays bemerkte ich plötzlich eine zweite Gestalt im Türrahmen. Mrs. Donovans Neugier hatte also die Oberhand gewonnen. Ich tat, als hätte ich sie nicht gesehen.

«Wissen Sie, was dieser Hund als erstes braucht? Eine Wäsche mit einem guten Shampoo, damit sein verfilztes Fell wieder sauber und glänzend wird.»

«Was?» fragte Halliday verständnislos.

«Ja. Und als zweites muß man eine richtige Kur mit ein paar wirklich guten Stärkungsmitteln mit ihm machen.»

«Das habe ich noch nie gehört.» Mr. Halliday blickte verwirrt drein.

«Das ist die einzige Hoffnung für ihn»,

sagte ich. «Aber wo findet man so etwas?
Wirklich gute Pflege, meine ich.» Ich seufzte
und richtete mich auf. «Ich fürchte, es hilft
alles nichts, und es ist wohl das beste, wenn
ich ihn sofort einschläfere. Ich gehe nur
meine Sachen aus dem Wagen holen.»

Als ich zurückkam, beugte sich Mrs. Donovan bereits über den Hund und untersuchte ihn trotz der schwachen Einwendun-
gen Mr. Hallidays.

«Da, sehen Sie! Er heißt Roy», rief sie erregt und deutete auf das Halsband, auf dem
der Name eingeritzt war. Sie blickte lächelnd zu mir auf. «Klingt ein bißchen wie
Rex, nicht wahr?»

«Ja, Sie haben recht. Jetzt, wo Sie's sagen,
Mrs. Donovan, fällt es mir auch auf.»

Sie stand, offensichtlich von einer tiefen
Gemütsbewegung gepackt, einen Augenblick schweigend da, dann platzte sie heraus:

«Kann ich ihn haben? Ich bringe ihn wieder auf die Beine, ganz bestimmt. Ach bitte,
bitte, geben Sie ihn mir!»

«Nun, ich weiß nicht recht», sagte ich.
«Das ist Mr. Hallidays Sache. Er muß die Er-
laubnis geben.»

Halliday sah sie zweifelnd an, murmelte ein «Entschuldigen Sie mich, Madam» und zog mich beiseite. Wir gingen aus dem Schuppen hinaus und blieben ein paar Meter weiter unter einem Baum stehen.

«Mr. Herriot», sagte er leise, «ich kann das Tier nicht einfach so mir nichts dir nichts irgend jemandem überlassen. Es hat es schon einmal schlecht getroffen, und diese Frau macht nicht den Eindruck, als ob sie ...»

Ich unterbrach ihn. «In dieser Hinsicht brauchen Sie sich keine Sorgen zu machen. Sie mag zwar etwas schrullig sein, aber heute hat der Himmel sie uns gesandt. Wenn irgend jemand weit und breit diesem Hund ein gutes Leben bereiten kann, dann sie.»

Halliday war nach wie vor skeptisch. «Ganz verstanden habe ich die Sache noch immer nicht. Was meinten Sie denn damit – eine Wäsche mit Shampoo und eine Kur mit Stärkungsmitteln?»

«Nichts Wichtiges. Ich erklär's Ihnen ein andermal. Was der Hund braucht, sind gute Ernährung, Fürsorge und Liebe, und genau das wird er bekommen. Ich gebe Ihnen mein Wort darauf.»

«Also gut, Sie scheinen Ihrer Sache ja

ganz sicher zu sein.» Halliday sah mich kurz an, dann wandte er sich ab und ging auf die ungeduldig wartende kleine Gestalt vor dem Schuppen zu.

Fast drei Wochen vergingen, da sah ich Mrs. Donovan eines Morgens auf dem Marktplatz. Drüben auf der anderen Seite marschierte sie munter den Gehsteig entlang und blickte dabei genau wie früher neugierig in jedes Schaufenster, nur daß sie jetzt einen großen gelben Hund an der Leine führte.

Ich lenkte den Wagen nach rechts und fuhr über das holperige Pflaster zu ihr hinüber. Sie sah mich aussteigen und blieb stehen, sagte aber nichts, sondern lächelte nur schelmisch, als ich mich über Roy beugte und ihn mir näher ansah. Er war noch immer mager, aber er schien guter Dinge und glücklich zu sein, seine Wunden heilten gut, und sein Fell glänzte. Jetzt wußte ich, womit Mrs. Donovan sich in den vergangenen Wochen beschäftigt hatte: sie hatte das völlig verfilzte Haarkleid immer wieder gewaschen, gebürstet und gekämmt, bis es schließlich sauber war.

Als ich mich wieder aufrichtete, faßte sie nach meinem Arm und sah mir in die Augen.

«Mr. Herriot», sagte sie, «hab ich nicht einen anderen Hund aus ihm gemacht?»

«Sie haben Wunder vollbracht, Mrs. Donovan», erwiderte ich. «Und das kommt ganz allein von Ihrem großartigen Shampoo, nicht wahr?»

Sie lachte verschämt und ging weiter. Etwa zwei Monate später traf ich sie wieder. Sie kam gerade an der Praxis vorbei, als ich aus der Tür trat, und wieder griff sie nach meinem Arm.

«Mr. Herriot», sagte sie genau wie das erste Mal, «hab ich nicht einen anderen Hund aus ihm gemacht?»

So etwas wie ein Gefühl der Ehrfurcht überkam mich, als mein Blick auf Roy fiel. Er war gewachsen und voller geworden, und das Fell, nicht mehr gelb, sondern von einem satten Gold, spannte sich seidenweich und üppig über den gutgepolsterten Rippen. Er trug ein prächtiges, funkelnagelneues Halsband, und sein Schwanz, sehr schön gefranst, fächelte sanft die Luft. Er war jetzt ein goldfarbener Retriever in voller Pracht. Während ich ihn mir noch überrascht be-

77

trachtete, stellte er sich auf die Hinterbeine, legte mir die Vorderpfoten auf die Brust und sah mich an. Und in seinen Augen las ich die gleiche ruhige und vertrauensvolle Zuneigung wie damals in dem dunklen, stinkigen Schuppen.

«Mrs. Donovan», sagte ich leise, «er ist der schönste Hund in ganz Yorkshire.» Und dann, weil ich wußte, daß sie darauf wartete: «Das kommt bestimmt nur von diesen wundervollen Stärkungsmitteln. Was tun Sie da bloß hinein?»

«Ja, das möchten Sie gerne wissen, nicht wahr?» Sie warf den Kopf zurück und lächelte kokett zu mir auf – es hätte nicht viel gefehlt, und ich hätte ihr mitten auf der Straße einen Kuß gegeben.

Mrs. Donovan wurde für ihre Mühe reich belohnt: Sie hatte in Roy einen treuen Gefährten, mit dem sie stets zusammen war. Aber es war noch etwas anderes: Sie hatte von jeher das Bedürfnis gehabt, Tieren zu helfen, und Roys Rettung war der Höhepunkt ihres Lebens – ein strahlender Triumph, der niemals verblaßte.

Und noch Jahre später fragte sie mich jedesmal, wenn wir uns begegneten, so als sei alles erst gestern geschehen:

«Mr. Herriot, hab ich nicht einen anderen Hund aus ihm gemacht?»

Jock ist der Beste

Ich brauchte mich bloß im Bett aufzusetzen, um über Darrowby hinweg auf die dahinterliegenden Berge zu schauen.

Ich stand auf und ging ans Fenster. Es war ein schöner, klarer Morgen. Die ersten Sonnenstrahlen fielen auf das verwitterte Rot und Grau der dicht aneinandergedrängten Dächer, von denen einige sich unter der Last ihrer alten Ziegel senkten, und erhellten die grünen Wipfel der Bäume, die sich zwischen den dunklen Schornsteinkappen empordrängten. Und dahinter das ruhige Massiv der Fells, wie in Yorkshire die heidebewachsenen Berge genannt werden.

Das Glück war mir hold, daß ich dies allmorgendlich als erstes zu sehen bekam; nach Helen natürlich, was noch schöner war.

Nach unseren etwas ungewöhnlichen Flitterwochen, die wir mit Tuberkulinproben verbrachten, hatten wir uns unser erstes Heim in der obersten Etage von Skeldale House eingerichtet. Siegfried, bis zu meiner Heirat mein Chef und jetzt mein Partner, hatte sich erboten, uns die leerstehenden Zimmer im zweiten Stock kostenlos zu überlassen, und wir hatten sein Angebot dankbar angenommen; und wenn es sich auch nur um eine vorübergehende Notlösung handelte, war unser hochgelegenes Nest doch so angenehm luftig und reizvoll, daß uns sicher viele darum beneidet hätten.

Es war behelfsmäßig – wie alles zu jener Zeit einen provisorischen Charakter hatte und weil wir nicht wußten, wie lange wir dort bleiben würden. Siegfried und ich hatten uns beide freiwillig zur Air Force gemeldet und waren vorläufig vom Militärdienst zurückgestellt, doch damit soll das Thema Krieg auch schon beendet sein. Ich will in diesem Buch nicht von derlei Dingen berichten, die ohnedies sehr weit von Darrowby entfernt waren, sondern von den Monaten nach unserer Hochzeit bis zu meiner Einberufung. Ich erzähle von den alltäglichen Dingen, die immer unser Leben ausgemacht haben: von meiner Arbeit, den Tieren, den Yorkshire Dales.

In dem vorderen Raum war unser Wohnschlafzimmer, und wenn es auch nicht luxuriös eingerichtet war, so gab es darin doch ein sehr bequemes Bett, einen Teppich, einen hübschen Beistelltisch, der Helens Mutter gehört hatte, und zwei Lehnsessel. Auch ein alter Kleiderschrank stand darin, aber das Schloß funktionierte nicht, und wir konnten die Tür nur geschlossen halten, indem wir eine von meinen Socken dazwischenklemmten. Die Fußspitze hing heraus, aber das störte uns nicht.

Ich ging über den Treppenabsatz in die Küche, die zugleich unser Eßzimmer war. Dieser Teil unserer Behausung war eindeutig spartanisch. Ich polterte über nackte Dielen zu einem Arbeitstisch, den wir an der Wand neben dem Fenster angebracht hatten. Mangels anderer Küchenmöbel diente er als Abstellplatz für einen Gaskocher und unseren gesamten Bestand an Geschirr und Bestecken. Ich ergriff einen großen Krug und machte mich auf den Weg nach unten in die eigentliche Küche, denn die Mansardenräume hatten den Nachteil, daß es hier oben kein Wasser gab. Zwei Treppen hinunter zu den drei Zimmern im ersten Stock, dann zwei weitere und ein kurzer Galopp durch den langen Flur zu der großen mit Steinplatten ausgelegten Küche auf der Rückseite des Hauses.

Ich füllte den Krug und kehrte, zwei Stufen auf einmal nehmend, zu unserem hochgelegenen Wohnsitz zurück. Heute würde es mir weniger gefallen, für jeden Tropfen Wasser einen solchen Weg machen zu müssen, aber damals machte es mir nicht das geringste aus.

Bald kochte das Wasser im Kessel, und wir tranken unsere erste Tasse Tee neben dem Fenster, das auf den langen, schmalen Garten hinausging. Wie aus der Vogelperspektive sahen wir von hier oben den ungepflegten Rasen, die Obstbäume, die Glyzinie, die an den verwitterten Backsteinen bis zu unserem Fenster emporkletterte, und die hohen Mauern mit ihren alten Kappensteinen, die sich bis zu dem gepflasterten Hof unter den Ulmen erstreckten. Jeden Tag ging ich dort entlang zur Garage im Hof, aber von oben sah alles ganz anders aus.

«Einen Augenblick, Helen», sagte ich. «Laß mich auf diesem Stuhl sitzen.»

Sie hatte das Frühstück auf den Arbeitstisch zurückgestellt, an dem wir immer saßen, und dies war der Punkt, wo die Schwierigkeiten begannen, denn der Tisch war sehr hoch, und unser jüngst erstandener hoher Hocker hatte die richtigen Maße, nicht aber unser Stuhl.

«Nein, ich sitze sehr bequem, Jim. Wirklich.» Den Teller quasi in Augenhöhe, lächelte sie mir von ihrem niedrigen Platz aus beruhigend zu.

«Du kannst nicht bequem sitzen», erwiderte ich. «Du hältst dein Kinn ja praktisch in die Corn Flakes. Bitte, gib mir den Stuhl.»

Sie klopfte auf den Sitz des Hockers. «Komm, mach keine langen Geschichten. Setz dich und iß dein Frühstück.»

Als ich merkte, daß es so nicht ging, versuchte ich es auf andere Art.

«Helen!» Mein Ton war streng. «Steh von diesem Stuhl auf!»

«Nein», entgegnete sie, ohne mich anzusehen; trotzig schob sie die Lippen vor, was ihr einen bezaubernden Ausdruck verlieh, aber gleichzeitig bedeutete, daß sie nicht scherzte.

Was sollte ich tun? Ich spielte mit dem Gedanken, sie vom Stuhl zu ziehen, aber sie verfügte über große Körperkraft. Wir hatten unsere Kräfte einmal gemessen, als eine kleine Meinungsverschiedenheit sich zu einem Ringkampf auswuchs, und wenn ich dieses Spiel auch gründlich genossen und letztlich gewonnen hatte, so war ich doch erstaunt gewesen, wie stark sie war. Zu dieser frühen Stunde verspürte ich keine Lust darauf. Ich setzte mich auf den Hocker.

Nach dem Frühstück stellte Helen Wasser für den Abwasch auf – der nächste Schritt in unserem Tagesrhythmus. Unterdessen ging ich hinunter, holte meine Instrumente sowie Katgut für ein Fohlen, das sich am Bein geschnitten hatte, und trat durch die Seitentür hinaus. Genau dem Steingarten gegenüber drehte ich mich um und sah zu unserem Fenster hinauf. Die untere Hälfte war geöffnet, und ein Arm mit einem Geschirrtuch kam zum Vorschein. Ich winkte, und das Geschirrtuch winkte ungestüm zurück. So begann jeder Tag.

Als ich aus dem Hof fuhr, überlegte ich mir, daß es ein guter Beginn war. Tatsächlich war alles gut: das lärmende Krächzen der Krähen droben in den Ulmen, wenn ich das Eisentor schloß, die würzige Luft, die mich jeden Morgen empfing, und mein mich täglich aufs neue fordernder, nie langweiliger Beruf.

Das verletzte Fohlen war auf Robert Corners Hof, und ich hatte kaum mit meiner Arbeit begonnen, als ich Jock, den Collie, entdeckte. Ich beobachtete ihn, denn über die Hauptaufgabe hinaus, seine Patienten zu behandeln, erfährt man als Tierarzt bei der täglichen Arbeit ja auch immer viel von der Persönlichkeit der Tiere, und Jock war ein interessanter Fall.

Hofhunde haben oft eine Vorliebe dafür, sich ein wenig Abwechslung von ihren Pflichten zu verschaffen. Sie spielen gern, und eines ihrer Lieblingsspiele besteht darin, Wagen vom Grundstück zu verjagen. Oft galoppierte, wenn ich einen Hof verließ, ein behaartes Etwas neben mir her; für gewöhnlich ließ der Hund nach ein paar hundert Metern ein letztes, herausforderndes Bellen ertönen, ehe er kehrtmachte. Doch Jock war anders.

Er war mit Hingabe bei der Sache. Wagen nachzujagen war für ihn eine todernste Angelegenheit, der er sich tagaus, tagein ohne eine Spur von Nachlässigkeit widmete. Corners Hof lag am Ende eines ungefähr eine Meile langen, auf beiden Seiten von niedrigen Steinmauern gesäumten Feldwegs, der sich durch leicht abfallende Felder bis zur

unten gelegenen Straße schlängelte, und
Jock sah es als seine Pflicht an, jedes Fahr-
zeug bis dorthin zu begleiten. So war sein
Hobby reichlich mühevoll.

Ich beobachtete ihn, während ich die letzten Nahtstiche am Bein des Fohlens machte
und dann den Verband anlegte. Er schlich
verstohlen zwischen den Gebäuden umher
und tat so, als nähme er nicht die geringste
Notiz von mir – ja, als sei er an meiner An-
wesenheit völlig uninteressiert. Doch seine
heimlichen Blicke in Richtung Stall und die
Tatsache, daß er ein ums andere Mal mein
Blickfeld kreuzte, verrieten ihn. Er wartete
auf seinen großen Augenblick.

Als ich meine Schuhe anzog und die Stul-
penstiefel in den Kofferraum warf, sah ich
ihn wieder. Oder besser gesagt, einen Teil
von ihm: nur eine lange Nase und ein Auge,
die unter einer ausrangierten, zerbrochenen
Tür hervorlugten. Erst als ich den Motor anließ und der Wagen sich in Bewegung setzte,
gab er seine Absicht kund: den Bauch dicht
an den Boden gepreßt, den Schwanz nach-
schleifend, die Augen starr auf die Vorder-
räder des Wagens geheftet, kam er verstohlen aus seinem Versteck, und als ich mit

zunehmender Geschwindigkeit den Feldweg hinunterfuhr, ging er in einen mühelosen Galopp über.

Ich hatte dies schon mehrmals erlebt und war immer voller Angst, daß er vor den Wagen springen könnte; deshalb trat ich aufs Gaspedal. Der Wagen sauste bergab. Auf diesen Augenblick hatte Jock gelauert. Die schlanken Glieder streckten sich unermüdlich wieder und wieder nach vorn, flogen mit freudiger Leichtigkeit über den steinigen Boden und hielten mühelos Schritt mit dem schnell fahrenden Wagen.

Etwa auf der Hälfte der Strecke beschrieb der Weg eine scharfe Kurve, und hier segelte Jock unweigerlich über die Mauer, sauste, sich als kleiner dunkler Punkt von dem Grün abhebend, quer über das Wiesenstück und tauchte, nachdem er so geschickt die Ecke abgeschnitten hatte, jenseits der Kurve wieder auf. Dies gab ihm einen guten Vorsprung für den Wettlauf zur Straße, und wenn er mich schließlich bis dorthin begleitet hatte, sah ich als letztes, wie er mir keuchend, doch mit triumphierend erhobenem Kopf noch lange nachblickte. Offensichtlich war er überzeugt, seine Sache gut gemacht zu haben, und vermutlich wanderte er jetzt zufrieden zum Hof zurück, um auf die nächste Hetzjagd, sei es mit dem Postboten oder dem Bäckerwagen, zu warten.

Aber Jock hatte noch andere Qualitäten: Er war sehr gut abgerichtet, schnitt bei allen Dressurprüfungen hervorragend ab, und Mr. Corner hatte schon viele Preise mit ihm gewonnen. Er hätte das Tier ohne weiteres für viel Geld verkaufen können, aber nichts konnte den Bauern dazu bewegen, sich von ihm zu trennen. Vielmehr kaufte er eine Hündin, die selbst etliche Preise gewonnen hatte. Mit diesen beiden Tieren glaubte Mr. Corner, unübertreffliche Collies züchten zu können. Bei meinen Besuchen auf dem Hof schloß sich die Hündin der Hetzjagd an, aber ich hatte den Eindruck, daß sie es mehr oder weniger nur ihrem neuen Gefährten zu Gefallen tat, denn sie gab jedesmal bei der ersten Kurve auf und überließ Jock das Feld. Man konnte unschwer erkennen, daß ihr Herz nicht daran hing.

Als die Jungen kamen, sieben flaumige schwarze Wollknäuel, die im Hof herumkugelten und jedem zwischen die Füße gerieten, sah Jock nachsichtig zu, wie sie versuchten, ihm beim Wettlauf mit einem Wagen zu folgen, und man meinte fast, ihn lachen zu sehen, wenn sie über ihre kurzen Beine stolperten und weit zurückblieben.

Dann kam ich etwa zehn Monate lang nicht auf den Hof, aber ich begegnete Robert Corner hin und wieder auf dem Markt, und er erzählte mir, daß er die jungen Tiere abrichte und sie sich gut entwickelten. Viel brauche er gar nicht mit ihnen zu üben, es läge ihnen im Blut. Kaum daß sie richtig laufen konnten, hätten sie versucht, die Rinder und Schafe zusammenzutreiben. Als ich sie schließlich wiedersah, hatte ich das Gefühl, sieben Jocks vor mir zu haben, und ich merkte bald, daß sie mehr als nur das Schafehüten von ihrem Vater gelernt hatten. Die Art, wie sie im Hof herumlungerten, als ich mich daranmachte, in den Wagen zu steigen, wie sie verstohlen hinter den Heuballen hervorlugten und sich mit betonter Gleichgültigkeit an einen günstigen Platz für einen raschen Start schlichen, war mir nur allzu vertraut. Und als ich mich auf meinen Sitz niederließ, spürte ich, daß sie alle darauf lauerten, die Verfolgung aufzunehmen.

Ich schaltete den Motor ein, ließ ihn auf

vollen Touren laufen, legte krachend den Gang ein und fuhr schnell davon. Binnen einer Sekunde kamen sie alle aus ihrem Versteck hervorgeschossen. Sobald ich auf den Feldweg kam, gab ich Vollgas, und zu beiden Seiten meines Wagens stürmten Schulter an Schulter die kleinen Tiere dahin, in ihren Gesichtern jener gespannte, fanatische Ausdruck, den ich so gut kannte. Als Jock über die Mauer sprang, taten die sieben Jungen es ihm nach, doch beim Endspurt nach der Kurve bemerkte ich etwas Neues: während Jock bei früheren Gelegenheiten immer den Wagen im Auge behalten hatte – denn das war für ihn der Gegner –, blickte er jetzt auf den letzten fünfhundert Metern auf die Jungen, als seien sie seine Hauptkonkurrenten.

Und kein Zweifel, er hatte Schwierigkeiten. So gut er auch in Form war, diese kleinen Bündel aus Sehnen und Knochen, die er gezeugt hatte, waren ebenso schnell wie er und besaßen zudem die Zähigkeit der Jugend. Er mußte seine ganze Kraft aufbieten, um mit ihnen Schritt zu halten. Und es gab sogar einen recht kritischen Augenblick, wo er stolperte und von den dahinrasenden Jungen eingeschlossen wurde; es schien, als ob alles verloren sei, aber in Jock steckte ein Kern aus Stahl. Wild kämpfte er sich durch die Meute, und bis wir zur Straße kamen, war er wieder an der Spitze.

Aber es hatte ihn arg mitgenommen. Ich verringerte das Tempo und blickte auf Jock hinunter, der mit heraushängender Zunge und fliegenden Flanken am Straßenrand stand. Er mußte das gleiche auch mit anderen Fahrzeugen erlebt haben, und es war kein lustiges Spiel mehr. Es klingt wahrscheinlich albern, wenn ich sage, man könne die Gedanken eines Tieres lesen, aber alles in Jocks Haltung verriet die steigende Befürchtung, daß die Tage seiner Vorherrschaft gezählt seien. Jeden Augenblick konnte ihm jetzt die unvorstellbare Schmach widerfahren, hinter seiner Nachkommenschaft zurückzubleiben, und als ich davonfuhr, blickte Jock mir nach, und er schien zu fragen:

«Wie lange kann ich das noch mitmachen?»

Ich hatte Mitleid mit dem kleinen Hund, und bei meinem nächsten Besuch, etwa zwei Monate später, bangte mir davor, die endgültige

Entwürdigung erleben zu müssen, die ich für unvermeidlich hielt. Doch auf dem Hof herrschte nicht das gewohnte Leben und Treiben.

Robert Corner war im Kuhstall mit dem Einfüllen von Heu in die Futterraufen beschäftigt. Er drehte sich um, als ich hereinkam.

«Wo sind denn Ihre Hunde?» fragte ich.

Er ließ die Heugabel sinken. «Alle weg. Die Nachfrage nach gut abgerichteten Collies ist sehr groß, und ich habe, glaube ich, ein ganz ausgezeichnetes Geschäft mit ihnen gemacht.»

«Aber Jock haben Sie doch behalten?»

«Natürlich, das brachte ich nicht übers Herz, mich von dem alten Kerl zu trennen. Er ist da drüben.»

Und tatsächlich, dort war er, schlich umher wie in alten Zeiten und gab vor, keinerlei Notiz von mir zu nehmen. Und als schließlich der große Augenblick kam und ich losfuhr, war alles wie früher: entspannt, beglückt über das Spiel, sauste das kleine Tier neben dem Wagen her, schoß mühelos über die Mauer und jagte ohne jede Schwierigkeit dem Wagen voraus zur Straße hinunter.

Ich glaube, ich war ebenso erleichtert wie er, daß niemand ihm seine Vorherrschaft mehr streitig machte: daß er nach wie vor der Beste war.

Eine Promenadenmischung

Eine erstaunlichere Persönlichkeit als Roland Partridge war in Darrowby wohl schwerlich zu finden. Dieser Gedanke ging mir zum soundsovielten Male durch den Kopf, als ich ihn durch das Fenster seines kleinen Hauses, schräg gegenüber von unserer Praxis, spähen sah.

Er pochte an die Scheibe und winkte mich heran. Die Augen hinter den dicken Brillengläsern blickten sorgenvoll. Gleich darauf öffnete er mir die Tür, und ich trat von der Straße direkt in sein Wohnzimmer. Und wie immer blickte ich mich auch heute mit einem gewissen Staunen darin um; die anderen Bewohner dieser Häuserzeile waren meist Landarbeiter und ganz herkömmlich eingerichtet; aber dieser Raum war ein Atelier.

Vor dem Fenster stand eine Staffelei, und die Wände waren von oben bis unten mit Bildern bedeckt. Überall stapelten sich ungerahmte Ölgemälde, und die wenigen, reichverzierten Stühle sowie der mit bemaltem

Porzellan und anderem Nippes beladene Tisch unterstrichen noch die künstlerische Atmosphäre.

Die Erklärung war ganz simpel: Mr. Partridge war Maler. Das besondere an der Sache war nur, daß dieser in eine Samtjacke gekleidete Mann mittleren Alters der Sohn eines Kleinbauern war, dessen Vorfahren durch viele Generationen hindurch Ackerbau und Viehzucht betrieben hatten.

«Ich habe Sie zufällig vorbeigehen sehen, Mr. Herriot», sagte er. «Haben Sie es sehr eilig?»

«Nein, es geht. Kann ich irgend etwas für Sie tun?»

Er nickte ernst. «Hätten Sie wohl einen Augenblick Zeit, sich Percy anzusehen? Ich wäre Ihnen sehr dankbar.»

«Ja, gern. Wo ist er?»

Er wollte mich gerade in die Küche führen, da klopfte es an der Haustür, und Bert Hardisty, der Postbote, kam herein. Bert war ein grober, ungehobelter Bursche, und er warf das Paket, das er gebracht hatte, einfach auf den Tisch.

«Hier, Rolie, für dich!» brummte er und wandte sich zum Gehen.

Mr. Partridge blickte mit ruhiger Würde der sich entfernenden Gestalt nach. «Ich danke dir vielmals, Bertram. Guten Tag.»

Auch das war bemerkenswert: der Postbote und der Maler waren beide in Darrowby geboren und zur Schule gegangen, stammten aus derselben sozialen Schicht, und doch war ihre Redeweise völlig verschieden: während Bert im Dialekt der Gegend sprach, drückte sich Roland Partridge so gewählt und umständlich aus wie ein Rechtsanwalt vor Gericht.

Wir gingen in die Küche, wo er, da er Junggeselle war, sich selbst sein Essen kochte. Nach dem Tod seines Vaters hatte er den Hof sofort verkauft. Offenbar entsprach das erdgebundene Bauernleben ganz und gar nicht seiner Natur, und er konnte sich nicht schnell genug davon befreien. Jedenfalls hatte der Verkauf ihm so viel Geld eingebracht, daß er sich seinen Interessen widmen konnte, und er hatte sich dieses bescheidene kleine Haus gekauft und zu malen angefangen. Das alles hatte sich lange vor meiner Zeit zugetragen, und das glatte Haar war jetzt silbern. Ich hatte immer das Gefühl, daß er mit seinem Leben recht zufrieden war. Auf einem schlammbedeckten Hof, in grober Arbeitskleidung, konnte ich mir diese kleine, zarte Gestalt wirklich nicht vorstellen. Es stand wahrscheinlich im Einklang mit seinem Charakter, daß er nie geheiratet hatte. Die eingefallenen Wangen, die blaßblauen Augen hatten etwas leicht Asketisches, und sein zurückhaltendes, stets gleichbleibendes Wesen deutete vielleicht sogar auf einen Mangel an Gefühlswärme hin. Aber das galt nicht für seinen Hund Percy.

Er liebte Percy mit einer ungestümen, beschützerischen Leidenschaft, und als das kleine Tier jetzt auf ihn zukam, beugte er sich mit einem Ausdruck tiefer Zärtlichkeit zu ihm hinunter.

«Ich finde, er sieht sehr munter aus», sagte ich. «Fehlt ihm irgend etwas?»

«Nein ... nein ...» Mr. Partridge wirkte merkwürdig verlegen. «Er ist an sich völlig gesund, aber ich möchte, daß Sie ihn sich einmal ansehen und mir sagen, ob Sie irgend etwas bemerken.»

Ich sah Percy an. Und ich sah nur, was ich immer gesehen hatte – das schneeweiße, zottelhaarige kleine Geschöpf, das von einhei-

mischen Hundezüchtern und anderen Sach-
kennern für eine nichtssagende Promenadenmischung gehalten wurde, nichtsdestoweniger aber zu meinen Lieblingspatienten
gehörte. Vor fünf Jahren hatte Mr. Partridge
zufällig in das Schaufenster einer Tierhand-
lung in Brawton geblickt und war sofort
dem Charme zweier seelenvoller Augen erlegen, die ihn aus dem Gesicht eines sechs Wochen alten, winzig kleinen Wollknäuels ansahen, und er hatte den Betrag von fünf
Shilling entrichtet und das kleine Geschöpf
eilig mit nach Hause genommen. In der Tier-
handlung hatte man Percy vage als ‹Terrier›
bezeichnet, und Mr. Partridge hatte angst-
voll mit dem Gedanken gespielt, ihm den
Schwanz stutzen zu lassen; aber seine Liebe
zu Percy war so groß, daß er es nicht über
sich brachte, ihm das anzutun, und der
Schwanz hatte sich zu einem langen, gefransten Gebilde ausgewachsen, das einen fast
kompletten Kreis über dem Rücken beschrieb.

In meinen Augen bildete der Schwanz ein
gutes Gegengewicht zu dem im Verhältnis
zur Körpergröße etwas zu groß geratenen
Kopf, aber gerade unter dem Schwanz hatte

Mr. Partridge sehr zu leiden gehabt. Seine alten Freunde in Darrowby, die sich, wie alle Bauern, für Tiersachverständige hielten, spotteten fortwährend darüber: «Laß dem Hund doch bloß diesen Schwanz abschneiden, Rolie. Ich beiß ihn für dich ab, wenn du willst. Der Hund sieht verdammt albern damit aus.»

Wenn man Mr. Partridge fragte, zu welcher Rasse Percy gehörte, antwortete er stolz: «Sealyham-Kreuzung», aber diese Erklärung war zu einfach: der kleine Körper mit dem üppigen, borstigen Fell, der große, fast edle Kopf mit den hohen Spitzohren, die kurzen X-Beine und der auffallende Schwanz machten ihn doch mehr zu einer Promenadenmischung.

Die Leute belegten Percy erbarmungslos mit allen möglichen wenig schmeichelhaften Namen, und wenn der kleine Mann diese Sticheleien auch mit einem schwachen Lächeln über sich ergehen ließ, wußte ich doch, daß sie ihn verletzten. Er hatte eine hohe Meinung von mir, was darauf zurückzuführen war, daß ich, als ich Percy zum erstenmal sah, spontan ausgerufen hatte: «Was für ein reizendes kleines Hündchen!» Und da ich mich aus Zeitmangel nie mit den Feinheiten der Hundezucht befaßt hatte, war es mir wirklich ganz ernst damit.

«Was ist los mit ihm, Mr. Partridge?» fragte ich. «Ich kann nichts Ungewöhnliches entdecken.»

Der kleine Mann wurde wieder verlegen. «Nun beobachten Sie ihn einmal beim Gehen. Komm, Percy, mein Liebling.» Mr. Partridge ging ein paar Schritte durchs Zimmer, und der Hund folgte ihm.

«Nein … doch, warten Sie.» Ich kauerte mich nieder. «Bitte, bleiben Sie, wo Sie sind.»

Ich ging hinüber und sah mir das Tier aufmerksam an. «Ja, jetzt sehe ich es. Einer seiner Hoden ist leicht vergrößert.»

«Ja … ja …» Mr. Partridge wurde rot. «Das ist es … hm … was ich meinte.»

«Halten Sie ihn eine Sekunde fest, damit ich ihn untersuchen kann.» Ich griff nach dem Skrotum und tastete es vorsichtig ab. «Ja, der linke ist eindeutig größer, und er ist auch härter.»

«Ist es … irgend etwas Ernstes?»

Ich schwieg einen Augenblick, dann sagte ich: «Nein, ich glaube nicht. Hodentumore sind bei Hunden nichts Ungewöhnliches, und zum Glück neigen sie im allgemeinen nicht dazu, Metastasen, das heißt Tochtergeschwülste an anderen Körperstellen, zu bilden. Sie brauchen sich, glaube ich, keine allzu großen Sorgen zu machen.»

Ich setzte die letzten Worte ein wenig hastig hinzu, denn bei dem Wort Tumor war alle Farbe aus seinem Gesicht gewichen.

«Das ist ein Gewächs, nicht wahr?» stammelte er.

«Ja, aber durchaus nicht alle sind bösartig. Im Augenblick brauchen Sie sich wirklich keine Sorgen zu machen, aber Sie sollten das Tier beobachten. Vielleicht wächst die Geschwulst ja nicht weiter. Tut sie es aber, sagen Sie mir bitte sofort Bescheid.»

«Ja, natürlich ... und wenn sie wächst?»

«Dann müßte der Hoden operativ entfernt werden.»

«Eine Operation?» Mr. Partridge sah mich entsetzt an, und einen Augenblick lang glaubte ich, er werde in Ohnmacht fallen.

«Ja, aber keine schwere. Glauben Sie mir, die Sache ist wirklich ganz unkompliziert.» Ich bückte mich und tastete die Vergrößerung noch einmal ab. Sie war geringfügig.

Unterdessen ließ Percy ein melodisches Knurren hören. Ich grinste. Das tat er immer – wenn ich ihn untersuchte, seine Temperatur maß, ihm die Nägel schnitt oder was auch immer. Ein pausenloses Brummen, womit er lediglich seine Männlichkeit behaupten, mir zeigen wollte, was für ein schneidiger Bursche er war – was übrigens keine eitle Prahlerei war, denn trotz seiner Kleinheit war er ein stolzer, mutiger Hund mit ausgeprägtem Charakter.

Als ich das Haus verließ und mich auf der Straße noch einmal umdrehte, merkte ich, daß Mr. Partridge in der Tür stand und mir nachsah. Er wirkte in diesem Augenblick sehr klein und hilflos.

Und selbst als ich nachher wieder in der Praxis war, weilte ich in Gedanken noch in dem kleinen Atelier. Ich bewunderte Mr. Partridge wegen seines Muts, ganz seinen Neigungen zu leben, was ihm von niemandem in Darrowby als Verdienst angerechnet wurde. Ein kühner Reiter oder ein tüchtiger Kricketspieler wäre allgemeiner Verehrung sicher gewesen, aber ein Künstler – kein Gedanke, und sei er noch so berühmt, aber Mr. Partridge würde nie berühmt werden. Hin und wieder kaufte jemand eines von seinen Gemälden, aber davon hätte er nicht leben können. Ich hatte auch ein Bild von ihm in unserem Wohnschlafzimmer hängen, und meiner Meinung nach war er eindeutig begabt. Im Grunde hätte ich gern noch mehr von ihm erworben, aber gerade das, was ich als so typisch für die Dales empfand – den Zauber der endlosen, einsamen Moore beispielsweise, wo die Schilfrohre zitternd aus den schwarzen Schlammtümpeln ragten –, zog ihn als Motiv nicht an. Er bevorzugte die traulicheren Dinge: Weiden neben einer ländlichen Brücke, kleine Dorfkirchen, rosenbewachsene Häuschen.

Da Percy in meiner unmittelbaren Nachbarschaft lebte und sein Herr ihn regelmäßig spazierenführte, sah ich ihn fast täglich, entweder von unserem Fenster im obersten Stockwerk oder unten von der Praxis aus. Doch auf diese Entfernung ließ sich unmöglich erkennen, ob der Tumor sich vergrößerte, und da ich nichts von Mr. Partridge hörte, nahm ich an, es sei alles in bester Ordnung. Vielleicht war das Ding nicht weitergewachsen. Das gab es.

Ungefähr sechs Wochen vergingen, da kam Mr. Partridge eines Tages in die Sprechstunde. Er machte einen sehr besorgten Eindruck. «Ich möchte Sie bitten, sich Percy noch einmal anzusehen, Mr. Herriot.»

Ich hob den Hund auf den Operationstisch, und ich brauchte ihn nicht erst lange zu untersuchen, um zu sehen, was los war.

«Die Geschwulst hat sich leider ziemlich vergrößert.» Ich sah den kleinen Mann über den Tisch hinweg an.

«Ja, ich weiß.» Er zögerte. «Was schlagen Sie vor?»

«Da gibt es im Grunde nichts zu überlegen. Wir müssen das Ding unbedingt entfernen.»

Der flatternde Blick hinter den dicken Brillengläsern verriet, wie entsetzt und verzweifelt er war.

«Eine Operation!» Er stützte sich mit beiden Händen schwer auf den Tisch. «Der Gedanke ist mir einfach schrecklich!»

Ich lächelte beruhigend. «Ich weiß, wie Ihnen zumute ist, aber Sie brauchen sich wirklich keine Sorgen zu machen. Glauben Sie mir, die Operation ist völlig harmlos.»

«Ja, ja, ich weiß», jammerte er. «Aber ich

will nicht, daß ... daß an ihm herumgeschnitten wird, verstehen Sie? Diese Vorstellung ist mir einfach unerträglich.»

Ich konnte ihn nicht überreden. Er blieb unnachgiebig und marschierte entschlossen mit seinem Liebling hinaus. Ich sah ihm nach, wie er die Straße überquerte, und wußte, daß er sich durch seine Uneinsichtigkeit eine schwere Sorgenlast aufgebürdet hatte; aber wie schlimm es in Wirklichkeit werden würde, das ahnte ich nicht.

Es sollte ein richtiges Martyrium werden.

Ich glaube, Martyrium ist ein recht anschauliches Wort für das, was Mr. Partridge im Laufe der nächsten Wochen zu erdulden hatte, denn mit der Zeit wurde der Hoden immer größer, und so wie Percy seinen Schwanz trug, war er nur allzu deutlich sichtbar.

Die Leute drehten sich neugierig auf der Straße um, wenn Herr und Hund vorübergingen, wobei Percy tapfer seines Weges schritt, während Mr. Partridge den Blick starr geradeaus gerichtet hielt und so tat, als sei ihm nicht bewußt, daß es irgend etwas Ungewöhnliches zu sehen gab. Es schmerzte mich, die beiden zu beobachten, und ich fand den Anblick des auf so groteske Weise entstellten kleinen Hundes nur schwer zu ertragen.

Mr. Partridges künstlerische Ambitionen hatten ihn von jeher dem Spott der Nachbarn ausgesetzt, doch das hatte er gleichmütig über sich ergehen lassen; aber daß die boshaften Bemerkungen sich jetzt gegen seinen Liebling richteten, brach ihm schier das Herz.

Eines Nachmittags kam er mit ihm in die Praxis, und ich sah, daß der kleine Mann den Tränen nahe war. Bedrückt untersuchte ich das kranke Organ, das jetzt dick geschwollen war und etwa fünfzehn Zentimeter lang herabbaumelte – ganz unbestreitbar ein absurder Anblick.

«Mr. Herriot», sagte Mr. Partridge verzweifelt, «die Jungens lachen auf der Straße hinter mir her. Was soll ich bloß machen? Ich kann kaum noch schlafen!»

«Ja, aber warum um Himmels willen lassen Sie mich ihn auch nicht operieren? Die ganze Geschichte wäre im Handumdrehen erledigt.»

«Nein! Nein! Das bringe ich nicht fertig!»

Er war ein Bild des Jammers, wie er mit herabhängenden Schultern dastand und mich verzweifelt anstarrte. «Ich habe Angst, das ist der Grund. Ich habe Angst, daß er in der Narkose sterben könnte.»

«Aber ich bitte Sie! Er ist ein kräftiges kleines Tier. Es gibt überhaupt keinen Grund für solche Befürchtungen.»

«Aber es besteht ein Risiko, nicht wahr?»

Ich sah ihn hilflos an. «Ja, irgendwie besteht bei jeder Operation ein kleines Risiko, doch in diesem Fall ist es wirklich ...»

«Danke. Das genügt. Ich will nichts mehr davon hören», stieß er hervor, griff nach Percys Leine und ging mit langen Schritten hinaus.

Es wurde immer schlimmer. Der Tumor wuchs zusehends, war jetzt vom Fenster der Praxis aus deutlich zu erkennen, wenn Percy auf der anderen Straßenseite vorüberging, und ich merkte auch, daß die neugierigen und spöttischen Blicke und Äußerungen Mr. Partridge sehr zusetzten. Die Backenknochen traten hervor, und er hatte längst seine gesunde Farbe eingebüßt.

Aber erst einige Wochen später ergab sich eines Nachmittags die Gelegenheit, ein paar

Worte mit Mr. Partridge zu wechseln. Es war Markttag – ein Anlaß, den die Bauern gern wahrnahmen, um ihre Rechnungen zu bezahlen. Ich hatte gerade einen von ihnen hinausbegleitet und stand noch vor der Tür, da sah ich Percy und seinen Herrn aus dem Haus kommen. Und mir fiel sofort auf, daß das kleine Tier jetzt das linke Hinterbein leicht nach außen schwingen mußte, um an der massiven Schwellung vorbeizukommen.

Einem plötzlichen Impuls folgend, rief ich Mr. Partridge beim Namen und winkte ihm, herüberzukommen.

«Hören Sie», sagte ich. «Sie müssen mich diese Geschwulst entfernen lassen. Sie ist inzwischen so riesig, daß sie den Hund bei jedem Schritt stört. Er hinkt ja richtig. Sie dürfen das nicht zulassen.»

Stumm, mit gehetztem Blick, starrte der Maler mich an. Und während wir uns noch schweigend gegenüberstanden, bog Bill Dalton um die Ecke und kam, das Scheckbuch in der Hand, auf die Praxis zu. Bill war ein großer, grobschlächtiger Kerl, der an Markttagen die meiste Zeit im ‹Black Swan› saß; er strömte einen starken Bierdunst aus.

«Na, Rolie, alter Junge, wie geht's!»

brüllte er und versetzte dem kleinen Mann einen kräftigen Schlag auf den Rücken.

«Vielen Dank, William, es geht mir recht gut. Und wie geht es dir?»

Aber Bill antwortete nicht. Seine ganze Aufmerksamkeit galt Percy, der auf dem Gehsteig hin und her spazierte. Er beobachtete ihn eine Weile, dann wandte er sich, ein Kichern unterdrückend, mit gespieltem Ernst an Mr. Partridge.

«Weißt du, an wen mich dein Köter erinnert, Rolie? An den jungen Mann aus Brawton, dessen Eier verschieden groß waren. Das eine war so klein, daß man es kaum sah, aber mit dem anderen hat er mehrere Preise gewonnen.» Er brach in schallendes Gelächter aus.

Ein paar Sekunden lang glaubte ich, Mr. Partridge werde ihn ohrfeigen. Mit funkelnden Augen starrte er zu dem hochgewachsenen Mann auf, und seine Lippen bebten vor Zorn, aber dann gewann er seine Fassung wieder und wandte sich mir zu.

«Kann ich Sie einen Augenblick sprechen, Mr. Herriot?»

«Gewiß.» Wir entfernten uns ein paar Schritte.

«Sie haben recht», sagte er. «Percy muß operiert werden. Wann können Sie es machen?» – «Morgen», erwiderte ich.» Geben Sie ihm heute nichts mehr zu fressen, und bringen Sie ihn morgen mittag um zwei in die Praxis.»

Ein Gefühl ungeheurer Erleichterung überfiel mich, als ich den kleinen Hund am nächsten Tag ausgestreckt auf dem Operationstisch liegen sah. Rasch entfernte ich, nachdem Tristan ihm eine Narkose gegeben hatte, den riesigen Testikel und drang dabei weit den Samenstrang hinauf vor, um sicher zu sein, daß keine Spur von tumorigem Gewebe zurückblieb. Das einzige, was mich beunruhigte, war die Frage, ob durch die lange Verzögerung nicht das Skrotum selbst schon in Mitleidenschaft gezogen war. Das konnte leicht zu einem Rückfall führen, und in Gedanken verfluchte ich Mr. Partridges Zögern. Ich vernähte die Wunde und sandte ein Stoßgebet zum Himmel, daß alles gutgehen möge.

Der kleine Mann war außer sich vor Freude, seinen Liebling wohlauf und von dem schrecklichen Auswuchs befreit zu se-

111

hen. Ich wollte sein Glück nicht trüben und erwähnte nichts von meinen Befürchtungen, aber sehr wohl war mir nicht zumute.

Doch in der Zwischenzeit freute auch ich mich, daß mein kleiner Patient wiederhergestellt war. Munter wie eh und je trippelte er die Straße entlang. Nichts mehr war von der Entstellung zu sehen, die seinem Herrn das Leben so schwer gemacht hatte.

Ich hatte eine Probe von dem entfernten Organ an die pathologische Abteilung der Tierärztlichen Akademie von Glasgow gesandt, und man hatte mir mitgeteilt, daß es sich um eine Sertolische Zellgeschwulst handele, die für gewöhnlich gutartig sei; nur in ganz seltenen Fällen bildeten sich Tochtergeschwülste. Vielleicht flößte mir diese Auskunft mehr Zuversicht ein, als berechtigt war, denn ich hörte auf, Percy zu beobachten, was ich bisher immer getan hatte.

So glaubte ich, es handle sich um etwas anderes, als Mr. Partridge wieder mit ihm in die Sprechstunde kam und mir sein Hinterteil zeigte. Besorgt betrachtete ich die bedrohliche Schwellung an der linken Seite des Skrotums. Ich tastete es rasch ab – mochte Percy auch unwillig knurren – und stellte erschreckt fest, daß der Tumor wieder wuchs. Und es war nicht damit zu spaßen, denn er war rot, entzündet, schmerzhaft: eine so bedrohliche Wucherung, wie ich sie noch nie gesehen hatte.

«Die Geschwulst ist schnell gewachsen», sagte ich.

Mr. Partridge nickte. «Ja, wahrhaftig. Man kann beinahe sehen, wie sie von Tag zu Tag größer wird. Was läßt sich dagegen machen?»

Ich suchte gerade nach den passenden Worten, um ihm auf möglichst schonungsvolle Art mitzuteilen, daß man nichts dagegen machen konnte, da fiel mir ein Zeitschriftenartikel ein, den ich letzte Woche gelesen hatte und in dem von einem neuen Medikament, Stilboestrol, die Rede gewesen war, mit dem gute Erfolge bei der tierischen Hormontherapie erzielt worden sein sollten; in einem kleingedruckten Absatz hieß es, daß dieses Mittel sich bei der Behandlung des männlichen Prostatakrebses als wirksam erwiesen habe. Vielleicht, dachte ich …

«Es gibt ein neues Mittel, das ich versuchen möchte», sagte ich kurz entschlossen. «Ich kann natürlich nichts garantieren, aber wir wollen es probieren. Nach ein oder zwei Wochen sehen wir dann, wie es einschlägt.»

«Oh, gut, gut», flüsterte Mr. Partridge, sich wie ein Ertrinkender dankbar an einen Strohhalm klammernd.

Ich ließ mir von der Herstellerfirma das Mittel schicken und gab Percy eine Spritze. Außerdem sagte ich Mr. Partridge, er solle ihm täglich noch eine Tablette verabreichen.

Etwa eine Woche lang wuchs der Tumor noch weiter, und ich wollte die Behandlung schon abbrechen, beschloß dann aber, damit noch ein paar Tage zu warten. Meine Geduld wurde belohnt: Die Geschwulst wurde nicht größer. Zwar hütete ich mich, darin schon einen endgültigen Sieg zu sehen, aber eines hatte ich mit meiner Behandlung immerhin erreicht: Ich hatte den verhängnisvollen Prozeß zum Stillstand gebracht.

Der Schritt des Malers zeigte neue Spannkraft. Er war auf dem Gipfel des Glücks und ahnte nicht, daß die zweite Phase seines Martyriums vor ihm lag, die womöglich noch bizarrer war als die erste.

Anfangs merkte niemand, was da vor sich ging. Uns fiel höchstens auf, daß es mit einemmal eine Menge Hunde in der Trengate gab: große und kleine, zottige Straßenpinscher und gepflegte Aristokraten, die alle scheinbar ziellos herumschnüffelten; doch bald zeigte es sich, daß es einen gemeinsamen Anziehungspunkt gab. Es war das Haus von Mr. Partridge.

Und als ich eines Morgens aus unserem Schlafzimmerfenster blickte, ging mir plötzlich ein Licht auf: Sie waren hinter Percy her. Aus irgendeinem Grund hatte er die Eigenschaften einer läufigen Hündin angenommen. Ich schlug in meinem Pathologiebuch nach. Ja, da stand es: Die Sertolische Zellgeschwulst machte Hunde gelegentlich attraktiv für andere Rüden. Aber warum erst jetzt, wo der Tumor sich zurückbildete, und nicht schon früher, als er noch im Wachsen begriffen war? Oder war es vielleicht das Stilboestrol? Die Herstellerfirma hatte erwähnt, daß man unter Umständen mit einer feminierenden Wirkung rechnen müsse, aber doch sicherlich nicht in einem solchen Ausmaß.

Doch was auch immer die Ursache sein mochte – Percy wurde belagert, das war jedenfalls nicht zu leugnen. Bereits im Morgengrauen erschienen die ersten, und bis zehn Uhr war die Schlange derart angewachsen, daß sie fast die Straße blockierte. Abgesehen von den ‹Stammgästen›, gesellten sich gelegentlich noch irgendwelche Streuner hinzu, und gleichgültig, welcher Rasse sie zuzuordnen, wie groß oder wie klein sie waren, sie wurden bereitwillig in die Schar der Wartenden aufgenommen. Mit dümmlichem Ausdruck, heraushängender Zunge und wedelndem Schwanz standen sie vor dem Haus, ein bunt zusammengewürfelter Haufen, den nichts anderes einte als die lärmende Kameraderie der Wollust.

Für Mr. Partridge muß es eine nahezu unerträgliche Belastung gewesen sein. Manchmal sah ich die dicken Brillengläser drohend durch das Fenster starren, aber die meiste Zeit bewahrte er seine Fassung und arbeitete still an seiner Staffelei, so als gebe es die Meute vor seiner Tür nicht.

Nur selten verlor er die Nerven. Einmal erlebte ich einen solchen Wutausbruch mit: schreiend stürzte er aus der Tür und schlug mit einem Spazierstock um sich; vergessen war seine sonst so gesetzte Redeweise, im breitesten Yorkshire-Dialekt brüllte er:

«Verschwindet, ihr verfluchtes Gesindel! Weg, weg! Verdammtes Pack!»

Natürlich war sein Kraftaufwand umsonst. Es dauerte nur ein paar Sekunden, dann waren die Hunde wieder auf ihrem Posten.

Der kleine Mann tat mir leid. Doch ich wußte nicht, wie ich ihm hätte helfen können. Ich war vor allem erleichtert, daß der Tumor sich zurückbildete, aber gleichzeitig übten die Ereignisse auf der gegenüberliegenden Straßenseite auch eine gewisse schauerliche Faszination auf mich aus.

Percys Spaziergänge waren gefahrvoll. Mr. Partridge wagte sich nur mit dem Stock in der Hand aus dem Haus und führte Percy an einer kurzen Leine, aber seine Vorsichtsmaßnahmen erwiesen sich als unzulänglich, sobald die Meute über seinen Liebling herfiel. Rasend vor Leidenschaft, sprangen die liebestollen Tiere auf den kleinen Hund, während der Maler vergebens nach ihnen schlug und schrie, sie sollten sich fortscheren; manchmal löste die Prozession sich erst auf dem Marktplatz auf.

Um die Mittagszeit legten die meisten Hunde eine Ruhepause ein, und abends liefen alle nach Hause, bis auf einen kleinen braunen Spaniel, der unentwegt auf dem Posten blieb. Ich schätzte, er nahm rund zwei Wochen lang kaum einen Bissen zu sich und wäre wahrscheinlich verhungert, wenn Helen ihm nicht hin und wieder eine Schüssel Fleisch hinübergebracht hätte, so leid tat ihr das Tier, das in der kalten Dunkelheit zitternd vor Percys Haus hockte. Ich weiß, daß der Spaniel die ganze Nacht dort sitzen blieb, denn hin und wieder weckte mich gegen Morgen ein lautes Jaulen, aus dem ich schloß, daß Mr. Partridge einen Stein oder sonst irgend etwas nach ihm geworfen hatte. Aber das störte ihn nicht: Unverzagt setzte er seine Nachtwache fort.

Ich weiß nicht, was aus Mr. Partridge geworden wäre, wenn die Sache noch lange angedauert hätte; möglicherweise hätte er den Verstand verloren. Aber gottlob stellte sich nach einer Weile heraus, daß auch dieser Alptraum ein Ende nehmen würde. Nach und nach, als Percys Zustand sich besserte, blieben die Hunde weg, und eines Tages verließ selbst der kleine braune Spaniel zögernd seinen Posten und verschwand.

Es war genau an dem Tag, als Percy zum

letztenmal auf dem Untersuchungstisch saß. Unendlich erleichtert tastete ich das Skrotum ab.

«Es ist nichts mehr zu spüren, Mr. Partridge. Nicht die geringste Schwellung. Gar nichts.»

Der kleine Mann nickte. «Das ist ein Wunder, nicht wahr? Ich bin Ihnen sehr dankbar für alles, was Sie getan haben. Ich habe mir schreckliche Sorgen gemacht.»

«Ja, das kann ich mir denken. Es war eine schlimme Zeit für Sie. Aber ich bin ebenso froh wie Sie – nichts ist befriedigender für einen Arzt, als wenn ein Experiment gelingt.»

Aber wann immer ich in den folgenden Jahren die beiden an unserem Fenster vorbeigehen sah – Mr. Partridge mit aller Würde, die ihm zu Gebote stand, Percy niedlich und stolz wie immer –, ging mir dieses merkwürdige Intermezzo durch den Kopf.

War die Rückbildung des Tumors auf das Stilboestrol zurückzuführen, oder war er von selbst zurückgegangen? Waren die unerklärlichen Vorgänge durch die Behandlung oder durch den körperlichen Zustand oder beides verursacht worden?

Ich habe diese Frage nie mit Sicherheit beantworten können, aber das Resultat stand außer Zweifel: Die bedrohliche Geschwulst kam nie wieder … ebensowenig wie die ganze Hundeschar.

Ein Fall für
Granville Bennett

Dies war eindeutig ein Fall für Granville Bennett. Ich interessierte mich für Kleintierchirurgie und nahm allmählich auch immer mehr Operationen selbst vor, aber an diese Sache traute ich mich nicht heran: eine zwölfjährige Hündin, ein Cockerspaniel, mit hochgradiger Gebärmutterentzündung; sie hatte 40 Grad Fieber, zitterte und keuchte, und als ich sie abhörte, vernahm ich die klassischen Geräusche einer Herzinsuffizienz. Das hatte mir gerade noch gefehlt.

«Sie säuft sehr viel, nicht wahr?» fragte ich.

Die alte Mrs. Barker spielte nervös an ihrer Einkaufstasche herum. «Ja, sie hängt dauernd an der Wasserschüssel. Aber sie will nicht fressen – hat seit vier Tagen keinen Bissen angerührt.»

«So so.» Ich nahm das Stethoskop ab und steckte es in die Kitteltasche. «Sie hätten das Tier längst zu mir bringen sollen. Es muß doch schon länger krank sein.»

121

«Nicht richtig krank, nur ziemlich matt. Ich dachte, solange es frißt, besteht kein Grund zur Sorge.»

Ich schwieg einen Augenblick. Es widerstrebte mir, die alte Frau zu beunruhigen, aber ich mußte es ihr sagen.

«Es handelt sich leider um eine Sache, mit der nicht zu spaßen ist, Mrs. Barker. Die Gebärmutter ist vereitert, und die einzige Chance, die uns bleibt, ist eine Operation.»

«Gut, dann operieren Sie bitte.» Ihre Stimme zitterte ganz leicht, als sie das sagte.

Ich trat neben sie und nahm ihre Hand. «Ich würde es gerne tun, aber das ist nicht so leicht. Ihr Hund ist in schlechter Verfassung, und in seinem Alter ist eine Operation nicht ganz ungefährlich. Ich schlage vor, ihn nach Hartington in die Tierklinik zu bringen und von Mr. Bennett operieren zu lassen.»

«Einverstanden», sagte sie mit einem energischen Kopfnicken. «Die Kosten spielen keine Rolle.»

«Wir werden sie möglichst niedrig halten.» Ich brachte Mrs. Barker zur Haustür. «Sie können das Tier ganz beruhigt hierlassen – ich kümmere mich darum, das verspreche ich Ihnen. Wie heißt es übrigens?»

«Dinah», erwiderte sie heiser und warf noch einmal einen Blick zurück in den Korridor.

Nachdem ich mich von ihr verabschiedet hatte, ging ich zum Telefon. Damals mußten sich Landtierärzte noch an Spezialisten für Kleintiere wenden, wenn auf diesem Gebiet irgendein ungewöhnlicher Fall auftauchte. Heute, dreißig Jahre später, ist unsere Praxis vielseitiger, und wir können, da wir inzwischen in Darrowby über die erforderliche Ausrüstung und das Personal verfügen, jeden chirurgischen Eingriff an Kleintieren selbst vornehmen. Aber vor dem Krieg war das anders. Ich hatte gehört, daß früher oder später jeder Großtierarzt Granville Bennett um Hilfe bitten mußte, und nun war die Reihe an mir.

«Hallo, ist dort Mr. Bennett?»

«Ja, am Apparat.» Eine kräftige Stimme, freundlich, aufgeschlossen.

«Hier spricht Herriot. Ich arbeite mit Farnon zusammen, hier in Darrowby.»

«Ja, ich weiß. Hab schon von Ihnen gehört.»

«Oh ... hm .... vielen Dank. Ja, was ich sagen wollte, ich habe hier einen etwas schwierigen Fall, und ich wüßte gern, ob Sie ihn übernehmen können?»

«Aber gewiß doch, mein Sohn. Um was handelt es sich denn?»

«Um eine ganz abscheuliche Gebärmutterentzündung.»

«Oh, sehr schön!»

«Die Hündin ist zwölf Jahre alt.»

«Großartig!»

«Und das Herz so miserabel, wie man es sich nur vorstellen kann.»

«Ausgezeichnet! Wann kommen Sie?»

«Heute abend, so gegen acht, wenn es Ihnen recht ist.»

«Paßt mir sehr gut. Bis dann.»

Als ich nach Hartington, einer mittelgroßen Stadt mit rund 200 000 Einwohnern, hineinfuhr, hatte der Verkehr bereits nachgelassen. Ich hoffte nur, daß die gut fünfundzwanzig Meilen weite Fahrt der Mühe wert gewesen war. Dinah, die hinten ausgestreckt auf einer Wolldecke lag, sah aus, als sei ihr alles egal. Vielleicht vergeudete ich meine Zeit, indem ich zu sehr auf den Ruf dieses Kollegen vertraute.

Kein Zweifel, Granville Bennett war in Nordengland zu einer Art Legende geworden. In einer Zeit, wo die Beschränkung auf ein Fachgebiet noch so gut wie unbekannt war, hatte er sich ganz auf die Behandlung von Kleintieren spezialisiert – Großvieh rührte er nicht an – und hatte durch die Anwendung moderner Methoden in seiner Tierklinik neue Maßstäbe gesetzt. Für Tierärzte gehörte es in der damaligen Zeit beinahe zum guten Ton, die Behandlung von Hunden und Katzen zu belächeln. Nicht wenige der älteren Veterinäre, die ihr Leben lang nur mit Pferden und Kühen zu tun gehabt hatten, standen auf dem Standpunkt: «Für Kleinzeug habe ich keine Zeit!» Bennett hingegen verfolgte genau die entgegengesetzte Praxis.

Ich kannte ihn bisher nicht persönlich, wußte aber, daß er ungefähr Anfang Dreißig war, und hatte viel über seine beruflichen Fähigkeiten, seinen Geschäftssinn und seinen Ruf als Lebenskünstler gehört. Er widmete sich, wie es hieß, mit gleicher Hingabe der Arbeit wie dem Vergnügen.

Die Tierklinik lag am oberen Ende einer verkehrsreichen Straße. Ich fuhr in den Hof und klopfte an eine Tür. Während ich noch ehrfurchtsvoll auf den funkelnden Bentley blickte, neben dem mein arg ramponierter kleiner Austin noch armseliger wirkte, wurde die Tür von einer hübschen jungen Dame in weißem Kittel geöffnet.

«Guten Abend», murmelte sie mit einem Lächeln, das so bezaubernd war, daß es garantiert von vornherein eine zusätzliche halbe Krone auf der Rechnung ausmachte. «Bitte, kommen Sie herein. Mr. Bennett erwartet Sie.»

Sie führte mich in ein Wartezimmer mit Zeitschriften und Blumen auf einem Ecktisch und vielen eindrucksvollen Fotos von Hunden und Katzen an den Wänden – alle vom Chef persönlich aufgenommen, wie ich später erfuhr. Ich betrachtete mir gerade eine großartige Studie von zwei Pudeln, da hörte ich Schritte hinter mir. Ich drehte mich um und sah mich Granville Bennett gegenüber.

Er schien das Zimmer auszufüllen. Ein kräftig gebauter Mann, nicht übermäßig groß, aber von gewaltigem Umfang. Er hatte ein sympathisches, sehr männliches Gesicht und hielt zwischen den Zähnen die herrlichste Pfeife, die ich je gesehen hatte. Sie war riesig und hätte bei jedem anderen ausgesprochen lächerlich gewirkt, doch für ihn war sie genau richtig. Der Tabakgeruch war köstlich. Auf den gutgeschnittenen dunklen Anzug und die blitzenden Manschettenknöpfe konnte ich nur einen flüchtigen Blick werfen, denn schon streckte er mir die Hand hin.

«James Herriot! Wie schön, Sie endlich kennenzulernen. Sie werden Jim genannt, nicht wahr?»

«Ja, für gewöhnlich.»

«Sehr gut. Es ist alles vorbereitet, Jim. Die Mädchen warten schon im OP.»

«Das ist sehr freundlich von Ihnen, Mr. Bennett.»

«Granville, bitte nennen Sie mich Granville!» Er nahm mich beim Arm und führte mich in den Operationssaal.

Dinah, die bereits auf dem Tisch lag, sah recht jammervoll aus. Sie hatte eine Beruhigungsspritze bekommen und nickte schläfrig mit dem Kopf. Bennett untersuchte sie rasch.

«Mm. Ja. Fangen wir also an.»

Die beiden Mädchen traten in Aktion – sie waren gut aufeinander eingespielt. Bennett hatte eine Menge Personal, und die beiden auffallend hübschen Tierpflegerinnen wußten offensichtlich genau, was sie zu tun hatten. Während die eine den Tisch mit den Anästhetika und Instrumenten heranrollte, packte die andere geschickt Dinahs Vorderbein, ertastete eine Vene, schor die Stelle und desinfizierte sie.

«Pentothal», sagte Bennett und ließ die Nadel mühelos in die Vene gleiten. Es war ein schnell wirkendes Betäubungsmittel, dessen praktische Anwendung ich noch nicht beobachtet hatte. Dinah sank langsam in sich zusammen und blieb bewußtlos auf dem Tisch liegen.

Während Bennett sich die Hände wusch und seinen Kittel anzog, rollten die Mädchen Dinah auf den Rücken und banden sie auf dem Operationstisch fest. Sie legten ihr die Äther- und Sauerstoffmaske an, dann rasierten sie die Operationsstelle und betupften sie mit Jod. Bennett trat an den Tisch und ließ sich ein Skalpell reichen.

Als er mit fast lässiger Geschwindigkeit die Haut, die Muskelschichten und das Bauchfell durchtrennte, quoll der Uterus, stark geschwollen mit Eiter gefüllt, hervor. Kein Wunder, daß Dinah sich krank gefühlt hatte!

Die dicken Finger arbeiteten sich behutsam hindurch, banden die Eierstöcke und Gebärmutter ab, entfernten dann das Ganze. Bennett war schon beim Nähen, da merkte ich erst, daß die Operation so gut wie beendet war. Er hatte nur ein paar Minuten dazu gebraucht, und es hatte kinderleicht ausgesehen, doch man spürte die Konzentration, mit der er arbeitete.

Und während ich ihm zusah, wie er in dem weißgekachelten Raum unter der schattenlosen Lampe mit den blitzenden Instrumenten hantierte, schoß mir der Gedanke durch den Kopf, daß die Arbeit, die er da machte, genau das war, was ich selbst immer hatte tun wollen. Als ich mich entschloß, Tierheilkunde zu studieren, träumte ich von einer Tätigkeit wie dieser. Und was war aus mir geworden? Ein ungehobelter Kuhdoktor; oder auch, besser gesagt, ein Landtierarzt, aber auf jeden Fall etwas ganz anderes. Die Szene vor meinen Augen war himmelweit entfernt von meinem gewohnten Leben mit Tritten und Stößen, Schmutz und Schweiß. Und dennoch bedauerte ich nichts: Das Leben, das mir durch die Umstände aufgezwungen worden war, hatte mir vollste Erfüllung gebracht. Mit Befriedigung erkannte ich, daß ich auch künftighin lieber über die schlechten Straßen des Hochlands fahren wollte, als mich über diesen Operationstisch zu beugen.

Aber wie dem auch sei, aus mir wäre nie ein zweiter Bennett geworden. Erstens glaube ich nicht, daß ich so viel Geschick gehabt hätte wie er, und zweitens zeugte der ganze Betrieb hier von einem Geschäftssinn, einer Weitsicht und einem Ehrgeiz, die ich einfach nicht besaß.

Mein Kollege war jetzt fertig. Er bereitete eine intravenöse Tropfinfusion mit Kochsalzlösung vor, führte die Kanüle in die Vene ein und sicherte sie mit einem Klebestreifen. Dann wandte er sich mir zu.

«Das wär's, Jim. Der Rest hängt von unserem Patienten selbst ab.» Er führte mich aus dem Operationssaal, und ich dachte im stillen, wie angenehm es sein mußte, nach getaner Arbeit einfach alles stehen und liegen lassen zu können. Zu Hause hätte ich jetzt die Instrumente waschen und den Tisch scheuern müssen. Und zu guter Letzt wäre Herriot, der große Chirurg, auch noch mit Scheuerlappen und Schrubber zugange gewesen, um den Boden aufzuwischen. Da war das hier schon besser.

Als wir wieder im Wartezimmer waren, zog Bennett seine Jacke an, holte die riesige Pfeife aus der Tasche und musterte sie besorgt. Da ihn das Ergebnis nicht zu befriedigen schien, förderte er ein weiches gelbes Tuch zutage, mit dem er selbstvergessen das Bruyèreholz polierte. Dann hielt er die Pfeife in die Höhe, drehte sie leicht nach allen Seiten und beobachtete mit sichtlicher Befriedigung das Spiel des Lichts auf dem herrlich gemaserten Holz. Schließlich holte er einen großen Tabaksbeutel heraus, stopfte die Pfeife, hielt beinahe ehrfürchtig ein Streichholz daran und schloß genüßlich die Augen, als er den ersten Zug tat.

«Der Tabak riecht wundervoll», sagte ich. «Was für eine Marke ist es?»

«Navy Cut De Luxe.» Er schloß abermals die Augen. «Ich kann nie genug davon kriegen.»

Ich lachte. «Ich selbst nehme den gewöhnlichen Navy Cut.»

Er blickte mich wie ein bekümmerter Buddha an. «Oh, das dürfen Sie nicht, mein Freund, auf gar keinen Fall. Dieser Tabak ist

131

der einzige, der etwas taugt. Gehaltvoll … würzig … Hier, nehmen Sie etwas mit davon.»

Er zog eine Schublade heraus. Der darin befindliche Vorrat an Rauchutensilien hätte einem Tabakladen mittlerer Größe zur Ehre gereicht; unzählige Büchsen, Pfeifen, Reiniger, Tücher.

«Probieren Sie den», sagte er. «Und sagen Sie mir, ob ich nicht recht habe.»

Ich blickte auf die Büchse in meiner Hand. «Oh, das kann ich nicht annehmen. Das sind ja über hundert Gramm!»

«Keine Widerworte! Stecken Sie den Tabak ein.» Plötzlich sah er mich strahlend an. «Sie wollen doch vermutlich warten, bis der Hund aus der Narkose aufwacht? Wie wär's, wenn wir uns die Zeit mit einem Bier vertreiben? Ich bin Mitglied in einem netten kleinen Club gleich hier gegenüber.»

«Eine glänzende Idee.»

Für einen Mann seines Umfangs bewegte er sich ausgesprochen leichtfüßig, und ich mußte mich beeilen, wollte ich mit ihm Schritt halten, als er die Klinik verließ und einem Haus auf der anderen Straßenseite zustrebte.

Das Clubinnere strahlte eine nüchterne Eleganz aus. Lauthals wurden wir von mehreren wohlhabend aussehenden Mitgliedern und freundlich lächelnd von dem Mann hinter der Theke willkommen geheißen.

«Zwei Bier, Fred», murmelte Bennett geistesabwesend, und die Gläser erschienen mit verblüffender Geschwindigkeit. Mein Kollege leerte seines auf einen Zug und wandte sich mir zu. «Noch eins, Jim?»

Ich hatte gerade erst einen Schluck von dem bitteren Bier probiert und trank jetzt hastig weiter. «Gut, aber diesmal auf meine Rechnung.»

«Nichts zu machen, mein Freund.» Er sah mich mit milder Strenge an. «Nur Mitglieder können hier Geld loswerden. Noch mal das gleiche, Fred.»

Jetzt hatte ich zwei Gläser vor mir stehen, und es kostete mich große Anstrengung, auch nur das erste hinunterzubringen. Bennett dagegen hatte das zweite Glas schon zu drei Viertel geleert, und gleich darauf trank er es mühelos ganz aus.

«Sie trinken sehr langsam, Jim», sagte er mit nachsichtigem Lächeln. «Bitte noch zwei, Fred.»

Leicht beunruhigt bemerkte ich, wie der Barkeeper abermals den Hahn bediente, und machte mich entschlossen an meinen zweiten Schoppen. Es gelang mir auch, ihn hinunterzubekommen, und ich griff gerade schwer atmend nach dem dritten Glas, da vernahm ich schon wieder Bennetts Stimme.

«Noch ein letztes für den Heimweg, Jim», sagte er liebenswürdig und, zu Fred gewandt: «Bitte, geben Sie uns noch zwei.»

Es war absurd, aber ich wollte kein Spielverderber sein, und so setzte ich verzweifelt das dritte Glas an die Lippen und trank es in kleinen Schlucken leer. Der Schweiß stand mir auf der Stirn. Als ich aufblickte, sah ich, daß mein Kollege bereits auf dem Weg zur Tür war.

«Zeit, daß wir gehen, Jim», sagte er. «Trinken Sie aus.»

Kaum zu glauben, was der menschliche Organismus verkraften kann, wenn man ihn auf die Probe stellt. Ich hätte gewettet, daß es mir nur mit einer halbstündigen Ruhepause möglich sein würde, dieses vierte Bier zu trinken, aber während Bennett mit der Fußspitze ungeduldig auf den Boden klopfte, goß ich nach und nach das Bier in meine Kehle. Mir ging durch den Kopf, daß die Wasserfolter bei der spanischen Inquisition sehr beliebt gewesen war, und als der Druck in meinem Inneren immer mehr zunahm, glaubte ich zu wissen, wie ihren Opfern zumute gewesen sein mußte.

Endlich war das Glas geleert, und schwankenden Schrittes ging ich auf die Tür zu, die Bennett mir aufhielt. Draußen legte er mir den Arm um die Schulter.

«Die alte Spanieldame ist bestimmt noch nicht wieder bei sich», sagte er. «Wir fahren schnell zu mir nach Hause und essen eine Kleinigkeit – ich habe Hunger.»

Tief in die weichen Polster des Bentley gelehnt, die Hände über dem aufgeblähten Leib verschränkt, sah ich uns an erleuchteten Schaufenstern vorübergleiten, die bald hinter uns zurückblieben; um uns war jetzt die Dunkelheit des offenen Landes. Wir hielten vor einem wunderschönen Grausteinhaus in einem typischen Yorkshire-Dorf, und Bennett führte mich hinein.

Er schob mich zu einem Ledersessel. «Machen Sie's sich bequem, mein Freund. Zoe ist im Augenblick nicht zu Hause, aber ich

135

hol uns was zu essen.» Er eilte in die Küche und kehrte wenig später mit einer großen Schüssel zurück, die er auf ein Tischchen neben meinen Sessel stellte.

«Glauben Sie mir, Jim», sagte er, «auf Bier gibt's nichts Besseres als ein paar Essigzwiebeln.»

Ich warf einen furchtsamen Blick in die Schüssel. Bei diesem Mann schien alles überlebensgroß zu sein, sogar die Zwiebeln. Sie waren größer als ein Golfball, bräunlichweiß und glänzend.

«Vielen Dank, Mr. Ben ... Granville.» Ich nahm eine, hielt sie zwischen Daumen und Zeigefinger und starrte sie hilflos an. Das Bier schwappte noch immer in meinem Magen, und ich hatte das Gefühl, nicht einen Bissen hinunterbringen zu können.

Granville steckte sich eine Zwiebel in den Mund, zermalmte sie rasch mit den Zähnen und hatte sie kaum hinuntergeschluckt, da biß er schon in die zweite. «Gott, schmeckt das herrlich! Meine Frau ist wirklich eine exzellente Köchin. Sie macht die besten Essigzwiebeln der Welt.»

Zufrieden schmatzend ging er zum Büfett und hantierte eine Weile klirrend herum, dann reichte er mir ein schweres Kristallglas, das zu etwa zwei Drittel mit unverdünntem Whisky gefüllt war. Ich konnte kein Wort des Protestes hervorbringen, denn ich hatte allen Mut zusammengenommen und mir eine Zwiebel in den Mund geschoben; doch als ich tapfer zubiß, stieg mir der scharfe Geruch in die Nase, und ich mußte zugleich niesen und husten. Rasch trank ich einen Schluck Whisky und sah Granville mit tränenden Augen an.

Er hielt mir erneut die Schüssel mit den Zwiebeln hin. Als ich dankend ablehnte, betrachtete er sie eine Sekunde lang bekümmert. «Komisch, daß sie Ihnen nicht schmekken; ich fand immer, daß Zoe sie wunderbar zubereitet.»

«Oh, Sie irren sich, Granville, sie sind wirklich köstlich. Ich habe nur diese hier noch nicht zu Ende gegessen.»

Er erwiderte nichts, sondern machte weiterhin ein betrübtes Gesicht. Es gab keinen anderen Ausweg: Ich mußte noch eine Zwiebel nehmen.

Hocherfreut eilte Granville wieder in die Küche. Als er diesmal zurückkehrte, brachte er ein Tablett mit einem riesigen Stück kalten Braten an, einem Laib Brot, Butter und Senf.

«Was halten Sie von einem Bratensandwich, Jim?» murmelte er, während er das Messer an einem Wetzstahl abzog. Dann bemerkte er mein noch halbvolles Glas.

«Los, los», sagte er ein wenig ungeduldig. «Sie trinken ja überhaupt nichts.» Er beobachtete mich wohlwollend, während ich das Glas leerte, dann füllte er es wieder wie zuvor. «Gut so. Und nehmen Sie noch eine Zwiebel.»

Ich streckte die Beine aus und legte den Kopf auf die Rückenlehne des Sessels, um den Aufruhr in meinem Inneren ein wenig zu besänftigen. Während ich Granville zusah, wie er an dem Braten säbelte, durchflutete mich eine Welle von Übelkeit. Die Scheiben gerieten ihm fast drei Zentimeter dick, er bestrich sie mit Senf und legte sie zwischen gebutterte Brotscheiben. Er summte zufrieden vor sich hin, während der Sandwichberg immer größer wurde. Zwischendurch aß er ab und zu eine weitere Zwiebel.

«Hier, mein Sohn», rief er schließlich und stellte einen hochgehäuften Teller auf den Tisch neben mir. «Guten Appetit.» Dann

138

füllte er seinen eigenen Teller und ließ sich seufzend in einen Sessel fallen.

Er nahm einen großen Bissen und sprach mit vollem Mund. «Wissen Sie, Jim, so ein Imbiß gehört für mich zu den Freuden des Lebens.» Er biß wieder ein Stück ab. «Und ich will Ihnen was sagen, auch wenn's nach Eigenlob riecht: Diese Sandwiches sind wirklich verdammt gut, finden Sie nicht?»

«Ja, das sind sie.»

Man hörte, wie die Haustür geöffnet wurde, und Granville wollte gerade aufstehen, als ein schändlich fetter Bullterrier hereinkam, über den Teppich watschelte und ihm auf den Schoß sprang.

«Phoebles, mein Schatz, komm zu Daddy!» rief er. «Hast du mit Mummy einen schönen Spaziergang gemacht?»

Dem Bullterrier folgte dicht auf den Fersen ein Yorkshire-Terrier, der von Granville ebenfalls begeistert begrüßt wurde.

«Hallo, Victoria, hallo!»

Die Hündin sprang nicht auf den Schoß des Herrn, sondern begnügte sich damit, zu seinen Füßen zu sitzen und ihn erwartungsvoll anzuhimmeln.

Ich hörte leichte Schritte in der Diele und

blickte gespannt auf. Ich hatte mir im Geist ein genaues Bild von Granvilles Frau gemacht: ein häusliches, aufopferndes Wesen, ziemlich reizlos, kurz, eine richtige kleine Hausfrau, so wie viele dynamische Persönlichkeiten sie bevorzugen.

Doch als die Tür aufging, hätte ich um ein Haar mein riesiges Sandwich fallen lassen. Zoe Bennett war eine hinreißende Schönheit, nach der sich jeder Mann umgedreht hätte. Dichtes braunes Haar mit einem wundervollen Seidenglanz, große graugrüne, sanfte Augen, ein Tweedkostüm, das ihre schlanke Figur gut umschloß; und sie strahlte eine Herzenswärme aus, ein inneres Licht, daß ich plötzlich wünschte, ich wäre ein besserer Mensch oder sähe zumindest etwas besser und ordentlicher aus.

Ich schämte mich meiner schmutzigen Schuhe, meiner alten Jacke und der Kordsamthose, die hier fehl am Platz waren. Ich hatte mir nicht die Mühe genommen, mich umzuziehen, sondern war einfach in meiner Arbeitskleidung losgesaust, die sich von der Granvilles erheblich unterschied, da er nicht wie ich seinem Beruf im Freien oder in Viehställen nachging.

140

«Mein liebes Herz!» rief er beglückt, als seine Frau sich zu ihm hinunterbeugte und ihn zärtlich küßte. «Darf ich dich mit Jim Herriot aus Darrowby bekannt machen?»

Sie richtete den Blick auf mich. «Ich freue mich, Mr. Herriot!» Sie setzte eine ebenso liebenswürdige Miene auf, wie ihr Mann es bei unserer Begrüßung getan hatte, und wieder spürte ich den verzweifelten Wunsch, präsentabler auszusehen, ordentlich gekämmt zu sein und nicht ständig das Gefühl zu haben, ich würde jeden Augenblick in tausend Stücke zerspringen.

«Ich hole mir eine Tasse Tee. Möchten Sie auch eine, Mr. Herriot?»

«Nein-nein, vielen Dank, nicht jetzt.» Ich winkte dankend ab. Sie ging hinaus, und als sie zurückkehrte, gab sie ihrem Mann ein Paket. «Ich war heute in der Stadt, Liebling, und habe dir von den Hemden, die dir so gut gefallen, ein paar besorgt.»

«Mein Süßes! Wie lieb von dir!» Eifrig wie ein Schuljunge riß er an dem braunen Papier und brachte drei elegante Hemden in Zellophanhüllen zum Vorschein. «Herrlich! Du verwöhnst mich viel zu sehr.» Er sah mich an. «Jim! Das sind die besten Hemden,

141

die es gibt. Hier, nehmen Sie sich eines mit.»
Und er warf mir ein Hemd zu.

Ich wußte nicht, was ich sagen sollte.
«Aber nein, ich kann doch nicht ...»

«Natürlich können Sie. Ich will, daß Sie es
behalten.»

«Aber Granville, doch kein Hemd ... es ist
zu ...»

«Es ist ein sehr gutes Hemd.» Er machte
wieder ein bekümmertes Gesicht.

Ich gab mich geschlagen.

Sie waren beide ungewöhnlich nett. Zoe
saß mit ihrer Teetasse liebenswürdig plau-
dernd neben mir, und Granville strahlte
mich von seinem Sessel aus an, während er
das letzte Sandwich verzehrte und sich dann
wieder den Zwiebeln zuwandte.

Ich trug leider nicht allzuviel zur Unterhaltung bei. Der reichliche Alkoholgenuß
tat seine Wirkung, und ich war mir in stei-
gendem Maße bewußt, daß ich nur dasaß
und dümmlich lächelte. Ganz im Gegensatz
zu Granville, der genauso aussah wie zu Beginn des Abends, als ich ihn in der Klinik
kennengelernt hatte. Er war unverändert
liebenswürdig und charmant. Es war nicht
ganz leicht zu ertragen.

Die Tabakdose in meiner Jackentasche, das Hemd unter den Arm geklemmt, verabschiedete ich mich von Zoe.

In der Klinik ging ich sofort zu Dinah. Der Hündin ging es bestens; sie hob den Kopf und sah mich schläfrig an. Sie hatte Farbe, und der Puls schlug regelmäßig und kräftig. Der Operationsschock war durch die fachmännische, schnelle Arbeitsweise meines Kollegen und die intravenöse Tropfinfusion auf ein Minimum reduziert worden.

Ich kniete mich hin und kraulte sie. «Ich bin sicher, sie wird es schaffen, Granville.»

Über mir nickte die große Pfeife mit würdevoller Zuversicht. «Natürlich schafft sie es, mein Freund.» Und er hatte recht. Dinah wurde durch die Gebärmutterentfernung verjüngt und lebte, sehr zur Freude ihrer Herrin, noch viele Jahre.

Auf der Heimfahrt lag sie neben mir auf dem Beifahrersitz, und nur ihre Nase schaute unter der Decke hervor. Manchmal legte sie, wenn ich nach dem Schalthebel griff, den Kopf auf meinen Arm oder leckte mir träge die Hand.

Sie schien sich weit besser zu fühlen als ich.

Gyp bellt nie

«In dieser Form äußert sich das also?» fragte ich. «Sie erzählten mir ja bereits davon.»

Mr. Wilkin nickte. «Ja, genau. Es ist jedesmal das gleiche.»

Ich sah auf den hilflos zuckenden großen Hund, der zu meinen Füßen lag; sah den starren Blick und die verkrampften Gliedmaßen. Der Bauer hatte mir von den periodisch auftretenden Anfällen erzählt, unter denen sein Schottischer Schäferhund Gyp seit einiger Zeit litt, und zufällig war ich gerade auf dem Hof, als er einen solchen Anfall hatte.

«Und hinterher geht es ihm wieder gut, sagen Sie?»

«Ja, unverändert. Ist vielleicht 'ne Stunde lang noch ein bißchen benommen, aber dann ist er wieder ganz normal.» Der Bauer zuckte mit den Schultern. «Sie wissen, ich habe schon viele Hunde großgezogen, und es gab darunter auch welche, die Anfälle hatten. Ich dachte, ich kenne die Ursache – Würmer, falsche Ernährung, Staupe –, aber das hier ist mir ein Rätsel. Ich habe schon alles versucht.»

«Ich fürchte, das hilft alles nichts. Mr. Wilkin», sagte ich. «Gyp leidet an Epilepsie.»

«An Epilepsie? Aber er ist doch die meiste Zeit ein großartiger, ausgesprochen normaler Hund.»

«Ja, ich weiß. Das ist immer so. Das Gehirn ist im Grunde völlig in Ordnung – es ist eine ganz rätselhafte Krankheit. Die Ursache ist unbekannt, aber sie ist fast mit Sicherheit erblich.»

Mr. Wilkin zog die Brauen in die Höhe. «Das versteh ich nicht. Wenn's erblich ist, warum hat es sich dann nicht schon früher gezeigt? Der Hund ist beinahe zwei Jahre alt, aber diese Krämpfe haben erst vor ein paar Wochen angefangen.»

«Ja, das ist ganz typisch», erwiderte ich. «Gewöhnlich tritt diese Krankheit mit anderthalb bis zwei Jahren zum erstenmal in Erscheinung.»

Gyp unterbrach uns, indem er aufstand und schwanzwedelnd, wenn auch mit unsicheren Schritten, auf seinen Herrn zuging. Der Anfall schien ihn nicht weiter zu beein-

145

drucken. Die Sache hatte auch kaum länger als zwei Minuten gedauert.

Mr. Wilkin bückte sich und streichelte seinen Kopf. Ein nachdenklicher Ausdruck lag auf seinem Gesicht. Er war ein großer, kräftiger Mann in den Vierzigern, der nur selten lächelte, und als seine Augen sich jetzt verengten, lag in seinem Blick etwas Drohendes. Wiederholt hatte ich die Bemerkung gehört, es sei nicht ratsam, sich mit Sep Wilkin auf einen Streit einzulassen, womit die Leute vermutlich recht hatten. Aber zu mir war er immer ausgesprochen höflich, und da er fast tausend Morgen Land bewirtschaftete, hatte ich oft bei ihm zu tun.

Seine große Leidenschaft waren Schäferhunde. Viele Bauern hatten die Gewohnheit, ihre Hunde bei Dressurprüfungen vorzuführen, und freuten sich, wenn das Tier ausgezeichnet wurde. Aber Mr. Wilkin machte daraus eine todernste Angelegenheit. Er züchtete und dressierte Hunde, die bei den lokalen Veranstaltungen regelmäßig irgendwelche Preise gewannen, gelegentlich sogar auch bei den nationalen Prüfungen. Mir bereitete es gewisse Sorgen, daß er all seine Hoffnungen auf Gyp gesetzt hatte.

Er hatte sich die beiden besten Rüden – Gyp und Sweep – aus einem Wurf ausgesucht und sie mit unendlicher Geduld und Liebe abgerichtet. Ich glaube, noch nie haben zwei Hunde ihre gegenseitige Gesellschaft so sehr genossen wie diese beiden; sie steckten immer zusammen: manchmal spähten sie Nase an Nase über die untere Türhälfte der kleinen Hütte, in der sie schliefen, manchmal wichen sie ihrem Herrn nicht von der Seite, aber für gewöhnlich spielten sie einfach miteinander.

Vor wenigen Monaten hatte George Crossley, einer von Mr. Wilkins ältesten Freunden und genau wie er ein fanatischer Anhänger von Dressur-Prüfungen, seinen besten Hund durch eine Nierenentzündung verloren, und Mr. Wilkin hatte ihm Sweep überlassen. Das hatte mich damals sehr überrascht, denn Sweep eignete sich zum Abrichten weitaus besser als Gyp, und es sah so aus, als habe er das Zeug, alle Prüfungen mit Eins zu bestehen. Doch Mr. Wilkin hatte Gyp behalten, und da es noch andere Hunde auf dem Hof gab – wenn er Sweep auch zweifellos vermißte –, hatte er doch immerhin Gesellschaft.

Ich war erstaunt, wie rasch das Tier sich erholte und nach diesen erschreckenden Krämpfen wieder zur Normalität zurückkehrte. Mit einiger Besorgnis wartete ich auf Mr. Wilkins nächste Worte.

Sollte er den Entschluß fassen, Gyp einschläfern zu lassen, müßte ich das als eine ganz auf Vernunft begründete Entscheidung respektieren. Doch der Gedanke behagte mir ganz und gar nicht, als ich das zutrauliche, schwanzwedelnde Tier ansah. Gyp hatte etwas sehr Anziehendes an sich. Der kräftige Körperbau, das schöngezeichnete Fell fielen sofort auf, aber am bemerkenswertesten war der Kopf: das eine Ohr stand in die Luft, während das andere flach anlag, was ihm ein ausgesprochen liebenswertes und noch dazu komisches Aussehen verlieh. Ein bißchen erinnerte Gyp an einen Clown, an einen Clown, der Freundlichkeit und Kameraderie ausstrahlte.

Schließlich sagte Mr. Wilkin: «Wird sich diese Sache bessern, wenn er älter wird?»

«Nein, das ist nicht anzunehmen», erwiderte ich.

«Er wird also immer diese Anfälle bekommen?»

«Ich fürchte ja. Wie Sie sagen, bekommt er sie alle zwei oder drei Wochen – dabei wird es vermutlich mit gelegentlichen kleinen Abweichungen auch in Zukunft bleiben.»

«Aber er könnte auch mitten in einer Prüfung einen bekommen?»

«Ja.»

Der Bauer ließ den Kopf auf die Brust sinken. Die schicksalsschweren Worte wurden immer unvermeidlicher. Es war nicht Sep Wilkins Art, bei einer Frage zu zögern, die seine vorherrschende Leidenschaft betraf. Sicher vertrat er die Ansicht, jedes Tier, das nicht den Anforderungen entsprach, müsse unbarmherzig beseitigt werden. Als er sich schließlich räusperte, glaubte ich seine Worte zu kennen.

Aber ich irrte mich.

«Wenn ich ihn behielte, könnten Sie etwas für ihn tun?» fragte er.

«Vielleicht könnte man mit Tabletten etwas machen. Gut möglich, daß die Anfälle dadurch seltener werden.» Ich bemühte mich, ihn nicht merken zu lassen, wie erleichtert ich war.

«Na gut ... dann komme ich in den nächsten Tagen zu Ihnen und hol mir welche», murmelte er.

«Abgemacht. Aber ... hm ... Sie werden ihn nicht zur Zucht verwenden, nicht wahr?»

«Nein, nein», brummte der Bauer. Seine Stimme klang leicht gereizt, als wolle er nicht weiter über die Sache sprechen.

Ich wechselte rasch das Thema und plauderte, als wir zum Wagen gingen, unbekümmert über das Wetter. Ich hatte das Gefühl, daß er bereit war, den Hund einfach als Haustier zu behalten, aber diese Schwäche nicht einzugestehen wünschte. Seltsam, wie die Dinge sich plötzlich ineinanderfügten und einen Sinn ergaben. Das also war der Grund, weshalb er sich von Sweep getrennt hatte. Er hatte Gyp einfach gern. Offensichtlich war Sep Wilkin, so bärbeißig er sonst auch sein mochte, dem eigenartigen Charme dieses Tiers erlegen.

Als ich losfahren wollte, kam der Bauer noch einmal auf den Hund zu sprechen. «Ich weiß nicht, ob es was mit dieser Sache zu tun hat oder nicht», sagte er, sich zum Fenster hinunterbeugend. «Gyp hat noch nie in seinem Leben gebellt.»

150

Ich sah ihn überrascht an. «Niemals?»

«Nein, nicht ein einziges Mal. Die anderen Hunde machen einen Riesenradau, wenn ein Fremder auf den Hof kommt, aber Gyp habe ich noch nie einen Laut von sich geben hören.»

«Das ist allerdings wirklich sehr sonderbar», sagte ich. «Aber ich glaube nicht, daß es etwas mit seiner Epilepsie zu tun hat.»

Und als ich den Motor anließ, bemerkte ich tatsächlich, daß Gyp mich trotz des lautstarken Abschiedsgebells der anderen Hunde lediglich auf seine kameradschaftliche Art mit offenem Maul und heraushängender Zunge ansah, ohne einen Ton von sich zu geben. Ein stummer Hund.

Die Sache interessierte mich, und sooft ich in der folgenden Zeit auf dem Hof war, beobachtete ich den großen Schäferhund aufmerksam bei allem, was er tat. Aber es war immer das gleiche. Zwischen den Anfällen, die jetzt mit ziemlicher Regelmäßigkeit etwa alle drei Wochen auftraten, war er ein gesundes, lebhaftes Tier. Nur daß er nicht bellte.

Wenn Mr. Wilkin an den Markttagen nach Darrowby kam, saß Gyp oft hinten im Wagen. Sprach ich bei diesen Gelegenheiten mit Mr. Wilkin, vermied ich das Thema, denn ich hatte, wie gesagt, das Gefühl, daß er – noch weniger als die meisten anderen Bauern – auf keinen Fall in den Verdacht geraten wollte, er hielte einen Hund aus anderen Gründen als zum Zweck der Arbeit.

Und doch bin ich seit langem davon überzeugt, daß die Hunde, die man auf den Höfen findet, mehr oder minder Haustiere sind. Natürlich stellen sie beispielsweise für die Bauern, die sich mit Schafzucht befassen, unentbehrliche Arbeitstiere dar, und auch auf vielen anderen Höfen erfüllen sie zweifellos eine nützliche Aufgabe. Aber nach dem, was ich so auf meinen täglichen Runden beobachte – wenn sie etwa beim Einfahren des Heus hoch oben auf den Wagen schaukeln oder wenn das Korn geerntet wird, zwischen den Getreidegarben Ratten nachjagen, vor den Stallungen herumlungern oder neben dem Bauern über die Felder streifen –, frage ich mich ... was tun sie wirklich?

So beharre ich bis heute auf meiner Theorie: Die meisten Hunde auf den Bauernhöfen sind Haustiere, und sie werden gehalten, weil der Bauer sie einfach gern um sich hat. Man würde einen Bauern der Folter unterwerfen müssen, ehe er das zugibt, aber ich glaube, ich habe recht. Und dabei haben diese Hunde ein herrliches Leben. Sie brauchen nicht zu bitten, daß man sie spazierenführt – sie sind den ganzen Tag im Freien und in Gesellschaft ihres Herrn. Wenn ich auf einem Hof den Bauern finden will, suche ich nach seinem Hund, denn beide sind nie weit auseinander. Ich gebe mir alle Mühe, meinen eigenen Hunden ein angenehmes Leben zu bieten, aber ich kann ihnen lange nicht ein so schönes Leben ermöglichen wie ihren Artgenossen auf den Bauernhöfen.

Da ich über längere Zeit hinweg nicht auf Sep Wilkins Hof brauchte, bekam ich auch Gyp nicht zu sehen, bis ich Mr. Wilkin und dem Hund eines Tages zufällig bei einer Dressurprüfung für Schäferhunde begegnete. Die Veranstaltung fand im Rahmen der Landwirtschaftsausstellung von Mellerton statt, und da ich ohnedies dort in der Nähe zu tun hatte, beschloß ich, mir den Nachmittag freizunehmen und zusammen mit Helen hinzugehen, denn diese Prüfungen haben uns schon immer fasziniert: die bewundernswerte Gewalt der Besitzer über ihre Tiere, die angespannte Aufmerksamkeit der Hunde selbst, die faszinierende Harmonie, mit der diese Prüfungen abliefen – es war stets von neuem ein Vergnügen, das zu beobachten.

Ungefähr siebzig Hunde waren im Schatten an einen Zaun gebunden und warteten darauf, daß sie an die Reihe kamen. Es war ein herrliches Bild: die vielen wedelnden Schwänze und die gespannte Aufmerksamkeit im Blick der Tiere. Sie kannten einander nicht, und doch gab es keinerlei Anzeichen von Mißhelligkeit, geschweige denn von einem Kampf. Offenbar war diesen Tieren nicht nur die Gehorsamkeit angeboren, sondern auch ihr friedfertiges Verhalten.

Die gleiche Veranlagung schien auch für ihre Besitzer charakteristisch zu sein. Nichts von Feindseligkeit, weder Groll über eine Niederlage noch unziemlicher Siegesjubel. Wenn jemand seine Zeit überschritt, trieb er die Schafe ruhig in die Ecke und kehrte freundlich lächelnd zu den anderen zurück. Natürlich mußte er ein paar gutmütige Neckereien über sich ergehen lassen, aber das war auch alles.

An einer Stelle, von der aus man einen guten Blick über das Feld hatte, stießen wir auf Sep Wilkin. An seinen Wagen gelehnt, beobachtete er das Treiben. Gyp, der an die Stoßstange angebunden war, drehte sich um und sah mich schwanzwedelnd an, während Mrs. Wilkin, die auf einem Klappstuhl neben ihm saß, zärtlich die Hand auf seinen Kopf legte. Wie es schien, hatte Gyp auch ihre Liebe gewonnen.

Helen blieb stehen und begrüßte sie. Unterdessen wandte ich mich an ihren Mann. «Führen Sie auch einen Hund vor, Mr. Wilkin?»

«Nein, heut nicht. Ich will nur zusehen. Die Sache interessiert mich, weil ich viele von den Hunden kenne.»

Ich stand eine Weile neben ihm, beobachtete die Hunde bei ihrer Arbeit und atmete den würzigen Geruch niedergetretenen Grases und Kautabaks ein. Dicht vor uns, unmittelbar neben dem Pfosten und nicht weit von der letzten Schafhürde entfernt, hatte der Richter seinen Platz.

«Sehen Sie mal, wer da kommt!» Mr. Wilkin deutete mit der Hand übers Feld.

George Crossley näherte sich, dicht von

155

Sweep gefolgt, mit gemächlichen Schritten dem Pfosten. Gyp erstarrte, setzte sich sehr gerade und spitzte die Ohren. Es war Monate her, seit er seinem Bruder und Spielgefährten das letzte Mal begegnet war, und ich konnte mir nicht vorstellen, daß er sich noch an ihn erinnerte. Aber sein Interesse war unverkennbar, und als der Richter das weiße Tuch schwenkte und die drei Schafe aus ihrem Gehege herausgelassen wurden, stand er langsam auf.

Auf eine Handbewegung von Mr. Crossley hin flog Sweep in gestrecktem Galopp am äußeren Rand des Feldes entlang, und als er sich den Schafen näherte, ließ ein Pfiff ihn auf den Bauch niedersinken. Von da ab war es ein Anschauungsunterricht über die vorbildliche Zusammenarbeit von Mensch und Hund. Sep Wilkin hatte immer gesagt, Sweep habe das Zeug, aus sämtlichen Prüfungen als Sieger hervorzugehen. Und so sah es jetzt auch aus.

Kein Hund hatte bisher die Schafe so mühelos durch die drei verschiedenen Gatter gebracht, wie Sweep das tat, und als er sich nun der letzten Hürde näherte, bestand kein Zweifel, daß er den Pokal gewinnen würde,

156

falls nicht noch im letzten Augenblick irgend etwas passierte: Wiederholt waren die Schafe wenige Schritte vor den hölzernen Querstangen ausgebrochen und davongehüpft.

George Crossley, den Hirtenstab lang ausgestreckt, hielt das Gatter weit offen. Jetzt konnte man sehen, wozu alle diese langen Stöcke bei sich hatten. Seine Befehle an Sweep, der flach auf dem Rasen kauerte, waren nun kaum noch zu hören, aber die leisen Worte ließen den Hund sich Schritt für Schritt zuerst in die eine Richtung und dann in die andere bewegen. Die Schafe befanden sich inzwischen unmittelbar vor der Hürde, aber sie blickten sich noch unschlüssig um, und das Spiel war noch nicht beendet. Aber als Sweep fast unmerklich auf sie zukroch, drehten sie sich um und gingen hinein, und Mr. Crossley schloß rasch das Gatter hinter ihnen. Dabei sah er sich nach Sweep um und rief beglückt aus: «BRAVES TIER!» Der Hund antwortete ihm mit einem raschen, ruckartigen Wedeln seines Schwanzes.

Daraufhin hob Gyp, der die ganze Zeit aufrecht dagestanden und jede Bewegung mit größter Aufmerksamkeit verfolgt hatte, den Kopf und ließ ein einzelnes, weithin schallendes Bellen hören.

«WAU!» machte Gyp. Wir alle waren höchst überrascht.

«Habt ihr das gehört?» Mrs. Wilkin sah uns verblüfft an.

«Nicht zu fassen!» stieß ihr Mann hervor und starrte mit weit aufgerissenen Augen auf seinen Hund.

Gyp schien sich nicht bewußt zu sein, daß er irgend etwas Ungewöhnliches getan hatte. Er war viel zu sehr von dem Wiedersehen mit Sweep in Anspruch genommen, und es verstrich keine Minute, da wälzten sich die beiden Hunde wie in alten Zeiten in spielerischem Ringkampf auf dem Gras.

Wahrscheinlich nahmen Mr. Wilkin und seine Frau genau wie ich an, in Zukunft werde Gyp wie jeder andere Hund Laut geben, aber das war nicht der Fall.

Sechs Jahre später, als ich wieder einmal auf dem Hof war und mir im Haus heißes Wasser holen wollte, sah ich Gyp vor dem Küchenfenster in der Sonne liegen.

«Hat er eigentlich seit damals noch mal wieder gebellt?» fragte ich Mrs. Wilkin, als sie mir den Eimer reichte.

Sie schüttelte den Kopf. «Nein, nicht ein einziges Mal. Ich dachte immer, er tut es noch einmal, aber inzwischen habe ich die Hoffnung aufgegeben.»

«Nun, das macht auch nichts. Aber den Nachmittag bei der Prüfung werde ich nicht vergessen», sagte ich.

«Ich auch nicht!» Sie sah Gyp an, und ihre Gesichtszüge bekamen etwas Weiches, als ihr die Sache wieder einfiel. «Armer Kerl!» sagte sie. «Hat mit seinen acht Jahren nur ein einziges Mal gebellt!»

Familie Dimmocks

Ein volles Wartezimmer! Aber meine freudige Erregung legte sich rasch, als ich merkte, daß lediglich die Dimmocks wieder einmal vollzählig erschienen waren.

Ich hatte die Bekanntschaft dieser Familie gemacht, als ich eines Abends zu einem Hund gerufen wurde, der von einem Wagen angefahren worden war. Die Straße lag im alten Teil der Stadt, und als ich auf der Suche nach der Hausnummer langsam an den halbverfallenen kleinen Häusern entlangfuhr, wurde plötzlich eine Tür aufgerissen, und drei kleine Strubbelköpfe kamen heftig winkend herausgelaufen.

«Er ist hier drin, Mister!» stießen sie einstimmig hervor und erzählten sofort, was geschehen war.

«Es ist Bonzo!» – «Ein Wagen hat ihn angefahren!» – «Wir mußten ihn reintragen, Mister!» Erregt auf mich einredend, hingen sie alle drei an mir und zerrten an meiner Jacke, während ich das Gartentor öffnete und leicht wankend auf das Haus zuging;

160

voller Verblüffung sah ich auf das Fenster, hinter dem weitere Kinder sich mit lebhaftem Mienenspiel und wild gestikulierenden Armen verständlich zu machen suchten.

Noch auf der Schwelle wurde ich von zahllosen kleinen Händen gepackt und dort hingezogen, wo sich mein Patient befand.

Bonzo saß aufrecht auf einer zerfetzten Wolldecke. Er war ein großes, zottelhaariges Tier von unbestimmter Rasse, und obwohl ihm, soweit ich das auf den ersten Blick beurteilen konnte, nicht viel zu fehlen schien, trug er einen ergreifenden Ausdruck von Selbstmitleid zur Schau. Ich tastete Beine, Becken, Rippen und Wirbelsäule ab: er hatte sich nichts gebrochen. Die Schleimhäute hatten eine gesunde Farbe, und es gab keinerlei Anzeichen einer inneren Verletzung. Eine leichte Prellung an der linken Schulter war das einzige, was ich entdecken konnte. Regungslos wie eine Statue hatte Bonzo dagesessen und die Untersuchung über sich ergehen lassen, aber sobald ich fertig war, ließ er sich auf die Seite fallen und sah, laut mit dem Schwanz auf die Decke klopfend, schuldbewußt zu mir auf.

«Du bist ein lieber großer, ganz schön verwöhnter Hund», sagte ich, und der Schwanz klopfte schneller.

Ich drehte mich um und musterte das Gedränge um mich herum, und nach einer Weile gelang es mir, die Eltern zu entdecken. Die Mutter kämpfte sich nach vorne, während der Vater, eine kleine, zarte Gestalt, mir über die Köpfe hinweg zulächelte. Ich machte ein paarmal energisch «Pst!», und als der Lärm sich legte, wandte ich mich an Mrs. Dimmock. «Er hat anscheinend Glück gehabt», sagte ich. «Ich kann keine ernsthafte Verletzung finden. Vermutlich hat der Wagen ihn umgestoßen, und er war leicht benommen. Oder er hat einen Schock erlitten.» Sofort brach das Getöse wieder los. «Wird er sterben, Mister?» – «Was hat er?» – «Was geben Sie ihm?»

Ich injizierte Bonzo, der ein Bild des Jammers bot, ein leichtes Beruhigungsmittel, während die zerzausten Köpfe besorgt auf ihn hinunterblickten und zahllose kleine Hände sich ausstreckten, um ihn zu streicheln.

Mrs. Dimmock brachte mir eine Schüssel mit heißem Wasser, und beim Händewaschen hatte ich zum erstenmal Gelegenheit, mir in

162

aller Ruhe die Familie zu betrachten. Ich zählte elf kleine Dimmocks, das älteste Kind ein etwa fünfzehnjähriger Junge, das jüngste im Krabbelalter; nach der vielsagenden Rundung vor Mrs. Dimmocks Leib zu schließen, würde die Zahl sich bald erhöhen. Alle steckten in abgetragenen Sachen, in gestopften Pullovern, geflickten Hosen, zerrissenen Kleidern, aber nichtsdestoweniger hatte man den Eindruck uneingeschränkter Lebensfreude.

Bonzo war offensichtlich nicht das einzige Tier, das sie hatten: ich traute kaum meinen Augen, als zwischen den Kinderbeinen ein weiterer großer Hund und eine Katze mit zwei halbwüchsigen Jungen auftauchten. Man hätte denken sollen, bei so vielen Mündern, die gestopft werden mußten, bliebe für Tiere kein Platz.

Aber die Dimmocks machten sich über so etwas keine Sorgen: Sie taten das, was ihnen Spaß machte, alles andere scherte sie nicht. Der Vater hatte, das erfuhr ich später, noch nie in seinem Leben einen Finger gerührt. Er hatte einen ‹schlimmen Rücken› und führte, wie mir schien, ein recht angenehmes Leben, streifte tagsüber ziellos durch die Stadt und verbrachte die Abende bei einem Bier und einer Partie Domino im ‹Four Horse Shoes›.

Ich sah ihn häufig: man erkannte ihn sofort an dem Spazierstock, den er immer bei sich trug und was ihm ein würdevolles Aussehen verlieh. Mit lebhaften, zielbewußten Schritten ging er dahin, als ob er etwas Wichtiges vorhätte.

Ich warf einen letzten Blick auf Bonzo, der noch immer ausgestreckt auf seiner Decke lag und mich mit seelenvollen Augen ansah, dann bahnte ich mir meinen Weg zur Tür.

«Ich glaube, es gibt keinen Grund zur Sorge», rief ich über das Geplapper hinweg, das rasch wieder begonnen hatte, «aber ich schau auf jeden Fall morgen noch einmal vorbei.»

Als ich am nächsten Vormittag vor dem Haus hielt, sah ich Bonzo mitten unter den Kindern, die im Garten Ballwerfen spielten. Begeistert sprang er hoch und schnappte danach.

Er hatte durch seinen Unfall offensichtlich keinen Schaden erlitten, aber als er mich das Gartentor öffnen sah, zog er den Schwanz ein, knickte in die Knie und schlich ins Haus. Die Kinder begrüßten mich stürmisch.

«Sie haben ihn gesund gemacht, Mister! – «Es geht ihm jetzt wieder gut, nicht wahr?» – «Er hat heute morgen ganz viel zum Frühstück gefressen, Mister!»

Kleine Hände zogen mich am Ärmel ins Haus. Bonzo saß kerzengerade in der gleichen Haltung wie am Abend zuvor auf seiner Decke, aber als ich mich ihm näherte, sank er kraftlos in sich zusammen, blieb auf der Seite liegen und sah mit einem gequälten Ausdruck zu mir auf.

Lachend kniete ich neben ihm nieder. «Du bist ein Komödiant, wie er im Buche steht, Bonzo, aber mir kannst du nichts vormachen. Ich habe dich draußen herumtoben sehen.»

Vorsichtig berührte ich seine Schulter, und er schloß zitternd die Augen, was offenbar besagen sollte, daß er sich in sein Schicksal ergeben habe. Ich stand auf, und als er merkte, daß er keine weitere Spritze bekam, erhob er sich sofort und schoß in den Garten hinaus.

Die Familie brach in lautes Freudengeschrei aus, alle sahen mich mit unverhohle-

165

ner Bewunderung an. Offensichtlich waren sie der Meinung, daß ich Bonzo den Klauen des Todes entrissen hatte. Mr. Dimmock löste sich aus der Menge.

«Sie werden mir eine Rechnung schicken, nicht wahr?» sagte er mit der ihm eigenen Würde.

Ich hatte am vergangenen Abend, kaum daß ich den Fuß über die Schwelle gesetzt hatte, beschlossen, von diesen Leuten kein Geld zu fordern, und hatte den Besuch nicht einmal ins Buch eingetragen; aber jetzt nickte ich ernst.

«Ja, Mr. Dimmock, das werde ich tun.»

Und obwohl in all den Jahren, da ich die verschiedensten Tiere behandelte, niemals irgendeine Summe den Besitzer wechselte, sagte er stets das gleiche: «Sie werden mir eine Rechnung schicken, nicht wahr?»

Von da an standen die Dimmocks und ich in engen Beziehungen. Sie hatten offensichtlich eine große Zuneigung zu mir gefaßt und hatten das Bedürfnis, mich sooft wie möglich zu sehen. In regelmäßiger Folge brachten sie mir eine bunte Auswahl von Hunden, Katzen, Wellensittichen und Kaninchen in die Sprechstunde, und als sie merkten, daß meine Dienste kostenlos waren, erhöhten sie die Zahl ihrer Besuche noch; und wenn einer kam, kamen alle. Ich war eifrig bemüht, unsere Kleintierpraxis zu erweitern, und wenn ich ein volles Wartezimmer sah, überkam mich jedesmal eine freudige Erregung, die sich jedoch rasch legte. Und das Drängeln und Schieben nahm noch zu, als sie eines Tages dazu übergingen, auch ihre Tante, Mrs. Pounder, mitzubringen, damit sie sich selbst davon überzeugen konnte, was für ein netter Mensch ich war. Mrs. Pounder, eine korpulente Dame, die immer einen speckigen Velourshut trug, war offensichtlich ebenso fruchtbar wie ihre Verwandten und hatte meistens einen Teil ihrer eigenen stattlichen Nachkommenschaft bei sich.

So war es auch an diesem Vormittag. Ich ließ meinen Blick von einem zu anderen schweifen, konnte jedoch nur lächelnde Dimmocks und Pounders entdecken; selbst mein Patient war nirgends zu sehen. Aber dann rückten alle wie auf ein verabredetes Signal auseinander, und ich sah Nellie Dimmock mit einem kleinen jungen Hund auf den Knien.

167

Nellie war mein erklärter Liebling. Wohlgemerkt, ich mochte die ganze Familie; sie alle waren so nett, daß ich mich nach der ersten Enttäuschung stets aufrichtig über ihren Besuch freute. Vater und Mutter waren immer höflich und gut gelaunt, und die Kinder, wenn auch lärmend, waren niemals unartig oder frech; es waren wohlerzogene, lebensfrohe Kinder, und wenn sie mich auf der Straße sahen, winkten sie eifrig und hörten nicht eher damit auf, bis ich außer Sicht war. Ich begegnete ihnen häufig in der Stadt, denn sie waren ständig unterwegs, trugen Milch und Zeitungen aus oder was es sonst zu tun gab. Und vor allem: sie liebten ihre Tiere und sorgten vorbildlich für sie.

Doch die kleine Nellie war mein erklärter Liebling. Sie war etwa neun Jahre alt und hatte als kleines Kind Kinderlähmung gehabt. Seither hinkte sie stark und war im Gegensatz zu ihren robusten Geschwistern von zarter Gesundheit. Ihre Beinchen waren erschreckend dünn und wirkten so zerbrechlich, daß man sich fragte, wie sie die Last des Körpers zu tragen vermochten, aber das kleine, schmale Gesicht wurde von goldblondem Haar umrahmt, das ihr in weichen Wellen bis auf die Schultern fiel, und ihre klaren blauen Augen blickten, wenn auch leicht schielend, ruhig und zufrieden in die Welt.

«Na, Nellie, was hast du denn da?» fragte ich.

«Einen kleinen Hund», erwiderte sie fast flüsternd. «Er gehört mir.»

«Dir ganz allein?»

Sie nickte stolz. «Ja, er gehört mir.»

«Und nicht auch deinen Brüdern und Schwestern?»

«Nein, nur mir.»

Alle Köpfe nickten bestätigend, während Nellie den jungen Hund an ihre Wange hob und mit sanftem Lächeln zu mir aufblickte – ein Lächeln, das mir jedesmal einen Stich gab: es spiegelte das arglose Glück und Vertrauen eines Kindes wider und verriet doch etwas von den heimlichen Qualen dieses nicht ganz gesunden kleinen Wesens.

«Scheint aber ein feiner Hund zu sein, Nellie!» sagte ich. «Ein Spaniel, nicht wahr?»

Sie strich mit der Hand über den kleinen Kopf. «Ja, ein Cocker. Mr. Brown sagt, er ist ein Cocker.»

Ein leichtes Rumoren im Hintergrund, dann tauchte Mr. Dimmock aus dem Gedränge auf. Er hüstelte respektvoll.

«Er ist ein richtig reinrassiges Tier, Mr. Herriot», sagte er. «Die Hündin von Mr. Brown hat Junge gehabt, und er hat Nellie eins davon geschenkt.» Er klemmte seinen Stock unter den Arm, zog ein langes Kuvert aus der Tasche und reichte es mir mit gewichtiger Miene. «Hier der Stammbaum.»

Ich las die Urkunde durch und stieß einen leisen Pfiff aus. «Ein echter blaublütiger Jagdhund. Alle Achtung! Und einen schönen langen Namen hat er auch, wie ich sehe. Darrowby Tobias der Dritte. Klingt ungemein großartig.»

Ich wandte mich wieder dem kleinen Mädchen zu. «Und wie nennst du ihn, Nellie?»

«Toby», sagte sie leise. «Ich nenne ihn Toby.»

Ich lachte. «Sehr schön. Und was fehlt Toby? Warum bringst du ihn mir?»

«Er übergibt sich dauernd, Mr. Herriot.» Mrs. Dimmocks Stimme kam von irgendwoher aus dem Gewühl. «Behält nichts bei sich.»

«Oh, dann kann ich mir denken, woran das liegt. Ist er entwurmt worden?»

«Nein, ich glaube nicht.»

«Vielleicht braucht er lediglich ein Wurmmittel», sagte ich. «Aber kommen Sie mit ins Sprechzimmer, damit ich ihn mir genauer ansehen kann.»

Bei anderen Tierbesitzern kam für gewöhnlich eine Person mit dem Patienten ins Sprechzimmer, aber bei den Dimmocks marschierten alle mit. Unser Sprechzimmer, das wir gleichzeitig auch für Operationen benutzten, war ziemlich klein, aber irgendwie fanden wir ein Plätzchen; selbst Mrs. Pounder, deren Velourshut im Eifer des Gefechts ein wenig verrutscht war, quetschte sich als letzte noch durch die Tür.

«Nun, soviel ich sehe, fehlt ihm nichts», sagte ich, als ich mit der Untersuchung fertig war. «Geben Sie ihm aber für alle Fälle morgen früh als erstes dieses Wurmmittel. Damit dürfte die Sache in Ordnung sein.»

Wie die Menge der Zuschauer nach Spielende drängte sich die ganze Sippe durch den Korridor hinaus auf die Straße, womit eine weitere Dimmock-Visite beendet war.

Ich dachte über die Sache nicht weiter

nach, denn Würmer waren bei einem jungen Hund nichts Ungewöhnliches, und der aufgeblähte Leib ließ eigentlich keine andere Diagnose zu. Ich erwartete nicht, Toby bald wiederzusehen.

Aber ich irrte mich. Eine Woche später quollen zuerst das Wartezimmer und anschließend das Sprechzimmer abermals über. Toby hatte auf das Mittel hin ein paar Würmer ausgeschieden, erbrach sich aber weiterhin, und der Leib war immer noch aufgebläht.

«Machen Sie es so, wie ich es Ihnen gesagt habe?» fragte ich. «Fünf kleine Mahlzeiten pro Tag?»

Sie bejahten es lebhaft, und ich glaubte ihnen. Die Dimmocks sorgten vorbildlich für ihre Tiere. Es mußte an irgend etwas anderem liegen, aber ich konnte nichts finden. Die Temperatur war normal, ebenso die Atemgeräusche, durch Abklopfen war nichts Krankhaftes festzustellen – es war mir unerklärlich. Niedergeschlagen gab ich den Dimmocks ein gegen Magensäure wirkendes Mittel: Ein junger Hund wie dieser sollte so etwas eigentlich nicht nötig haben.

In den folgenden Wochen war ich drauf

und dran, den Mut zu verlieren. Es gab kurze Zeitspannen, da glaubte ich, das Leiden habe sich gebessert, aber dann füllte sich das Wartezimmer plötzlich abermals mit den Dimmocks und den Pounders, und ich war wieder dort, wo ich angefangen hatte.

Und während der ganzen Zeit wurde Toby zusehends dünner und dünner.

Ich versuchte alles mögliche: Magenberuhigungstabletten, veränderte Ernährungsweise, bewährte Hausmittel. Ich befragte die Dimmocks wiederholt nach der Art des Erbrechens, wie lange nach dem Fressen, in welchen Abständen. Es war ganz verschieden. Manchmal gab er die Nahrung sofort wieder von sich, manchmal erst nach einigen Stunden. Ich kam nicht einen Schritt weiter.

Ungefähr gut acht Wochen gingen so dahin – Toby mußte inzwischen etwa vier Monate alt sein –, als ich mich eines Tages wieder einmal beklommenen Herzens den Dimmocks gegenübersah. Ihre früher für mich immer so erfreulichen Besuche waren mittlerweile zu einem Alptraum geworden. Bedrückt ging ich vor ihnen her ins Sprechzimmer. Warum

173

sollte der heutige Tag die Dinge zum Besseren wenden? Diesmal war es Vater Dimmock, der sich als letzter ins Sprechzimmer zwängte; dann hob Nellie den kleinen Hund auf den Tisch.

Eine Welle der Verzweiflung durchflutete mich. Toby war trotz seines Leidens gewachsen, doch er war eine erbärmliche Karikatur von einem Cockerspaniel, mit langen, seidigen Ohren, die von einem ausgemergelten Schädel herabhingen, und schön gefransten, aber spindeldürren Beinen. Ich hatte immer geglaubt, Nellie sei mager, aber der kleine Hund übertraf sie noch. Und nicht nur das, er zitterte auch leicht, als er mit gekrümmtem Rücken da auf der Tischplatte stand, und war ganz in sich gekehrt, so als habe er jedes Interesse an seiner Umwelt verloren.

Nellie strich mit der Hand über die hervorstehenden Rippen und sah mich dabei mit jenem sanften Lächeln an, das mir heute noch mehr ins Herz schnitt als sonst. Die Kleine schien nicht weiter beunruhigt zu sein, ja sie ahnte wahrscheinlich gar nicht, wie krank ihr Liebling war, aber ich wußte, daß ich es nie fertigbringen würde, ihr zu sagen, wie schlimm es um ihren Hund stand

und daß er langsam, aber sicher dahin-
siechte.

Ich rieb mir die Augen. «Was hat er heute
zu fressen bekommen?»

Nellie antwortete selbst. «Er hat Brot und
Milch bekommen.»

«Wie lange ist das her?» fragte ich, und
noch ehe mir jemand Auskunft geben
konnte, übergab sich der kleine Hund und
schleuderte den Mageninhalt in hohem Bogen auf den Tisch.

Ich drehte mich nach Mrs. Dimmock um.
«Macht er das immer so?»

«Ja, meistens – läßt sein Fressen sozusagen rausfliegen.»

«Aber warum haben Sie mir das nie gesagt?»

Die arme Frau blickte verwirrt drein.

«Ja ... Ich weiß nicht ... Ich ...»

«Schon gut, Mrs. Dimmock, es macht
nichts.» Schließlich hatte bisher nicht ein
einziger Dimmock oder Pounder auch nur
ein Wort der Kritik über meine erfolglose
Behandlung fallenlassen. Es wäre unrecht,
mich zu beklagen.

Aber nun wußte ich endlich, was mit Toby
los war. Endlich, nach so langer Zeit.

Und falls einer meiner heutigen Kollegen, wenn er das liest, der Ansicht sein sollte, ich sei bei der Behandlung dieses Falles ungewöhnlich begriffsstutzig gewesen, so möchte ich zu meiner Verteidigung anführen, daß in den damaligen Lehrbüchern über Pylorusstenose (Verengung des Magenausgangs) so gut wie nichts erwähnt wurde, und wenn man etwas darüber fand, dann aber nichts über die Behandlung.

Aber es mußte in England doch irgend jemanden geben, der den Büchern voraus war, dachte ich. Es mußte doch Leute geben, die diese Operation bereits vornahmen ... und vielleicht war einer davon sogar ganz in meiner Nähe ...

Ich eilte zum Telefon.

«Hallo, Granville! – Hier spricht Herriot.»

«JIM!» Ein Ausruf uneingeschränkter Freude.

«Granville, ich habe hier einen vier Monate alten Cockerspaniel mit einer Pylorusstenose, den ich Ihnen bringen möchte.»

«Wie erfreulich!»

«Der arme Kerl ist übel dran, nur noch Haut und Knochen.»

«Hört sich sehr gut an!»

«Ich habe ihn leider wochenlang aus Unwissenheit nicht richtig behandelt.»

«Macht nichts!»

«Und die Leute sind sehr arm. Ich fürchte, sie können kaum etwas dafür bezahlen.»

«In Ordnung!»

Ich zögerte einen Augenblick. «Granville ... hm ... haben Sie ... diese Operation schon mal gemacht?»

«Allein gestern waren es fünf Fälle.»

«Was?»

Ein dröhnendes Gelächter. «Das war natürlich ein Scherz, aber keine Sorge, ich hab's schon ein paarmal gemacht. Und es ist gar nicht so schwer.»

«Oh, da bin ich aber erleichtert.» Ich sah auf die Uhr. «Es ist jetzt halb zehn. Ich spreche sofort mit Siegfried, ob er meine Morgenvisite übernehmen kann. Dann bin ich spätestens um elf bei Ihnen.»

Granville war in der Zwischenzeit zu einem dringenden Fall gerufen worden, und ich mußte warten. Endlich hörte ich das teure Geräusch des Bentley, der summend in den Hof fuhr. Ich blickte aus dem Fenster und sah hinter dem Steuerrad eine prachtvolle

Pfeife schimmern, dann eilte mein Kollege in einem eleganten dunklen Anzug, in dem er wie der Direktor der Bank von England aussah, mit forschem Schritt auf die kleine Seitentür zu.

«Schön, Sie zu sehen, Jim!» rief er aus und drückte mir herzlich die Hand. Er nahm die Pfeife aus dem Mund und betrachtete sie einen Augenblick mit einem Anflug von Besorgnis, ehe er sie mit seinem gelben Tuch polierte und behutsam in die Schublade legte.

Es dauerte gar nicht lange, und ich stand unter der Lampe des Operationssaals neben Granville – dem anderen Granville Bennett –, der sich mit verbissener Konzentration über die kleine, ausgestreckte Gestalt auf dem Operationstisch beugte.

«Nun sehen Sie sich das bloß an», murmelte er. «Eine klassische krankhafte Veränderung.» Er legte das Skalpell an. Ein schneller, geschickter Schnitt. «Rasch durch die Muskulatur ... ja, tiefer ... noch ein bißchen tiefer ... ah, da haben wir's, können Sie es sehen? – die Schleimhaut wölbt sich in den Ausgang. Ja ... ja ... genau richtig. Das ist die Stelle, zu der man gelangen muß.»

Ich blickte auf den kleinen Kanal, der die Ursache von Tobys ganzen Beschwerden gewesen war. «Ist damit alles erledigt?»

«Alles erledigt, mein Lieber.» Lächelnd trat er einen Schritt zurück. «Das Hindernis ist beseitigt, und Sie werden sehen, wie schnell der kleine Kerl jetzt zunehmen wird.»

«Mir fällt ein Stein vom Herzen, Granville. Ich bin Ihnen wirklich sehr, sehr dankbar.»

«Ach was, Jim. Nicht der Rede wert. Den nächsten Eingriff machen Sie selber, meinen Sie nicht?» Er lachte, nahm Nadel und Katgut zur Hand und vernähte mit unvorstellbarer Geschwindigkeit die Wunde.

Wenige Minuten später waren wir in seinem Sprechzimmer. Granville zog seine Jacke an, und während er seine Pfeife stopfte, wandte er sich mir zu.

«Ich habe mir einen kleinen Plan zurechtgelegt, wie wir den Rest des Vormittags verbringen, alter Freund.»

Ich wich einen Schritt zurück und hob abwehrend die Hände. «Hm ... das ist sehr nett von Ihnen, Granville, aber ich ... Ich muß wirklich nach Hause ... wir haben sehr viel zu tun ... Ich kann Siegfried nicht so lange allein lassen ... die Arbeit wächst und wächst ...» Ich hielt inne, weil ich merkte, daß ich anfing zu stottern.

Mein Kollege blickte gekränkt drein. «Ich wollte nur sagen, lieber Freund, daß wir Sie zum Lunch erwarten. Zoe freut sich sehr.»

«Ach so ... ja, ich verstehe. Oh, das ist sehr freundlich. Wir gehen also nicht ... irgendwo anders hin?»

«Irgendwo anders? Nein, ganz gewiß nicht. Ich muß nur unterwegs rasch bei meiner Zweigpraxis vorbeischauen.»

«Sie haben eine Zweigpraxis? Das wußte ich nicht.»

«Ja, nur einen Katzensprung von meinem Haus entfernt.» Er faßte mich um die Schulter. «Gehen wir?»

Als ich mich in die weichen Polster des Bentley sinken ließ, überlegte ich mir zufrieden, daß ich Zoe Bennett heute endlich als ganz normaler Mensch gegenübertreten würde. Diesmal würde sie mich nicht für einen ständig betrunkenen Einfaltspinsel halten. Wenn ich an die nächsten ein, zwei Stunden dachte, schien mir alles höchst verheißungsvoll: mich erwartete ein köstlicher

Lunch, dem meine geistreiche Konversation, gepaart mit meinen guten Manieren, zusätzlichen Glanz verleihen würde, anschließend dann die Rückfahrt nach Darrowby mit dem auf wunderbare Weise geretteten Toby. Ich lächelte bei dem Gedanken an das fröhliche Gesicht, das Nellie machen würde, wenn ich ihr sagte, daß ihr Liebling jetzt gesund war und alles fressen konnte wie jeder andere Hund. Ich lächelte noch immer, als der Wagen am Eingang des Dorfes hielt, in dem Granville wohnte. Mein Blick fiel auf ein niedriges Backsteinhaus mit Butzenscheiben, über dessen Tür ein Holzschild hing: ‹Old Oak Tree Inn›. Ich wandte mich rasch an meinen Begleiter.

«Ich dachte, wir wollten in Ihre Zweigpraxis?»

Granville lächelte wie ein unschuldiges Kind. «Ja, so nenne ich dieses Lokal. Es ist so nah von zu Hause, und ich wickle hier eine Menge Geschäfte ab.» Er klopfte mir aufmunternd aufs Knie. «Nur schnell einen kleinen Aperitif, hm?»

«Moment», stammelte ich. «Ich darf heute einfach nicht zu spät nach Hause kommen. Es wäre mir lieber, wenn wir ...»

Granville winkte ab. «Wir bleiben nicht lange. Es ist genau halb eins, und ich habe Zoe versprochen, daß wir um eins zu Hause sind. Es gibt Roastbeef und Yorkshirepudding, und ich würde es nicht wagen, ihren Pudding zusammenfallen zu lassen.»

Nun gut, in einer halben Stunde konnte mir nicht viel passieren. Ich stieg aus dem Wagen.

Kaum hatten wir das Pub betreten, kam ein großer, kräftiger Mann, der an der Theke gestanden hatte, mit ausgestreckten Armen auf uns zu.

«Albert!» rief Granville hoch erfreut. «Darf ich Ihnen Jim Herriot aus Darrowby vorstellen? Jim, das ist Albert Wainwright, der Wirt des ‹Wagon and Horses› in Matherley, und in diesem Jahr gleichzeitig Präsident des Verbandes der Schankwirte, nicht wahr, Albert?»

Der Mann nickte grinsend, und einen Augenblick lang hatte ich das Gefühl, ich würde erdrückt von den beiden Riesen neben mir. Es war nicht leicht, Granvilles kräftigen Körperbau zu definieren, aber bei Mr. Wainwright war es nicht schwer: Er war eindeutig fett. Unter der offenen Jacke quoll ein dicker Bauch hervor, der sich weit über den Hosenbund wölbte. Die kleinen Augen in dem roten Gesicht zwinkerten mir fröhlich zu, und er sprach mit angenehmer, volltönender Stimme. Er war die leibhaftige Verkörperung des Begriffes ‹Schankwirt›.

Ich nippte an dem Glas Bier, das ich bestellt hatte, aber als innerhalb von zwei Minuten ein weiteres vor mir stand, erkannte ich, daß ich hoffnungslos ins Hintertreffen geraten würde, und wechselte zu Whisky mit Soda über, was meine beiden Gefährten tranken. Die schienen hier jedoch unbegrenzten Kredit zu haben: kaum war das Glas leer, klopften sie leicht auf die Theke und sagten: «Noch mal das gleiche, Jack.» Mit magischer Geschwindigkeit tauchten sofort drei weitere Gläser auf. Ich hatte keine Gelegenheit, eine Runde zu bezahlen. Die Sache ging völlig bargeldlos vonstatten.

Die nette, gutgelaunte Unterhaltung, die Albert und Granville mehr oder weniger allein führten, wurde eigentlich nur durch das fast lautlose Klopfen auf die Theke unterbrochen. Und während ich mich bemühte, mit den beiden wackeren Zechern Schritt zu halten, wurde das Klopfen immer häufiger, und schließlich glaubte ich es alle paar Sekunden zu hören.

Granville war ein Mann von Wort. Kurz vor eins blickte er auf die Uhr. «Wir müssen leider gehen, Albert. Zoe erwartet uns zum Essen.»

Und als der Wagen pünktlich auf die Minute vor dem Haus hielt, erkannte ich mit dumpfer Verzweiflung, daß es mich abermals erwischt hatte. Ein Hexengebräu brodelte in meinem Inneren, und in meinem Kopf drehte sich alles. Mir war elend zumute, und ich wußte genau, daß mein Zustand sich noch verschlechtern würde.

Granville, frisch und munter wie immer, sprang aus dem Wagen und führte mich ins Haus.

«Zoe, mein Liebling!» trillerte er und umarmte seine Frau, die aus der Küche kam.

Sobald sie sich aus seinen Armen befreit hatte, kam sie auf mich zu. Sie trug eine geblümte Schürze, die sie, wenn möglich, noch reizvoller erscheinen ließ.

«Hallo!» rief sie und sah mich mit jenem Blick an, den ich von ihrem Mann schon kannte und der zu besagen schien, daß nichts im Augenblick willkommener sein könnte, als James Herriot gegenüberzustehen. «Wie nett, Sie wiederzusehen. Das Essen ist sofort fertig.» Ich antwortete mit einem törichten Grinsen, und sie lief eilig hinaus.

Ich ließ mich in einen Sessel fallen und sah Granville zu, wie er an der Anrichte Getränke eingoß. Er reichte mir ein Glas und setzte sich mir gegenüber. Sofort sprang ihm der dicke Staffordshire-Terrier auf den Schoß.

«Phoebles, mein kleiner Schatz!» rief er freudig. «Ja, Daddy ist wieder zu Hause.» Dann deutete er spielerisch auf den kleinen Yorkie, der zu seinen Füßen saß und verzückt lächelnd die Zähne fletschte. «Und du bist auch da, meine kleine Victoria, ja, ja, meine Schnuckelchen!»

Als wir uns schließlich zu Tisch setzten, war ich von dem genossenen Alkohol völlig benommen. Granville beugte sich über die riesige Rindslende, zog mit kräftigen Strichen das Messer ab und säbelte dann energisch drauflos. Großzügig wie immer häufte er ein Stück Fleisch auf meinen Teller, das bestimmt seine zwei Pfund wog, und wandte sich dann dem Yorkshire-Pudding zu. Statt eines einzigen großen Puddings hatte Zoe eine Anzahl von kleinen, runden gemacht, wie es die Bauersfrauen oft taten: köstliche goldfarbene Becher, knusprig braun um den Rand herum. Granville setzte etwa sechs von ihnen neben das Fleisch, während ich ihm stumpfsinnig zusah. Dann reichte Zoe mir die Sauciere.

Es kostete mich einige Mühe, den Henkel zu ergreifen, aber es gelang mir. Doch aus irgendeinem Grund hatte ich das Gefühl, jeden einzelnen Becher mit Soße übergießen zu müssen. Nur einmal verfehlte ich mein Ziel und goß ein paar Tropfen der würzig duftenden Flüssigkeit auf das Tischtuch. Ich blickte schuldbewußt zu Zoe hinüber und gluckste vor mich hin.

Zoe lächelte mir freundlich zu, und ich hatte den Eindruck, daß ich in ihren Augen zwar ein ziemlich seltsames, aber gutmütiges Individuum war. Abgesehen von dieser schrecklichen Angewohnheit, niemals nüchtern zu sein, war ich im Grunde gar kein so übler Bursche.

Es dauerte jedesmal mehrere Tage, bis ich mich von einem Besuch bei Granville erholt hatte, aber am darauffolgenden Samstag war das Ärgste überstanden. Auf dem Marktplatz begegnete mir in aller Frühe eine größere Schar von Menschen, die ich zunächst, da es sich um Erwachsene und Kinder handelte, für Teilnehmer an einem Schulausflug hielt, aber bei näherem Hinsehen merkte ich, daß es nur die Dimmocks und Pounders waren. die Einkäufe machten.

Als sie mich sahen, wichen sie von ihrem Kurs ab, und eine Woge menschlicher Anteilnahme umbrandete mich.

Nellie führte Toby an der Leine, und als ich mich zu dem kleinen Hund hinunterbeugte, war ich überrascht, wie sehr er sich in den wenigen Tagen verändert hatte. Er war zwar immer noch mager, aber die Lethargie, die mich so erschreckt hatte, war verschwunden; er war munter und wollte sofort mit mir spielen. Jetzt war es nur noch eine Frage der Zeit.

Seine kleine Herrin ließ die Hand ein ums andere Mal über das seidige braune Fell gleiten.

«Du bist sehr stolz auf deinen kleinen Hund, nicht wahr, Nellie?» sagte ich.

«Ja.» Wieder zog jenes seltsame Lächeln über ihr Gesicht. «Weil er mir gehört.»

Magnus und Company

Der Zuschnitt unserer Praxis in Darrowby war für mich im Grunde ideal. Der unschätzbare Vorteil an der Sache war, daß ich, obwohl in erster Linie Großtierarzt, eine Leidenschaft für Hunde und Katzen hatte, und wenn ich auch die meiste Zeit im weiten Bergland von Yorkshire verbrachte, so gab es doch immer den fesselnden Hintergrund der kleinen Haustiere als Kontrast.

Manchmal hatte ich täglich welche zu behandeln, und es war eine Arbeit, die ich von Herzen genoß. Bei einer sehr lebhaften Kleintierpraxis gerät man vermutlich leicht in Versuchung, die ganze Sache als eine riesige Wurstmaschine zu betrachten, als eine endlose Prozession von kleinen, mehr oder minder stark behaarten Geschöpfen, denen man mit irgendwelchen subkutanen Spritzen wieder auf die Beine helfen mußte. Doch in Darrowby lernten wir sie alle als individuelle Wesen kennen.

Wenn ich durch die Stadt fuhr, begegnete ich ständig ehemaligen Patienten: beispielsweise Rover Johnson, der, von seinem Ohrenkrebs genesen, mit seiner Herrin aus der Eisenwarenhandlung kam; Patch Walker, sein gebrochenes Bein war wundervoll verheilt, und er hockte stolz hoch oben auf dem Kohlenwagen seines Besitzers; oder Spot Briggs, ein kleiner Streuner, der sich bei einem seiner Streifzüge am Stacheldraht verletzt hatte und jetzt auf der Suche nach neuen Abenteuern allein über den Marktplatz strolchte. Es machte mir Spaß, mir ihre Leiden ins Gedächtnis zurückzurufen und über ihre charakteristischen Merkmale nachzudenken. Denn jedes Tier hatte seine eigene Persönlichkeit, die sich auf die verschiedenste Weise offenbarte.

So etwa, wie sie auf mich reagierten, wenn ich sie behandelte. Die meisten Hunde und Katzen schienen nicht den geringsten Groll gegen mich zu hegen, obwohl ich für gewöhnlich irgend etwas tun mußte, was ihnen unangenehm war.

Aber es gab auch andere, und zu ihnen gehörte Magnus, der Zwergdackel aus den ‹Drovers' Arms›.

An ihn dachte ich, als ich jetzt leise mein Bier bestellte.

Der Barkellner grinste. «Sofort, Mr. Herriot.» Er drückte den Hebel herunter, und das Bier floß fast lautlos zischend ins Glas; als er es mir hinschob, stand der Schaum hoch und fest über dem Rand.

«Sieht gut aus heute, das Bier», hauchte ich fast unhörbar.

«Gut? Ein Gedicht!» Danny blickte liebevoll auf das schäumende Glas. «Tut mir fast leid, es auszuschenken.»

Ich lachte. «Das ist aber nett, daß Sie einen Tropfen für mich übrig haben.» Ich nahm einen großen Schluck und wandte mich dem alten Mr. Fairburn zu, der wie immer mit seinem eigenen, buntbemalten Glas in der Hand am unteren Ende der Theke saß.

«Ein herrlicher Tag heute, finden Sie nicht?» murmelte ich sotto voce.

Der alte Mann legte die Hand hinters Ohr. «Was sagen Sie?»

«Ein schöner, warmer Tag.» Meine Stimme war wie eine sanfte Brise, die leise seufzend über das Moor weht.

Eine schwere Hand legte sich auf meine Schulter. «Was ist denn mit Ihnen los, Jim? Leiden Sie an Kehlkopfkatarrh?»

Ich drehte mich um und sah mich der großen, kahlköpfigen Gestalt Dr. Allinsons gegenüber, meines ärztlichen Ratgebers und Freundes. «Hallo, Harry», rief ich. «Wie schön, Sie zu sehen!» Sofort hielt ich erschrocken inne.

Aber es war zu spät. Wütendes Gekläff drang aus dem Büro des Geschäftsführers. Es war laut und durchdringend und schien überhaupt nicht mehr aufhören zu wollen.

«Verdammt!» sagte ich mißmutig. «Wie konnte ich bloß nicht daran denken. Das ist Magnus, der mal wieder keine Ruhe gibt.»

«Magnus? Wer ist denn das?»

«Oh, das ist eine lange Geschichte.» Ich griff wieder nach meinem Glas. Das Gekläff dauerte unvermindert an und störte merklich den Frieden der behaglichen kleinen Bar.

Wollte der kleine Hund denn niemals vergessen? Es war lange her, daß Mr. Beckwith, der neue Geschäftsführer von den ‹Drovers›, mit Magnus in die Sprechstunde gekommen war. Er hatte etwas ängstlich gewirkt.

«Sie müssen sehr achtgeben, Mr. Herriot.»

«Was wollen Sie damit sagen?»

«Nun, daß Sie vorsichtig sein sollten. Er ist sehr bösartig.»

Ich blickte auf das kleine Tier, das nach meiner Schätzung kaum mehr als sechs Pfund wog, und unterdrückte ein Lächeln.

«Bösartig? Aber er ist doch ein so kleines Tier.»

«Warten Sie's ab! In Bradford, wo ich früher gearbeitet habe, hat er den dortigen Tierarzt in den Finger gebissen.»

«Ach?» Nun, es war ganz gut, vorher auf die Möglichkeit hingewiesen zu werden und nicht hinterher. «Ja, und weshalb? Muß ja wohl eine besonders unangenehme Sache gewesen sein, um die es sich handelte.»

«Aber nein, keineswegs. Der Tierarzt sollte ihm nur die Krallen schneiden.»

«Weiter nichts? Und um was geht es heute?»

«Um das gleiche.»

«Nun, offengestanden, Mr. Beckwith, mit vereinten Kräften müßte es doch möglich sein, einen Zwergdackel im Zaum zu halten, meinen Sie nicht?»

Mr. Beckwith schüttelte den Kopf. «Bitte lassen Sie mich aus dem Spiel. Tut mir leid, aber wenn's geht, möchte ich ihn lieber nicht festhalten.»

«Weshalb denn nicht?»

«Oh, er würde es mir nie verzeihen. Er ist ein komischer kleiner Hund.»

Ich rieb mir das Kinn. «Ja, aber was haben Sie sich gedacht, wie ich's anstellen soll?»

«Ich weiß auch nicht ... vielleicht können Sie ihm irgend etwas geben ... ihn betäuben?»

«Sie meinen, eine Vollnarkose? Um ihm die Nägel zu schneiden ...?»

«Ich fürchte, das ist die einzige Möglichkeit.» Mr. Beckwith blickte düster auf das winzige Tier. «Sie kennen ihn nicht.»

Es war schwer zu glauben, aber offensichtlich war dieses kleine Bündel der Herr im Hause Beckwith. Ich hatte das schon öfter erlebt, aber noch nie bei einem so kleinen Hund wie diesem. Doch wie dem auch sei, ich konnte nicht noch mehr Zeit mit diesem Unsinn verlieren.

«Passen Sie auf», sagte ich. «Ich werde ihm die Schnauze zubinden, und in ein paar Minuten ist die ganze Sache erledigt.» Ich holte eine Nagelzange aus dem Instrumentenschrank und legte sie auf den Tisch, dann rollte ich eine Mullbinde ab und machte eine Schlinge.

«Ja, ja, ich weiß, du bist ein braver kleiner

Hund», murmelte ich mit einschmeichelnder Stimme, als ich mich ihm näherte.

Der kleine Hund starrte unverwandt auf die Binde, bis sie dicht vor seiner Nase war, dann schnappte er plötzlich wie wild nach meiner Hand. Die scharfen kleinen Zähne verfehlten ihr Ziel nur um wenige Zentimeter, und als er sich zu einem erneuten Versuch anschickte, packte ich ihn energisch beim Genick.

«Ich habe ihn jetzt, Mr. Beckwith», sagte ich ruhig. «Wenn Sie mir bitte die Binde reichen wollen, alles andere schaff ich schon.»

Aber der junge Mann hatte genug. «Nein!» stieß er keuchend hervor. «Ich warte lieber draußen!» Und schon hörte ich seine Schritte vor der Tür auf dem Gang.

Na schön, sagte ich mir, ist vielleicht sogar am besten so. Bei widerspenstigen Hunden versuchte ich für gewöhnlich als erstes, den dazugehörigen Herrn aus dem Weg zu schaffen, denn diese halsstarrigen kleinen Burschen beruhigten sich überraschend schnell, sobald sie sich allein mit einem Fremden wußten, der nicht mit sich spaßen ließ und sie zu nehmen wußte. Ich könnte eine ganze Reihe von Hunden nennen, die sich bei sich zu Hause aufs ungebärdigste benahmen, aber hier in der Praxis sanft und demütig mit dem Schwanz wedelten. Und sie waren alle größer als Magnus.

Während er wütend knurrte und sich zähnefletschend zur Wehr setzte, nahm ich mit der freien Hand das Stück Mullbinde, ließ es über seine Schnauze gleiten, zog die Schlinge fest und machte einen Knoten hinter den Ohren. Jetzt konnte er den Kiefer nicht mehr bewegen, und um ganz sicher zu gehen, legte ich sogar noch eine zweite Binde an.

Gewöhnlich gab auch das störrischste Tier zu diesem Zeitpunkt seinen Widerstand auf, und ich nahm an, auch bei Magnus würden sich Zeichen der Unterwerfung zeigen, aber die Augen über der weißen Mullbinde funkelten mich zornig an, und aus dem Inneren des kleinen Körpers drang ein wütendes Knurren, das anstieg und abnahm wie das ferne Summen von tausend Bienen.

Bei manchen Tieren half ein strenges Wort.

«Magnus!» fuhr ich ihn an. «Genug jetzt! Benimm dich!» Ich schüttelte ihn am Genick, um ihm klarzumachen, daß ich nicht spaßte, aber die einzige Antwort war ein feindseliger Seitenblick aus den leicht hervorstehenden Augen.

Ich griff nach der Nagelzange. «Nun gut», sagte ich matt. «Wenn du es so nicht willst, dann eben anders.» Ich klemmte ihn unter den Arm, packte seine Pfote und begann zu schneiden.

Wohl oder übel mußte er stillhalten. Er wehrte sich verzweifelt und knurrte ununterbrochen böse vor sich hin, aber er war eingeklemmt wie in einem Schraubstock.

Ich ging sehr behutsam bei der Arbeit vor und war ängstlich bemüht, ihm auf keinen Fall weh zu tun, aber auch das änderte nichts an der Sache. Es war für ihn eine unerträgliche Schmach, sich einem anderen, fremden Willen fügen zu müssen.

Da ich oft erlebt hatte, daß man verhältnismäßig leicht eine freundschaftliche Beziehung herstellen kann, wenn sich erst einmal erwiesen hat, wer der Stärkere ist, schlug ich, als ich beinahe fertig war, einen zärtlichen Ton an.

«Braves Hündchen», girrte ich, «gleich sind wir soweit. Und es war doch gar nicht so schlimm, nicht wahr?»

Ich legte die Nagelzange beiseite und streichelte den Kopf. Doch das Knurren hörte nicht auf. «Schon gut, mein Kleiner, jetzt nehmen wir dir als erstes diesen Maulkorb ab.» Ich knüpfte den Knoten auf. «Dann wird dir gleich wohler zumute sein.»

Sehr oft, wenn ich schließlich die lästige Binde abnahm, zeigte sich der Hund geneigt, die erlittene Schmach zu vergessen, und leckte mir manchmal sogar die Hand. Nicht so Magnus: Kaum war seine Schnauze aus der Schlinge, da machte er bereits einen erneuten, sehr achtenswerten Versuch, mich zu beißen.

«Mr. Beckwith», rief ich. «Sie können ihn wieder holen.»

Auf der obersten Stufe drehte der kleine Hund sich noch einmal um und warf mir einen letzten erbosten Blick zu, ehe sein Herr ihn auf die Straße hinunterführte.

Offensichtlich wollte er mir sagen: «Glaub nur nicht, daß ich dir das je vergesse, mein Lieber.»

Das war jetzt Monate her, aber Magnus brauchte nur meine Stimme zu hören, und schon kläffte er wie verrückt. Zuerst hatten die Gäste sich darüber amüsiert, aber seit einiger Zeit fiel mir auf, daß sie mich so merkwürdig ansahen. Vielleicht dachten sie, ich hätte das Tier mißhandelt oder sonstwas. Die Sache war mir sehr unangenehm, denn ich wollte die ‹Drovers' Arms› nicht gern aufgeben; das Pub war selbst an kältesten Winterabenden gemütlich, und das Bier war gut.

Und woanders hinzugehen war insofern keine Lösung, als ich auch dort wahrscheinlich unwillkürlich angefangen hätte zu flüstern, und dann hätten die Leute mich sogar mit einer gewissen Berechtigung merkwürdig angesehen.

Ganz anders war das mit Rock, dem Irish Setter, der Mrs. Hammond gehörte. Die Geschichte begann mit einem dringenden Anruf am Abend. Ich war gerade im Badezimmer, als Helen an die Tür klopfte. Rasch trocknete ich mich ab, warf meinen Bademantel über und lief nach oben. Aus dem Hörer tönte mir eine aufgeregte Stimme entgegen.

«Es geht um Rock, Mr. Herriot! Zwei Tage lang war er verschwunden. Ein Mann hat ihn gerade nach Hause gebracht. Er hat ihn im Wald gefunden, den Fuß in eine Falle geklemmt. Er muß ...» Ich hörte ein kurzes Schluchzen. «Er muß die ganze Zeit über gefangen gewesen sein.»

«Oh, das tut mir leid! Sieht es sehr schlimm aus?»

«Ja.» Mrs. Hammonds Mann arbeitete bei unserer örtlichen Bank. Sie war eine tüchtige, vernünftige Frau. Sie schwieg eine Weile, und ich stellte mir vor, wie sie mit aller Kraft versuchte, ihre Beherrschung wiederzufinden. Als sie weitersprach, klang ihre Stimme ruhig.

«Ja, ich fürchte, Sie müssen den Fuß amputieren.»

«Oh, das tut mir aber wirklich leid.» Überrascht war ich allerdings nicht. Ein Fuß, der achtundvierzig Stunden lang in einem dieser barbarischen Instrumente gesteckt hatte, mußte in einem kritischen Zustand sein. Zum Glück sind diese Fallen inzwischen verboten, aber damals verschafften sie mir häufig Arbeit, die ich gar nicht wollte, und zwangen mich zu Entscheidungen, die ich aus tiefstem Herzen haßte. Kann man das Leben des geschundenen Tieres erhalten, indem man ihm ein Bein abnimmt, oder ist es letztendlich besser, es gleich den Gnadentod sterben zu lassen? Ich war verantwortlich für die Tatsache, daß es in Darrowby eine ganze Reihe dreibeiniger Hunde und Katzen gab, und obgleich sie alle einen recht glücklichen Eindruck machten und ihre Besitzer noch immer Freude an ihren Tieren hatten, erfüllte mich ihr Anblick stets mit Kummer.

Wie auch immer, ich war bereit zu tun, was getan werden mußte.

«Am besten, Sie bringen ihn gleich zu mir, Mrs. Hammond», sagte ich.

Rock war ein großer, aber auch sehr schlanker Hund. Als ich ihn auf den Operationstisch hob, erschien er mir federleicht. Unter der Haut konnte ich seine Rippen spüren.

«Er ist dünn geworden», sagte ich.

Mrs. Hammond nickte. «Er mußte eine ganze Weile hungern. Als er nach Hause kam, hat er sich erst einmal auf sein Futter gestürzt, trotz der Schmerzen.»

Ich hob vorsichtig Rocks Bein. Die heimtückischen Zähne der Falle hatten sich bis zu den Knochen ins Fleisch gegraben. Was mich jedoch viel mehr beunruhigte, war der stark angeschwollene Fuß. Er war mindestens doppelt so groß wie sonst.

«Was meinen Sie, Mr. Herriot?» Mrs. Hammond klammerte ängstlich die Hände um den Griff der unvermeidlichen Handtasche, ohne die offenbar keine Frau je in meine Sprechstunde kam.

Ich streichelte den Kopf des Hundes. Unter der Lampe schimmerte sein Fell rötlich golden. «Diese enorme Schwellung am Fuß. Teilweise rührt sie von der Entzündung her. Aber auch die Tatsache, daß die Durchblutung durch die Falle unterbrochen war, hat dazu beigetragen. Die Gefahr ist, daß es zum Wundbrand kommt – daß das Gewebe stirbt und sich zersetzt.»

«Ich weiß», erwiderte sie. «Vor meiner Heirat habe ich eine Weile als Krankenschwester gearbeitet.»

Vorsichtig hob ich den geschwollenen Fuß. Rock blickte ruhig vor sich hin, während ich nach den Knochen tastete und mich dabei langsam zu der schrecklichen Wunde vorarbeitete.

«Die Wunde sieht ziemlich schlimm aus», sagte ich, «aber es gibt auch zwei gute Meldungen. Erstens ist sein Bein nicht gebrochen. Und zweitens, und das ist noch viel wichtiger, ist sein Fuß noch warm.»

«Ist das ein gutes Zeichen?»

«Oh, ja. Es bedeutet nämlich, daß der Fuß noch durchblutet ist. Wäre er kalt, müßte ich auf jeden Fall amputieren.»

«Sie meinen also, Sie können seinen Fuß retten?»

Ich hob die Hand. «Ehrlich gesagt, ich weiß es nicht, Mrs. Hammond. Wie ich Ihnen schon sagte, der Fuß scheint noch durchblutet zu sein, die Frage ist bloß, wie gut die Durchblutung ist. Ein Teil des Gewebes wird auf jeden Fall absterben, und in ein paar Tagen kann die Wunde noch schlimmer aussehen. Aber ich würde es gerne versuchen.»

Ich spülte die Wunde mit warmem Wasser und einem milden Antiseptikum aus und schaute sie mir dann etwas genauer an. Während ich das abgestorbene Gewebe und die tote Haut abschnitt, dachte ich vor allem daran, daß diese Prozedur für den Hund äußerst unangenehm sein müßte, aber Rock hielt den Kopf erhoben und zuckte kaum. Er wandte mir bloß gelegentlich, wenn ich noch

203

etwas tiefer vordrang, einen fragenden Blick zu, und wenn ich mich dann erneut über seinen Fuß beugte, spürte ich, wie seine feuchte Nase sanft gegen meine Wange strich. Das war alles.

Die Verletzung wirkte wie eine Entweihung auf mich. Es gibt nur wenige Hunde, die schöner sind als ein Irish Setter, und Rock war ein besonderes Prachtexemplar: er hatte ein glattes, geschmeidiges Fell, seidige, fedrige Haare am Schwanz und an den Beinen und einen edlen Kopf mit sanften Augen. Bei dem Gedanken, wie er wohl ohne seinen vierten Fuß aussehen würde, wandte ich mich kopfschüttelnd zu dem Sulfonamidpuder um, das auf dem Tischchen hinter mir stand. Gott sei Dank hatten wir inzwischen dieses neue revolutionäre Mittel zur Hand. Ich streute es tief in die Wunde, voller Zuversicht, damit wirklich etwas getan zu haben, das seine Infektion in Schach halten könnte. Anschließend deckte ich die Wunde mit Mull ab und legte einen leichten Verband an. Mehr konnte ich nicht für ihn tun.

Jeden Tag wurde Rock nun zu mir gebracht. Und jeden Tag ließ er die gleiche Prozedur über sich ergehen: der meist mit der Wunde verklebte Verband wurde abgenommen, das abgestorbene Gewebe wurde abgeschnitten, und der neue Verband wurde angelegt. Es war kaum zu glauben, doch Rock zeigte gegen die Besuche bei mir nie den geringsten Widerwillen. Ich war es gewohnt, daß meine Patienten eher zögerlich in mein Sprechzimmer traten und es mit Höchstgeschwindigkeit wieder verließen. Viele zerrten ihre Besitzer an der Leine hinter sich her, manche ergriffen sogar an der Tür die Flucht, rissen sich los und rannten, ihre ängstlichen Besitzer dicht auf den Fersen, die Trengate hinunter. Hunde sind nicht dumm, und zweifellos verbinden sie das Sprechzimmer des Tierarztes mit ähnlichen Gefühlen wie wir den Zahnarztstuhl.

Rock dagegen kam stets freudig hereinspaziert und wedelte dabei sanft mit seinem Schwanz. Wenn ich ins Wartezimmer ging und ihn dort sitzen sah, streckte er mir freundlich seine Pfote entgegen. Das war schon immer eine typische Geste von ihm gewesen, durch das dicke, weiß eingewickelte Bein bekam sie jedoch etwas Unheimliches.

Eine Woche lang sah die Wunde von Tag

zu Tag schlimmer aus. Als ich eines Abends wieder einmal den Verband abnahm, rang Mrs. Hammond nach Luft und drehte sich entsetzt zur Seite. Aufgrund ihrer pflegerischen Kenntnisse hatte sie mir bis dahin sehr gut helfen können, hatte Rocks Fuß gehalten, während ich seine Wunde versorgte, aber an diesem Abend war es selbst ihr zuviel.

Ich konnte es ihr nachfühlen. An manchen Stellen war inzwischen so viel Gewebe abgestorben, daß die weißen Mittelhandknochen zu sehen waren. Sie sahen aus wie die Finger eines menschlichen Skeletts.

«Es ist hoffnungslos, nicht wahr?» flüsterte sie, den Blick noch immer ängstlich zur Seite gerichtet.

Schweigend tastete ich Rocks Pfote ab. «Es sieht schrecklich aus, aber ich glaube, wir haben jetzt den Tiefpunkt erreicht. Ab heute kann es langsam wieder bergauf gehen.»

«Wie meinen Sie das?»

«Unter der Oberfläche ist alles gesund und warm. Seine Ballen sind völlig intakt. Und vielleicht haben Sie auch gemerkt, daß es, als ich vorhin den Verband abnahm, nicht mehr übel roch? Das liegt daran, daß es kein totes Gewebe mehr gibt. Im Gegenteil, langsam bildet sich Granulationsgewebe.»

Mrs. Hammond wagte einen kurzen Blick auf die Wunde. «Und Sie meinen, diese ... Knochen ... werden wieder zuwachsen?»

«Ja, da bin ich ganz zuversichtlich.» Ich griff zu dem getreuen Sulfonamidpuder. «Es wird zwar nicht mehr ganz derselbe Fuß sein wie früher, aber zum Laufen wird er Rock schon reichen.»

Genauso, wie ich es vorausgesagt hatte, kam es auch. Es dauerte lange, aber das neue, gesunde Gewebe arbeitete sich so zielstrebig voran, als wollte es unbedingt beweisen, daß ich recht gehabt hatte, und als Rock viele Monate später mit einer leichten Bindehautentzündung in meine Sprechstunde kam, streckte er mir in seiner gewohnten höflichen Art die Pfote entgegen. Ich erwiderte die Geste, und während wir uns die Hände schüttelten, betrachtete ich die Oberfläche seines Fußes. Sie war unbehaart und glatt, aber vollständig verheilt.

«Man merkt es kaum, finden Sie nicht?» sagte Mrs. Hammond.

«Ja, außer diesem kleinen kahlen Fleck ist wirklich nichts zurückgeblieben. Und wenn ich mich nicht täusche, kam Rock hereingelaufen, ohne zu humpeln.»

Mrs. Hammond lachte. «Rock hat wieder vier gesunde Beine. Ich glaube, er ist Ihnen sehr dankbar dafür – sehen Sie doch.»

Die Tierpsychologen würden wahrscheinlich sagen, es sei lächerlich, überhaupt darüber nachzudenken, ob dieser Hund erkannt hat, daß ich ihm etwas Gutes getan habe. Die offene Schnauze, die heraushängende Zunge, der sanfte Blick und die ausgestreckte Pfote hätten nichts dergleichen zu bedeuten. Vielleicht haben sie recht. Aber was ich weiß und in Ehren halte, ist die Gewißheit, daß Rock mir all die Unannehmlichkeiten, die ich ihm bereiten mußte, nicht im geringsten übelgenommen hat.

Ganz anders war dies bei Timmy Butterworth, der einen ausgesprochen nachtragenden Charakter hatte. Er war ein Drahthaarterrier aus der Gimber's Yard, einer kleinen Seitengasse der Trengate, und das einzige Mal, als ich ihn behandeln mußte, war an einem Frühlingstag um die Mittagszeit.

Ich war gerade aus dem Wagen gestiegen und im Begriff, die Stufen zur Praxis hinaufzugehen, da sah ich ein kleines Mädchen eilig die Straße entlanggelaufen kommen, das mir verzweifelt zuwinkte. Ich blieb stehen und wartete.

«Ich bin Wendy Butterworth», japste sie schreckensbleich. «Meine Mama schickt mich. Ob Sie bitte gleich zu unserm Hund kommen könnten?»

«Was fehlt ihm?»

«Er hat irgendwas gefressen!»

«Gift?»

«Ich glaube ja.»

Da die kleine Gasse ganz in der Nähe lag, lohnte es nicht, den Wagen zu nehmen. Von Wendy gefolgt, ging ich schnellen Schrittes bis zur Ecke von Gimber's Yard, wo wir in den schmalen, überwölbten Torweg einbogen. Unsere Schuhe klapperten auf dem Kopfsteinpflaster, und nach ein paar Metern gelangten wir zu einem winzigen Gäßchen mit kleinen, dicht aneinandergedrängt stehenden Häuschen, schmalen Gärten und die Erkerfenster auf beiden Seiten nur wenige Fuß über der Erde, so daß sie sich fast berührten. Man glaubte in einer anderen Welt

209

zu sein. Aber heute hatte ich keine Zeit, mich umzusehen, denn Mrs. Butterworth, untersetzt, mit rotem Gesicht und sehr aufgeregt, wartete auf mich.

«Er ist hier drin, Mr. Herriot!» rief sie und stieß die Tür zu einem der kleinen Häuser auf. Sie führte direkt in das Wohnzimmer, und ich sah meinen Patienten mit leicht nachdenklichem Ausdruck auf dem Kaminvorleger sitzen.

«Was ist passiert?» fragte ich.

Die Frau rieb sich nervös die Hände. «Ich habe gestern eine große Ratte über den Hof laufen sehen. Daraufhin habe ich mir sofort Gift besorgt.» Sie schluckte erregt. «Ich hatte es gerade in einer kleinen Schüssel mit Haferbrei vermischt, da klopfte jemand an die Tür, und als ich zurückkam, hatte Timmy die Schüssel leergefressen!»

Der nachdenkliche Ausdruck des Terriers hatte sich vertieft, und er fuhr sich langsam mit der Zunge über die Schnauze, als sei er sich nicht schlüssig, ob er schon jemals einen so seltsam schmeckenden Haferbrei zu sich genommen hatte.

Ich wandte mich an Mrs. Butterworth. «Haben Sie die Büchse von dem Gift noch?»

«Ja, hier ist sie.» Sie reichte sie mir mit zitternder Hand.

Ich las das Etikett. Es handelte sich um ein bekanntes Gift, und der Name ließ eine Totenglocke in meinem Geist ertönen, denn er erinnerte mich an die vielen toten und sterbenden Tiere, die diesem Gift zum Opfer gefallen waren. Der Hauptbestandteil war Zinkphosphid, und trotz all unserer modernen Medikamente sind wir selbst heute für gewöhnlich machtlos, wenn ein Tier es geschluckt hat. Ich stellte die Dose auf den Tisch. «Wir müssen ihm sofort ein Brechmittel geben! Haben Sie Bleisoda im Haus? Dann brauche ich keine Zeit damit zu vergeuden, irgendeine Medizin aus der Praxis zu holen. Ein Löffel voll genügt.»

«O Gott!» Mrs. Butterworth biß sich auf die Lippen. «Ich habe so was nicht ... gibt es nichts anderes, was wir ...?»

«Einen Augenblick!» Ich warf einen Blick auf den Tisch, auf dem noch die Reste des Mittagessens standen. «Ist in diesem Topf Senf?»

«Ja.»

Ich griff danach, hielt den Topf unter den Wasserhahn und verdünnte den Senf.

«Kommen Sie!» rief ich. «Bringen wir ihn nach draußen.»

Ich packte den erstaunten Timmy und beförderte ihn vor die Tür. Dann klemmte ich ihn mir fest zwischen die Knie, hielt ihm mit der linken Hand die Schnauze zu und goß ihm von der Seite her den flüssigen Senf ins Maul. Da er sich nicht rühren konnte, blieb ihm nichts anderes übrig, als das abscheuliche Zeug zu schlucken, und nachdem ich ihm etwa einen Eßlöffel voll eingeträufelt hatte, ließ ich ihn los.

Ihm blieb nur Zeit, mich einen Augenblick lang beleidigt anzustarren, dann mußte er würgen und taumelte über die glatten Steine. Sekunden später hatte er die gestohlene Mahlzeit in einer stillen Ecke von sich gegeben.

«Glauben Sie, das ist alles?» fragte ich.

«Ja, ja, das ist es», erwiderte Mrs. Butterworth entschieden. «Ich hole rasch Besen und Schaufel.»

Timmy schlich mit eingezogenem Schwanz ins Haus zurück und nahm wieder seinen Lieblingsplatz auf dem Kaminvorleger ein. Er hustete, schnaubte und wischte sich unentwegt mit der Pfote übers Maul, doch der gräßliche Geschmack ließ sich nicht vertreiben; und ganz eindeutig betrachtete er mich als die Ursache des ganzen Übels. Als ich fortging, warf er mir einen Blick zu, mit dem er mir deutlich zu verstehen gab, daß er mir diese Tortur nie verzeihen würde.

Irgend etwas in diesem Blick erinnerte mich an den kleinen Magnus, aber wenige Tage später erhielt ich den ersten Beweis dafür, daß Timmy sich nicht damit zufriedengab, seine Mißbilligung lediglich durch zorniges Kläffen auszudrücken. In Gedanken vertieft, ging ich die Trengate hinunter, da schoß plötzlich ein kleines weißes Etwas aus der Gimber's Yard hervor, zwickte mich in den Knöchel und verschwand ebenso lautlos, wie es gekommen war. Ich sah nur einen Schatten durch den Torweg huschen, eine kleine Gestalt auf kurzen Beinen.

Ich mußte lachen. Er hatte es also nicht vergessen! Aber es blieb nicht bei dem einen Mal, sondern es passierte häufiger, und mir wurde klar, daß der kleine Hund mir richtiggehend auflauerte. Er biß niemals fest zu – es war mehr eine Geste –, aber es befriedigte ihn offenbar, mich erschreckt zusammenfahren zu sehen, wenn er kurz nach meiner Wade oder meinem Hosenbein schnappte. Und er hatte stets ein leichtes Spiel mit mir, denn meistens war ich tief in Gedanken versunken, wenn ich die Straße entlangging.

Und bei näherer Überlegung konnte ich Timmy seine Racheakte nicht einmal verübeln: Von seinem Standpunkt aus betrachtet, hatte er, an nichts Böses denkend, friedlich vor dem Kamin gesessen und eine ungewöhnliche Mahlzeit zu verdauen versucht, als ihn plötzlich ein wildfremder Mann aufgeregt am Genick gepackt und ins Freie geschleppt hatte, wo ihm dann auch noch Senf eingeflößt worden war. Es war empörend, und er war nicht bereit, die Sache auf sich beruhen zu lassen.

Ich für meinen Teil fand eine gewisse Befriedigung darin, Gegenstand einer Vendetta zu sein, die von einem Tier geführt wurde, das ohne mein Dazwischentreten auf qualvolle Weise zugrunde gegangen wäre.

So ließ ich die Angriffe geduldig über mich ergehen. Doch wenn es mir rechtzeitig einfiel, wechselte ich auf die andere Straßenseite hinüber, um der aus Gimber's Yard drohenden Gefahr zu entrinnen.

Ein wahres Wunder

Vielleicht hielt es die Air Force für einen gelungenen Scherz, mir meine Einberufung pünktlich zu meinem Geburtstag zuzustellen, aber ich fand die Sache weniger witzig. Noch heute habe ich deutlich das Bild vor Augen, wie ich an jenem Morgen in unser ‹Eßzimmer› kam und Helen am oberen Ende des Tisches auf dem hochbeinigen Hocker saß, sehr still, mit gesenktem Blick; neben meinem Teller lag mein Geburtstagsgeschenk – eine Büchse mit meinem Lieblingstabak – und daneben ein langes Kuvert. Ich brauchte nicht zu fragen, was es enthielt.

Ich hatte schon seit einiger Zeit damit gerechnet, aber es jagte mir doch einen Schrecken ein, als ich las, daß mir nur eine Woche blieb, bis ich mich am Lord's Cricket Ground in London einzufinden hatte. Es war eine Woche, die unheimlich schnell verging: zahllose Kleinigkeiten waren in der Praxis noch zu erledigen, ich mußte die Formulare fürs Landwirtschaftsministerium abschicken und dafür sorgen, daß unser spärliches Hab und Gut in Helens Vaterhaus zurückgebracht wurde, wo Helen bis zu meiner Rückkehr bleiben wollte.

Ich hatte beschlossen, am Freitag nachmittag gegen fünf Uhr mit meiner Arbeit Schluß zu machen, doch um drei Uhr bekam ich einen Anruf vom alten Arnold Summergill; das würde nun wirklich mein allerletzter Fall sein, denn der Weg zu dem kleinen Gehöft, das an einem mit Adlerfarn bewachsenen Hang mitten zwischen den Hügeln lag, glich mehr einer Expedition als einem Besuch. Ich sprach nicht direkt mit Arnold, sondern mit Miss Thompson, der Postmeisterin von Hainby.

«Mr. Summergill möchte, daß Sie sich seinen Hund ansehen», sagte sie.

«Was fehlt ihm?» fragte ich.

Ich hörte die leise Beratung am anderen Ende.

«Er sagt, das Bein sähe so komisch aus.»

«Komisch? Was soll das heißen?»

Wieder ein leises Gemurmel. «Er sagt, es steht irgendwie raus.»

«Gut, ich komme.»

Arnold zu bitten, er möge den Hund in die

216

Praxis bringen, hätte wenig genutzt. Er besaß keinen Wagen und hatte auch noch nie selbst mit mir telefoniert – unsere Gespräche wurden alle über Miss Thompson geführt. Wenn Arnold etwas auf dem Herzen hatte, setzte er sich auf sein rostiges Fahrrad, fuhr nach Hainby und erzählte der Postmeisterin, welche Sorgen er hatte. Ihr beschrieb er auch die Symptome; seine Angaben waren gewöhnlich sehr vage, und ich nahm auch diesmal an, daß sie etwas übertrieben seien.

Doch ich hatte nichts dagegen, Benjamin noch ein letztes Mal zu sehen. Es war ein seltsamer Name für den Hund eines Kleinbauern, und ich habe nie erfahren, wie der Hund dazu gekommen war. Aber wenn man so will, hätte es diesem prachtvollen «Bobtail» ohnehin viel besser angestanden, den Rasen eines eleganten Herrenhauses zu schmücken, als Arnold über steiniges Weideland zu folgen. Er war das klassische Beispiel für einen wandelnden Kaminvorleger, und man mußte genau hinsehen, um zu erkennen, was vorne und was hinten war. Aber wenn man schließlich seinen Kopf ausfindig gemacht hatte, entdeckte man hinter der dichten Haarfranse die gutmütigsten Augen der Welt.

Benjamin zeigte einem manchmal allzu stürmisch, wie sehr er sich freute, einen wiederzusehen. Er sprang hoch und legte mir seine riesigen Pfoten auf die Brust, was mir an winterlichen Regentagen, wenn er im schlammigen Hof umherspaziert war, weniger gefiel. Ähnlich freudig begrüßte er auch meinen Wagen – mit Vorliebe besonders dann, wenn ich ihn gerade gewaschen hatte – und bespritzte Fenster und Karosserie freigebig mit Schmutz. Was Benjamin tat, tat er gründlich.

Doch als ich heute auf den Hof fuhr, war kein Benjamin da, um mich zu begrüßen. Arnold wartete allein auf mich. Es war ein ungewohntes Bild, ihn ohne seinen Hund anzutreffen.

Mr. Summergill mußte meinen fragenden Blick bemerkt haben, denn er deutete mit dem Daumen über die Schulter.

«Er ist im Haus», brummte er, und seine Augen blickten besorgt.

Ich stieg aus dem Wagen und sah ihn einen Augenblick an, wie er da in seiner typischen Haltung mit straffen Schultern und hocherhobenem Kopf vor mir stand. Ich sprach vom ‹alten› Arnold Summergill, und er war auch über siebzig, aber die Gesichtszüge unter der runden Wollmütze, die er stets über die Ohren gezogen trug, waren klar und regelmäßig, und die hochgewachsene Gestalt war schlank und kerzengerade. Er war ein stattlicher Mann, der in jungen Jahren eine beeindruckende Erscheinung gewesen sein muß, doch er hatte nie geheiratet. Ich hatte das Gefühl, daß es da eine Geschichte gab, doch er schien völlig zufrieden mit seinem Leben – «ein richtiger Einsiedler», sagten die Leute im Dorf –, das nur Benjamin mit ihm teilte.

Als ich ihm in die Küche folgte, verscheuchte er gelassen zwei Hennen, die auf einer staubigen Kommode hockten. Dann sah ich Benjamin und blieb erschrocken stehen.

Der große Hund saß völlig regungslos neben dem Tisch, und heute waren die Augen hinter den herabhängenden Haaren groß und dunkel vor Grauen. Er schien zu verängstigt, um sich zu bewegen, und als ich sein linkes Vorderbein sah, konnte ich es ihm nicht verübeln. Arnold hatte also doch recht gehabt;

es stand tatsächlich ganz gewaltig heraus, und zwar in einem Winkel, der mein Herz einen Augenblick schneller schlagen ließ; eine komplette Dislokation des Ellbogens, bei der die Speiche in einer fast unmöglichen Schrägstellung zum Oberarm stand.

Ich mußte erst schlucken, ehe ich etwas sagen konnte. «Wann ist es passiert, Mr. Summergill?»

«Vor einer knappen Stunde.» Er zerrte nervös an seiner Wollmütze. «Ich habe die Kühe auf eine andere Weide getrieben. Benjamin macht sich bei solchen Gelegenheiten gern einen Spaß daraus, sie in die Fersen zu zwicken. Heute hat er es, wie es scheint, einmal zu oft getan, denn eine Kuh hat ausgeschlagen und ihn am Bein getroffen.»

«Ich verstehe.» Meine Gedanken arbeiteten fieberhaft. Es war eine absolut ungewöhnliche Sache, etwas, das ich noch nie erlebt hatte – und auch bis heute, dreißig Jahre später, nie wieder zu Gesicht bekommen habe. Wie um Himmels willen sollte ich das Bein hier oben in der Einsamkeit wieder einrenken? Ohne Vollnarkose, zu der ich aber einen erfahrenen Assistenten benötigte, würde das kaum zu machen sein.

«Armer Kerl», sagte ich und streichelte den Kopf, «was machen wir bloß mit dir?»

Der Hund sah mich schwanzwedelnd an und sperrte beim Atmen weit das Maul auf, wobei zwei Reihen weißblitzender Zähne sichtbar wurden.

Arnold räusperte sich. «Können Sie ihm helfen?»

Was sollte ich darauf erwidern? Eine unbekümmerte Antwort würde möglicherweise einen falschen Eindruck erwecken, aber andererseits wollte ich ihn nicht mit meinen Zweifeln beunruhigen. Es würde sehr schwierig sein, diesen großen Hund nach Darrowby zu transportieren. Er füllte beinahe die Küche aus, gar nicht zu reden von meinem kleinen Wagen. Und dann mit diesem ausgerenkten Bein. Und wie würde Sam sich mit ihm vertragen? Aber selbst wenn es mir gelänge, das Bein in der Praxis wieder einzurenken, mußte ich ihn ja auch noch wieder zurückbringen. Das würde den Rest des Tages kosten.

Ich fuhr mit den Fingern leicht über das ausgerenkte Gelenk und versuchte mir die anatomischen Einzelheiten des Ellbogens ins Gedächtnis zurückzurufen. Damit das

Bein sich in dieser Stellung befinden konnte, mußte die Speiche völlig aus der normalen Position gesprungen sein, und um sie zu reponieren, mußte man das Gelenk biegen, bis das Ende der Speiche freilag.

«Dann wollen wir mal sehen», sagte ich leise vor mich hin. «Wenn der Hund vor mir auf dem Operationstisch läge, würde ich so vorgehen müssen.» Ich ergriff das Bein knapp über dem Ellbogen und bewegte die Speiche langsam nach oben. Benjamin warf mir einen raschen Blick zu, dann wandte er den Kopf ab, eine bei gutmütigen Hunden ganz typische Geste, die auszudrücken schien, er sei bereit, sich mit allem abzufinden, was ich für richtig hielte.

Ich beugte das Gelenk noch weiter, bis ich sicher sein konnte, daß das Ende der Speiche frei war, dann drehte ich Speiche und Elle vorsichtig nach innen.

«Ja ... ja ...» murmelte ich. «Das muß ungefähr die richtige Position sein ...» Aber ich wurde in meinem Selbstgespräch durch ein leichtes Knacken der Knochen unterbrochen.

Ungläubig blickte ich auf das Bein: Es war wieder völlig gerade.

Benjamin konnte es offenbar auch nicht gleich fassen, denn er spähte vorsichtig durch seine zottigen Fransen, ehe er die Nase senkte und die Stelle beschnüffelte. Dann, als er merkte, daß wieder alles in Ordnung war, stand er gemächlich auf und ging zu seinem Herrn hinüber. Das Bein war ganz normal, keine Spur von Hinken. Ein Lächeln breitete sich über Arnolds Gesicht. «Sie haben ihn also wieder hingekriegt.»

«Sieht so aus, Mr. Summergill.» Ich versuchte meiner Stimme einen gleichgültigen Klang zu geben, aber ich hätte jubeln mögen. Während ich das Bein nur untersuchte, es bloß ein bißchen abgetastet hatte, um mir ein Bild zu machen, hatte sich das Gelenk wie von selbst wieder eingerenkt. Ein wunderbarer Zufall.

«Da bin ich aber sehr erleichtert», sagte der Bauer. «Nicht wahr, alter Bursche?» Er bückte sich und kitzelte Benjamin am Ohr.

Ich brauchte nicht enttäuscht zu sein, daß er meine Leistung mit solcher Gelassenheit hinnahm, denn ich verstand, daß er mir damit indirekt ein Kompliment machte: Wenn es sein mußte, vollbrachte sein Tierarzt Dr. James Herriot eben wahre Wunder!

223

«Nun, dann will ich mich mal auf den Heimweg machen», sagte ich, und Arnold begleitete mich zum Wagen.

«Ich hab gehört, Sie sind einberufen worden», sagte er, als ich die Tür öffnete.

«Ja, ich fahre morgen ab, Mr. Summergill.»

«So, morgen schon?» Er zog die Augenbrauen hoch.

«Ja, nach London. Waren Sie schon einmal dort?»

«Nein, nein, um Gottes willen!» Die Wollmütze zitterte, so heftig schüttelte er den Kopf. «Das wär nichts für mich.»

Ich lachte. «Und warum nicht?»

«Das will ich Ihnen genau sagen.» Er kratzte sich nachdenklich das Kinn. «Ich bin ein einziges Mal in Brawton gewesen, und das hat mir gelangt. Ich konnte nicht auf der Straße gehen!»

«Aber warum denn nicht?»

«Weil so viele Leute da waren. Ich machte große Schritte, ich machte kleine Schritte, aber egal, was für Schritte ich machte, ich kam einfach nicht voran.»

Ich wußte genau, was Arnold meinte. Nur zu oft hatte ich ihn mit langen, gleichmäßi-

224

gen Schritten über seine Felder gehen sehen, wo nichts ihm in den Weg kam. «Große Schritte und kleine Schritte.» Er hätte es nicht besser ausdrücken können.

Ich ließ den Motor an und winkte, und als ich losfuhr, hob der alte Mann die Hand.

«Geben Sie auf sich acht, mein Junge», murmelte er.

Ich sah Benjamin hinter der Küchentür hervorlugen. Bei jeder anderen Gelegenheit wäre er mit ins Freie gekommen, um mich zu verabschieden, aber dieser Tag war zu aufregend für ihn gewesen. Sein Appetit auf Abenteuer war gestillt.

Langsam und vorsichtig fuhr ich den leider sehr schlechten Weg abwärts durch den Wald bis hinunter ins Tal. Hier hielt ich an und stieg aus.

Es war ein kleines, einsames Tal zwischen den Hügeln, ein grüner, aus dem wilden Bergland herausgetrennter Fleck. Das Leben eines Landtierarztes bietet den Vorteil, daß er solche verborgenen Plätze zu sehen bekommt. Außer dem alten Arnold kam so gut wie niemals irgend jemand hierher, nicht einmal der Briefbote, der die spärliche Post in einem Kasten am oberen Ende des Pfades

225

zurückließ. Niemand sah das flammende Rot und Gold der herbstlich verfärbten Bäume oder hörte das geschäftige Rauschen und Murmeln des Wildbachs.

Ich ging an seinem Rand entlang und beobachtete die kleinen Fische, die in der kühlen Tiefe umherflitzten. Im Frühling waren die Ufer zu beiden Seiten mit gelben Himmelsschlüsseln übersät, und im Mai wogte ein Meer von Glockenblumen zwischen den Bäumen, aber heute war in der Luft trotz des strahlendblauen Himmels bereits der kühle Hauch des sterbenden Jahres zu spüren.

Ich stieg ein Stückchen den Hang hinauf und setzte mich zwischen die Farnkräuter, deren Grün sich jetzt rasch in Goldbraun verwandelte. Sam ließ sich, wie es seine Gewohnheit war, neben mir nieder, und meine Hand glitt über das seidige Fell der Ohren. Auf der anderen Seite des Tals ragten steile Kalksteinfelsen auf, über deren Kante hinweg ich den Rand des Hochmoors sehen konnte, auf das die letzten Sonnenstrahlen fielen.

Ich drehte mich um und blickte in die Richtung, aus der ich gekommen war. Über dem waldbewachsenen Hügel sah man aus dem Schornstein des Bauernhauses eine kleine Rauchfahne aufsteigen. Ich fand, daß Benjamins wieder eingerenkter Knochen einen guten Schlußpunkt unter meine Arbeit setzte, ehe ich Darrowby morgen verließ. Ein kleiner Sieg, der mich, wenn er auch keineswegs welterschütternd war, doch mit einem Gefühl der Befriedigung erfüllte; genau wie alle anderen kleinen Siege und Niederlagen, die, weitgehend unbeachtet, das Leben eines Tierarztes ausmachen.

Gestern abend hatte ich, als Helen mir meinen fertig gepackten Koffer hinstellte, ganz zuletzt noch Blacks *Tierärztliches Lexikon* zwischen meine Hemden und Socken geschoben. Der Band war ziemlich dick, aber das störte mich nicht. Die Angst, daß ich alles, was ich gelernt hatte, vergessen könnte, hatte mich impulsiv den Plan fassen lassen, täglich ein bis zwei Seiten zu lesen, um mein Wissen lebendig zu halten. Wie sooft ging mir, während ich hier saß, der Gedanke durch den Kopf, wie beglückend es doch war, Tiere nicht nur anziehend zu finden, sondern auch über sie Bescheid zu wissen. Plötzlich wurde dieses Wissen zu einer Kostbarkeit.

Ich stand auf und ging zum Wagen zurück. Sam sprang sofort auf den Sitz, als ich die Tür aufmachte. Ehe ich einstieg, warf ich noch einen letzten Blick dorthin, wo das Tal sich weitete und eine Sicht auf die tiefer gelegene Ebene gewährte. Und die vielen blassen Farben – das Gold der Stoppelfelder, die dunklen Flecken der Wälder, die verschiedenartigen Grüntöne des Weidelands – mischten sich zu einem meisterlichen Aquarell. Ich starrte begierig, so als sei es das erste Mal, auf das Bild, bei dem mein Herz so oft vor Freude gehüpft hatte: auf die großartige, weite Landschaft Yorkshires mit ihren klaren Konturen.

Ich würde wiederkommen und all das wiedersehen, sagte ich mir, als ich losfuhr. Ich würde zurückkehren zu meiner Arbeit, zu meinem – wie hieß es doch in dem Lehrbuch –, meinem schweren, ehrlichen und edlen Beruf.

Cedrics Winde

Eines Morgens war eine weibliche Stimme am Telefon. Sie klang damenhaft und sehr verlegen.

«Mr. Herriot ... Ich – ich wäre Ihnen außerordentlich dankbar, wenn Sie zu mir kommen könnten. Es handelt sich um meinen Hund.»

«Ja, gern. Was hat er denn?»

«Ja, er ... Hmmm ... Er scheint an ... an Gasen zu leiden.»

«Wie bitte?»

Langes Schweigen. «Er hat ... zu viele Gase.»

«Wie äußert sich das denn?»

«Nun ... man könnte es als ... als Blähung bezeichnen.» Die Stimme begann zu zittern.

Jetzt glaubte ich, es erraten zu haben. «Sie meinen, er hat Magenbeschwerden?»

«Nein, es ist nicht sein Magen. Er hat ... er hat eben diese ... Gase ... eigentlich sind es Winde – aus seinem –» Sie brach verzweifelt ab.

«Ach so!» Jetzt war es mir klar. «Ich ver-

229

stehe. Aber das klingt nicht sehr schlimm. Ist er krank?»

«Nein, er ist sonst ganz gesund.»

«Und Sie glauben wirklich, daß ich ihn mir trotzdem ansehen soll?»

«O ja, ganz bestimmt, Mr. Herriot. Kommen Sie doch bitte so schnell wie möglich. Es ist zu einem richtigen ... zu einem richtigen Problem geworden.»

«Schön», sagte ich. «Ich komme noch heute vormittag. Wollen Sie mir bitte Namen und Adresse angeben?»

«Mrs. Rumney. The Laurels.»

The Laurels war ein sehr hübsches Haus am Stadtrand, das ein großer Garten von der Straße trennte. Mrs. Rumney öffnete mir persönlich die Tür, und ich war überrascht, als ich sie sah. Sie war nicht nur eine strahlende Schönheit; sie war wie eine Erscheinung aus einer anderen Welt. Sie mochte etwa vierzig sein, wirkte aber wie eine jugendliche Heldin aus einem viktorianischen Roman – groß, schlank und ätherisch. Offensichtlich gehörte sie zur besseren Gesellschaft, und ich begriff sofort, warum sie am Telefon so verlegen gewesen war. Sie war ein zartes, wohlerzogenes Geschöpf.

«Cedric ist in der Küche», sagte sie. «Ich führe Sie hin.»

Cedric war die nächste Überraschung. Er war ein riesiger Boxer, der begeistert auf mich zusprang und mir die größten und kräftigsten Pfoten, die ich seit langem gesehen hatte, auf die Schultern legte. Ich versuchte ihn abzuwehren, aber er ließ nicht locker, keuchte mir ekstatisch ins Gesicht und wedelte mit dem gesamten Hinterteil.

«Platz!» rief die Dame streng, und als Cedric keinerlei Notiz von ihr nahm, wandte sie sich nervös an mich. «Er ist ein so freundliches Tier.»

«Ja», sagte ich außer Atem, «das sehe ich.» Schließlich schaffte ich es, den Riesenhund abzuwimmeln. Ich suchte in einer Ecke Zuflucht. «Wie oft – wie oft entwickelt er diese – diese Gase?»

Wie als Antwort strömte eine Schwefelwolke von dem Hund auf uns zu. In der Aufregung über meinen Besuch hatte Cedric seiner Schwäche nachgegeben. Ich stand an die Wand gelehnt und mußte mir einen Augenblick lang die Hand vors Gesicht halten, bis ich wieder sprechen konnte.

«Hatten Sie das gemeint?»

Mrs. Rumney fächelte sich mit einem Spitzentaschentuch, und eine hauchzarte Röte stieg ihr in die bleichen Wangen.

«Ja», hauchte sie. «Ja, das ist es.»

«Wenn's weiter nichts ist», sagte ich ermutigend. «Da können Sie unbesorgt sein. Gehen wir ins Nebenzimmer, und erzählen Sie mir, wie Sie ihn füttern und so weiter.»

Es stellte sich heraus, daß Cedric sehr viel Fleisch bekam, und ich stellte einen Diätplan auf, verordnete weniger Protein und dafür etwas mehr Kohlehydrate. Ich verschrieb ein säurehemmendes Kaolinpräparat, das er morgens und abends bekommen sollte, und dann verabschiedete ich mich zuversichtlich.

Es war ein so banaler Fall, daß ich ihn längst vergessen hatte, als Mrs. Rumney wieder anrief.

«Cedric hat sich leider nicht gebessert, Mr. Herriot.»

«Ach, das tut mir aber leid. Immer noch diese ... äh ... diese ... ja, ich verstehe ... jawohl ...» Ich dachte einen Augenblick nach. «Hören Sie, Mrs. Rumney – ich glaube kaum, daß es sich lohnt, wenn ich ihn mir noch einmal ansehe, aber vielleicht sollten

Sie ihm ein bis zwei Wochen lang überhaupt kein Fleisch mehr geben. Füttern Sie ihn mit Hundekuchen und geröstetem Braunbrot. Versuchen Sie's damit und mit ein bißchen Gemüse, und ich gebe Ihnen noch ein Pulver, das Sie ihm ins Futter mischen. Vielleicht könnten Sie es sich abholen.»

Dieses Pulver war eine ziemlich stark absorbierende Mixtur, und ich war sicher, es würde helfen, aber eine Woche später war Mrs. Rumney schon wieder am Telefon.

«Es hat sich absolut keine Besserung ergeben, Mr. Herriot.» Das Zittern war wieder in ihrer Stimme. «Ich … ich bitte Sie … kommen Sie doch noch einmal her.»

Ich sah zwar nicht recht ein, warum ich den völlig gesunden Hund ansehen sollte, aber ich versprach, noch einmal vorbeizukommen. Gerade an diesem Tag gab es sehr viel zu tun, und als ich in The Laurels ankam, war es nach sechs. Mehrere Wagen standen vor dem Haus, und ich sah, daß Mrs. Rumney Gäste hatte. Leute wie sie – aus der besseren Gesellschaft. In meiner Arbeitskleidung kam ich mir wie ein Landstreicher vor.

Mrs. Rumney wollte mich gerade in die

233

Küche führen, als die Tür aufflog und Cedric sich mit voller Begeisterung auf die Gäste stürzte. Sekunden später versuchte ein äußerst gepflegt aussehender Herr sich verzweifelt gegen Cedric zur Wehr zu setzen, dessen Riesenpfoten ihm die Weste in Stücke zu reißen drohten. Der Arme büßte ein paar Knöpfe ein, woraufhin sich Cedric einer Dame zuwandte. Der Boxer hätte ihr Kleid zerfetzt, wenn ich ihn nicht von ihr fortgezerrt hätte.

In dem eleganten Salon brach die Hölle los. Die Klagerufe der Gastgeberin übertönten noch die Schreckensschreie der Gäste, während der Hund vergnügt durchs Zimmer tobte, aber sehr bald bemerkte ich, daß ein Element von eher schleichender Natur die Lage noch schlimmer machte. Die Luft erfüllte sich mit den unmißverständlichen Symptomen der unseligen Schwäche Cedrics.

Ich tat mein Bestes, um den Hund aus dem Zimmer zu schaffen, aber er schien den Begriff des Gehorsams nicht zu kennen, und ich jagte ihm vergeblich nach. Und während peinliche Minuten verstrichen, wurde mir Mrs. Rumneys Problem zum erstenmal in seinem ganzen Ausmaß klar. Die meisten Hunde lassen gelegentlich Winde fahren, aber Cedric tat es ständig. Und jedesmal, wenn er sich einer stinkenden Ladung entledigt hatte, blickte er sich fragend nach seinem Hinterteil um und raste dann wild durch den Raum, als wollte er dem flüchtenden Duft nachjagen.

Es schien mir eine Ewigkeit, bis ich ihn endlich aus dem Zimmer hatte. Mrs. Rumney hielt die Tür weit offen, aber der große Hund war noch nicht mit den Gästen fertig. Beim Hinauslaufen hob er noch einmal schnell das Bein und spritzte einen mächtigen Strahl auf ein makellos gebügeltes Hosenbein.

Nach jenem Abend stürzte ich mich in den Kampf zur Rettung Mrs. Rumneys. Ich besuchte sie häufig und probierte zahllose Mittel an Cedric aus. Auch meinen Kollegen Siegfried zog ich zu Rate, und er schlug eine Diät mit Kohlehundekuchen vor. Cedric fraß sie in rauhen Mengen und mit sichtlichem Appetit, aber auch sie, wie alles andere, nützten überhaupt nichts.

Und die ganze Zeit grübelte ich über die rätselhafte Mrs. Rumney nach. Sie lebte seit einigen Jahren in Darrowby, aber die Leute in der Stadt wußten kaum etwas über sie. Es wurde leidenschaftlich darüber diskutiert, ob sie verwitwet sei oder von ihrem Mann getrennt lebe. Diese Frage interessierte mich nicht: Mich beschäftigte, wie sie je an einen Hund wie Cedric geraten sein mochte.

Es war schwer, sich ein Tier vorzustellen, das weniger zu ihr paßte, selbst wenn man von seinem unerfreulichen Leiden absah. Der riesige, dickköpfige, ungestüme, extrovertierte Kerl war ein Fremdkörper in ihrem kultivierten Haushalt. Wie sie zueinander gekommen waren, habe ich nie herausbekommen, aber bei meinen Besuchen entdeckte ich, daß Cedric wenigstens einen Bewunderer hatte.

Es war Con Fenton, ein pensionierter Landarbeiter, der dreimal in der Woche im Garten von The Laurels arbeitete. Der Boxer lief mir bis zum Tor nach, wenn ich aus dem Haus trat, und der alte Mann blickte ihn mit unverhohlener Bewunderung an.

«Allmächtiger!» sagte er. «Ist das ein feiner Hund!»

«Ja, das ist er, Con, er ist wirklich ein guter Kerl.» Und ich meinte es ehrlich. Man mußte Cedric einfach gern haben, wenn man ihn einmal kannte. Er war sehr lieb, ohne eine Spur von Bösartigkeit, und wenn er Leuten Knöpfe abriß oder ihnen gegen die Hosenbeine pinkelte, so tat er es aus reiner Spielfreude. Ja, er war gutmütig.

«Schauen Sie sich nur mal die Beine an!» schnaufte Con, indem er verzückt auf die muskulösen Läufe starrte. «Donnerwetter, der kann über das Tor da springen, als ob's gar nicht da wäre. Das nenne ich mir einen Hund!»

Es wunderte mich nicht, daß Cedric ihm so gut gefiel, denn die beiden waren verwandte Seelen. Nicht von allzuviel Verstand belastet, stark wie ein Ochse und durch und durch gutmütig – sie waren vom gleichen Schlag.

«Tja, ich freu mich immer, wenn die Missus ihn in den Garten rausläßt», fuhr Con fort. Er schnaufte immer beim Sprechen. «Macht mir Spaß mit seinen Faxen.»

Ich sah ihn scharf an. Nein, er hatte von Cedrics Leiden sicher nichts gemerkt, denn er sah ihn ja nur im Freien.

Auf dem Rückweg brütete ich über der Tatsache, daß ich mit meiner Behandlung absolut nichts erreicht hatte. Und obgleich es im Grunde lächerlich war, sich über einen derartigen Fall Sorgen zu machen, beschäftigte ich mich dauernd damit. Ich hatte sogar Siegfried schon angesteckt. Als ich aus dem Wagen stieg, kam er gerade aus dem Haus. Er legte mir die Hand auf den Arm.

«Kommst du wieder mal von The Laurels, James?» fragte er mitfühlend. «Was macht der furzende Boxer?»

«Leider immer noch das gleiche», erwiderte ich, und mein Kollege schüttelte teilnahmsvoll den Kopf

Wir waren geschlagen. Hätte es in jenen Tagen Chlorophylltabletten gegeben, so wäre vielleicht noch eine Hoffnung geblieben, aber ich hatte alles versucht. Und es wäre nicht so schlimm gewesen, wenn der Hund nicht ausgerechnet Mrs. Rumney gehört hätte. Ihr war es schon fast unerträglich, die Sache auch nur zu erwähnen.

Ich war entschlossen, ein ernstes Wort mit ihr zu reden. Ein paar Tage später besuchte ich sie. «Sie werden vielleicht meinen, daß es mich nichts angeht», sagte ich. «Aber ehrlich gesagt, ich glaube nicht, daß Cedric der richtige Hund für Sie ist. Er paßt so wenig zu Ihnen, daß Ihr ganzes Leben darunter leidet.»

Mrs. Rumney machte große Augen. «Nun ja … ein Problem ist er manchmal schon … aber was raten Sie mir?»

«Ich finde, Sie sollten sich einen anderen Hund anschaffen. Vielleicht einen Pudel oder einen Corgi – irgend etwas Kleineres, ein Tier, mit dem Sie fertig werden.»

«Aber Mr. Herriot, ich kann Cedric unmöglich einschläfern lassen.» Ihre Augen füllten sich rasch mit Tränen. «Ich habe ihn wirklich sehr gern, trotz … trotz allem.»

«Nein, nein, das natürlich nicht!» sagte ich. «Ich habe ihn auch gern. Er ist ein lieber Kerl. Aber ich glaube, ich habe eine gute Idee. Warum geben Sie ihn nicht einfach Con Fenton?»

«Con … ?»

«Ja, er bewundert Cedric geradezu abgöttisch, und bei dem alten Mann hätte Ihr Hund es gut. Er hat ein paar Felder hinter dem Haus und hält sich ein paar Tiere. Da könnte Cedric nach Herzenslust herumtollen, und Con könnte ihn mitbringen, wenn er hier im Garten arbeitet. Dann würden Sie ihn dreimal die Woche sehen.»

Mrs. Rumney sah mich einen Augenblick lang schweigend an, und ich sah in ihrem Gesicht einen Hoffnungsschimmer aufleuchten.

«Wissen Sie was, Mr. Herriot? Ich glaube, das könnte sehr gut gehen. Aber sind Sie sicher, daß Con ihn nehmen würde?»

«Darauf könnte ich wetten. Ein alter Junggeselle wie der muß sehr einsam sein. Nur eins beunruhigt mich. Bisher sind sie nur im Freien beisammen gewesen, und ich frage mich, was wird, wenn sie im Haus sind und Cedric wieder mit seinem ...»

«Ach, ich glaube, das ginge schon», unterbrach mich Mrs. Rumney rasch. «Wenn ich in die Ferien fahre, nimmt Con ihn immer zu sich, und er hat niemals etwas erwähnt ...»

Ich verabschiedete mich. «Nun, das ist ja ausgezeichnet. Sagen Sie es Mr. Fenton bald – er wird sich freuen.»

Ein paar Tage später rief Mrs. Rumney an. Con hatte den Vorschlag begeistert angenommen, und das Paar schien überaus glücklich zu sein. Sie hatte auch meinen anderen Rat befolgt und einen kleinen Pudel angeschafft.

Ich sah den neuen Hund erst, als er fast

sechs Monate alt war. Mrs. Rumney hatte mich angerufen, um ein kleines Ekzem zu behandeln. Als ich in dem anmutigen Wohnzimmer saß und Mrs. Rumney anschaute, wie sie kühl und gesetzt das kleine weiße Geschöpf auf dem Schoß hielt, wurde mir klar, wie richtig diese Lösung gewesen war. Der schöne Teppich, die Samtvorhänge, die zerbrechlichen kleinen Tischchen mit dem teuren Porzellan und die gerahmten Miniaturen an der Wand – das war kein Ort für Cedric.

Con Fenton wohnte kaum eine halbe Meile entfernt, und auf dem Rückweg folgte ich einer plötzlichen Eingebung und parkte den Wagen vor seinem Haus. Auf mein Klopfen öffnete der alte Mann die Tür. Er strahlte, als er mich sah.

«Kommen Sie herein, junger Mann!» rief er schnaufend. «Freut mich, Sie zu sehen!»

Kaum war ich in das kleine Wohnzimmer getreten, als sich eine haarige Form auf mich stürzte. Cedric hatte sich nicht die Spur verändert, und ich mußte mich bis zu dem lädierten Sessel am Kamin durchkämpfen. Con setzte sich mir gegenüber, und als der Boxer ihn ansprang, um ihm das Gesicht zu

241

lecken, gab er ihm einen freundlichen Schlag mit der Faust auf den Kopf.

«Platz, du großes, blödes Mistvieh», brummte er liebevoll. Cedric ließ sich brav auf den zerfransten Kaminvorleger fallen und blickte seinen neuen Herrn treu ergeben an.

Con stopfte sich die Pfeife mit einem Kraut, das zum Fürchten aussah. «Ich bin Ihnen so dankbar, Mr. Herriot, daß Sie mir diesen großartigen Hund vermittelt haben. Der ist Spitze, und ich würde ihn für kein Geld verkaufen. 'nen besseren Freund kann man sich gar nicht wünschen.»

«Das ist ja schön, Con», sagte ich. «Und wie ich sehe, fühlt er sich wirklich wohl hier.»

Der alte Mann zündete sich die Pfeife an, und eine beißende Rauchwolke stieg zu den niedrigen, verrußten Deckenbalken auf. «Ach, der ist fast nie im Haus. So ein flinker, starker Hund muß sich ja wohl seine überschüssige Kraft abarbeiten.»

Aber im selben Augenblick arbeitete sich Cedric offensichtlich noch etwas anderes ab. Der wohlbekannte Gestank war selbst in dem beizenden Pfeifenqualm noch sehr deutlich. Con schien es nicht zu bemerken, aber in diesem kleinen Raum fand ich es geradezu überwältigend.

«Jetzt müssen Sie mich entschuldigen», stammelte ich. «Ich habe nur eben vorbeigeschaut, um mich zu überzeugen, daß Sie und Cedric miteinander auskommen. Also, auf Wiedersehen.» Ich taumelte zur Tür, aber der Geruch folgte mir. Auf dem Tisch standen die Reste einer Mahlzeit des alten Mannes, und daneben befand sich eine angeschlagene Vase mit einem Strauß herrlicher Nelken. Hier fand ich Zuflucht, und ich steckte die Nase in die duftenden Blumen.

Con nickte mir befriedigt zu. «Schöne Blumen, nicht wahr? Die Missus hat mir erlaubt, mich im Garten zu bedienen, und diese Nelken hab ich am liebsten.»

«Ja, das ist eine gute Wahl.» Ich vergrub meine Nase noch tiefer in den Blüten.

«Nur eins ist schade», sagte er nachdenklich. «Ich hab nicht soviel Spaß dran wie Sie.»

«Aber warum denn nicht, Con?»

Er zog an der Pfeife. «Haben Sie denn nicht bemerkt, daß ich ein bißchen komisch spreche?»

243

«Nein ... eigentlich nicht.»

«Ach, das hört man doch. Ich bin schon von kleinauf so. Man hat mir die Wucherungen rausgenommen, und da ist was schiefgegangen.»

«Das tut mir aber leid», sagte ich.

«Ach, das ist nicht weiter schlimm, aber seitdem fehlt mir was.»

«So ... ?» Jetzt ging mir ein Licht auf, und ich ahnte, warum die beiden so gut zusammenpaßten und warum es auch so bleiben würde.

«Tja», sagte der alte Mann traurig. «Ich kann überhaupt nichts riechen.»

Wesley war
wie verwandelt

Es klingelte an der Tür, und als ich in den
dunklen Hausflur lief, um aufzumachen,
ging unter meinen Füßen eine Explosion los,
und ich sprang vor Schreck in die Luft.

Es war ein Knallfrosch, und nur Wesley
Binks konnte ihn in den Briefschlitz geworfen haben.

Ich schaute die Straße hinunter. Niemand
war zu sehen, aber an der Kurve unten, wo
sich die Straßenlaternen in Robsons Schaufenster spiegelten, glaubte ich, einen kleinen
Schatten fliehen zu sehen. Da war nichts
mehr zu machen, aber ich wußte, daß es nur
Wes gewesen sein konnte.

Was hatte der Bengel nur gegen mich? Ich
hatte ihm nie etwas getan, und doch schien
ich ein bevorzugtes Ziel seiner bösen Streiche zu sein. Vielleicht war es nicht persönlich gemeint, und vielleicht hielt er mich
auch nur für ein bequemes Opfer.

Jedenfalls war ich die ideale Zielscheibe
für den dummen Streich, an der Tür zu klin-

geln und dann wegzulaufen. Ich konnte das Klingeln nicht überhören, denn ich mußte schließlich die Kunden hereinlassen. Außerdem war es ein langer Weg von der Praxis bis zur Haustür. Manchmal klingelte er mich aus dem Schlafzimmer, und dann war es besonders entnervend, wenn ich unten ankam und nur die kleine Gestalt in der Ferne erblickte, die mir Grimassen schnitt.

Zur Abwechslung schob er mir zuweilen Abfälle durch den Briefschlitz, riß im Vorgarten die Blumen ab oder schmierte Schimpfwörter auf meinen Wagen.

Ich war nicht sein einziges Opfer. Dem Gemüsehändler verschwanden die Äpfel von der Auslage vor seinem Laden, und der Krämer belieferte ihn ganz unfreiwillig mit Süßigkeiten.

Er war der böse Bube unserer Stadt, und der ehrwürdige Name Wesley paßte wenig zu ihm. Nichts in seinem Benehmen wies auf eine strenge methodistische Erziehung hin. Ich kannte seine Eltern nicht und wußte nur, daß er in der ärmsten Gegend der Stadt wohnte und höchstens zehn Jahre alt war.

Seinen größten Triumph feierte er zweifellos, als er den Gitterrost über dem Kohlenkeller vom Skeldale House entfernte. Er lag links vom Hauseingang und verschloß den Schacht zum Kohlenkeller. Ich weiß nicht, ob er einer besonderen Eingebung folgte, aber er tat es ausgerechnet am Tag des Darrowby-Galas. Das Fest begann mit einer Parade mit Blasmusik, und als ich aus dem Schlafzimmer schaute, sammelte sich der Aufmarsch gerade auf der Straße.

«Schau, Helen», sagte ich. «Wahrscheinlich marschieren sie dieses Mal von hier aus los.»

Helen lehnte sich über meine Schulter und blickte auf die langen Reihen von Pfadfindern und Kriegsveteranen, und halb Darrowby stand dichtgedrängt auf den Bürgersteigen und schaute zu. «Komm doch mit hinunter. Ich möchte gern sehen, wie sie abmarschieren.»

Als wir aus dem Haus traten, wurde mir plötzlich bewußt, daß ich der Mittelpunkt der allgemeinen Aufmerksamkeit war. Die wartende Menge hatte plötzlich wieder Gesprächsstoff. Ich konnte erraten, was sie sagten. «Das ist der junge Tierarzt, Mr. Herriot. Hat gerade geheiratet. Die da neben ihm ist seine Frau.»

Ein Wohlgefühl überkam mich. Ich war stolz auf Helen und stolz darauf, daß ich in dieser Stadt Tierarzt war. Am Haus prunkte mein Namensschild, das Symbol meiner wichtigen Funktion. Ja, jetzt war ich jemand, jetzt hatte ich etwas erreicht.

Ich schaute mich um, erwiderte die Grüße mit würdigem Lächeln und winkte gnädig in die Menge wie eine königliche Hoheit, die sich dem Volk zeigt. Dann sah ich, daß Helen nicht viel Platz neben mir hatte, trat nach links, wo der Gitterrost sein sollte, und rutschte in den Kohlenkeller.

Leider entschwand ich dabei dem Blick der Menge nicht völlig. Kopf und Schultern ragten noch aus dem Schacht, und meine kleine Einlage war bei den Zuschauern ein sensationeller Erfolg, mit dem nicht einmal die Parade wetteifern konnte. Ich sah auch ein paar besorgte Gesichter, aber die allgemeine Reaktion war schallendes Gelächter. Die kleinen Pfadfinder stürzten aus ihren Reihen, und auch bei dem Blasorchester, der *Houlton Silver Band*, verursachte ich das reine Chaos. Es war ein Glück, daß sie nicht schon spielten, denn sie waren vor Lachen ganz außer Atem. Zwei der Musiker zerrten mich schließlich aus dem Schacht. Helen stand mir in dieser Stunde der Prüfung kein bißchen bei: Sie lehnte am Türpfosten und wischte sich die Lachtränen aus den Augen.

Ich klopfte mir den Kohlenstaub von den Hosen und rang um Gelassenheit. Da sah ich Wesley Binks in einem wahren Freudentaumel. Er zeigte triumphierend auf mich und dann auf das Kellerloch. Er grinste mich hämisch an und verschwand in der Menge.

Später fragte ich Helen, was sie über ihn wußte. Es war nicht viel: sein Vater hatte sich aus dem Staub gemacht, als Wesley sechs Jahre alt war, und seine Mutter hatte wieder geheiratet.

Seltsamerweise sollte ich bald Gelegenheit haben, Wesley besser kennenzulernen. Etwa eine Woche später – ich hatte mich noch nicht ganz von dem peinlichen Unfall erholt – saß er bei mir im Wartezimmer. Er hielt einen mageren, kleinen schwarzen Hund auf dem Schoß.

Ich konnte es kaum fassen. Schon oft hatte ich mir die Worte zurechtgelegt, die ich ihm bei dieser Gelegenheit sagen wollte, aber der Anblick des Hundes hielt mich zurück. Schließlich ging es um einen Patienten.

Ich zog den weißen Kittel über und ging hinein.

«Was kann ich für dich tun?» fragte ich kühl.

Der Junge stand auf, Trotz und Verzweiflung im Blick, und ich sah ihm an, daß es ihn viel gekostet hatte, dieses Haus zu betreten.

«Mein Hund ist krank», stammelte er.

«Bring ihn hier herein.» Ich führte ihn in das Sprechzimmer.

«Setz ihn auf den Tisch», sagte ich, und als er das kleine Tier aufhob, beschloß ich, die Gelegenheit nicht ungenützt vorübergehen zu lassen. Während ich den Hund untersuchte, wollte ich so ganz nebenbei über gewisse Ereignisse sprechen. Ich wollte gerade etwa sagen: «Was sollen eigentlich all diese blöden Streiche?», als ich einen Blick auf den Hund warf – und da war auf einmal alles andere verflogen.

Er war noch jung und eine abenteuerliche Kreuzung. Das glänzende schwarze Fell konnte von einem Labrador stammen, die spitze Nase und die aufrechtstehenden Ohren wiesen auf einen Terrier hin, aber der lange gewundene Schwanz und die X-beinigen Vorderläufe waren mir ein Rätsel. Je-

250

denfalls war er ein hübscher kleiner Kerl mit einem sanften, ausdrucksvollen Gesicht.

Was jedoch meine ganze Aufmerksamkeit auf sich zog, waren die gelben Eiterklumpen in den Augenwinkeln, der schleimige Nasenausfluß und die Lichtempfindlichkeit. Wenn ich ihn mit dem Kopf zum Fenster hielt, blinzelte er schmerzhaft.

Die klassische Staupe ist zwar leicht festzustellen, aber diese Diagnose ist nie befriedigend.

«Ich wußte gar nicht, daß du einen Hund hast», sagte ich. «Seit wann hast du ihn?»

«Vier Wochen. Ein Freund hat ihn aus dem Tierheim in Hartington, und ich hab ihn gekauft.»

«Ach so.» Ich maß die Temperatur und war nicht überrascht, daß er 42 Grad Fieber hatte.

«Wie alt ist er?»

«Neun Monate.»

Ich nickte. Das schlimmste Alter.

Ich stellte noch einige Fragen, aber ich kannte die Antworten im voraus.

Ja, der Hund war seit einer Woche nicht ganz auf dem Posten. Nein, eigentlich nicht krank, aber unruhig, und er hustete gelegentlich. Und natürlich war der Junge erst zu mir gekommen, nachdem er den Ausfluß an Augen und Nase bemerkt hatte. Man bringt sie uns fast immer erst dann – wenn es zu spät ist.

Wesley erzählte mir das alles, wie um sich zu verteidigen, und dabei schaute er mich so an, als erwarte er, daß ich ihm jeden Moment ins Ohr kneifen würde. Aber bei näherer Betrachtung entpuppte sich der kleine Teufelsbraten als ein Kind, das ohne Liebe aufgewachsen war. Er war unheimlich schmutzig, und was mich am meisten entsetzte, war der säuerliche Geruch des ungewaschenen kleinen Körpers. Ich hätte nie gedacht, daß es noch solche Kinder in Darrowby gab.

Als er all meine Fragen beantwortet hatte, gab er sich einen Ruck und fragte seinerseits: «Was fehlt ihm?»

Ich zögerte. «Er hat die Staupe, Wes.»

«Was ist das?»

«Eine böse Infektionskrankheit. Er muß sich bei einem anderen Hund angesteckt haben.»

«Wird er wieder gesund?»

«Hoffentlich. Ich tue, was ich kann.» Ich brachte es nicht fertig, einem Zehnjährigen

252

zu sagen, daß sein Hund wahrscheinlich sterben würde.

Ich füllte eine Spritze mit Macterinmixtur, die wir damals gegen die Nebeninfektionen bei Staupe anwandten. Es hat nie viel geholfen, und selbst heute mit all unseren Antibiotika können wir nicht viel gegen diese Krankheit ausrichten. Wenn man einen Fall sehr frühzeitig bekommt, kann man ihn mit einer Injektion von hyperimmunisierendem Serum heilen.

Der Hund winselte, als er die Spritze bekam, und der Junge streckte die Hand aus und streichelte ihn.

«Laß nur, Duke», sagte er.

«Heißt er so? Duke?»

«Ja.» Er streichelte ihm die Ohren, der Hund drehte den Kopf, wedelte mit seinem seltsamen, langen Schwanz und leckte ihm die Hand. Wes lächelte und sah mich an, und einen kurzen Augenblick lang fiel die harte Maske von dem schmutzigen Gesicht, und eine reine Freude glänzte in seinen wilden Augen auf. Ich fluchte in mich hinein. Das machte es nur noch schlimmer.

Ich tat Borsäurekristalle in eine Schachtel und gab sie ihm. «Die mußt du in Wasser auflösen und ihm damit die Augen und die Nase auswaschen. Schau mal, wie seine Nüstern verstopft sind – du kannst ihm das Atmen sehr erleichtern.»

Er nahm die Schachtel wortlos an sich und warf drei Shilling und Sixpence auf den Tisch. Das entsprach unserem Normaltarif.

«Wann soll ich wiederkommen?» fragte er.

Ich sah ihn skeptisch an. Ich konnte ihm nur noch mehr Spritzen geben, aber machte das noch einen Unterschied?

Der Junge hatte mein Zögern mißverstanden.

«Ich kann bezahlen!» platzte er heraus.

«Das habe ich nicht gemeint, Wes. Ich habe mir nur überlegt, wann es am besten wäre. Wie wär's mit Donnerstag?»

Er nickte eifrig.

Das alte Gefühl der Hilflosigkeit überfiel mich, als ich den Tisch mit einem Desinfektionsmittel abwischte. Der Tierarzt von heute sieht nicht annähernd so viele Fälle von Staupe, wie es bei uns damals üblich war, denn die meisten Leute lassen die Welpen so früh wie möglich impfen. Aber in den dreißiger Jahren gab es nur wenige solcher glücklichen Hunde.

In den nächsten drei Wochen war Wesley wie verwandelt. Plötzlich war er ein wahres Muster von Fleiß, trug morgens Zeitungen aus, machte Gartenarbeiten, half das Vieh auf den Markt zu treiben. Ich war vielleicht der einzige, der wußte, daß er es nur für Duke tat.

Alle zwei, drei Tage kam er mit dem Hund zu mir und bezahlte stets auf der Stelle. Natürlich berechnete ich ihm das absolute Minimum, aber er gab sein Geld auch für andere Dinge aus – Fleisch, Milch und Hundekuchen.

«Duke sieht heute sehr elegant aus», sagte ich bei einem seiner Besuche. «Er hat ein neues Halsband – und die Leine ist auch neu.»

Der Junge nickte schüchtern, dann sah er mich besorgt an. «Geht es ihm besser?»

«Nun, Wes, viel hat sich nicht verändert. So geht's halt bei Staupe – es zieht sich hin.»

«Wann ... wann werden Sie es wissen?»

Ich dachte nach. Vielleicht würde er sich weniger Sorgen machen, wenn er die Lage erfaßte. «Es ist so. Duke wird vielleicht wieder gesund, wenn er die nervlichen Komplikationen der Staupe nicht bekommt.»

«Was ist das?»

«Krämpfe, Lähmungen und etwas, das man Chorea nennt, und das ist ein Zucken der Muskeln.»

«Und wenn er das kriegt?»

«Dann sind die Aussichten schlecht. Aber nicht alle Hunde bekommen das.» Ich bemühte mich, zuversichtlich zu lächeln. «Und dann spricht noch etwas zu Dukes Gunsten – er ist nicht reinrassig. Die Mischrassen sind viel widerstandsfähiger. Und schließlich frißt er ja ganz gut und ist auch sonst recht lebhaft, nicht wahr?»

«Ja. Nicht schlecht.»

«Dann machen wir weiter. Ich gebe ihm jetzt noch eine Spritze.»

Drei Tage später war der Junge wieder da, und ich sah ihm sofort an, daß er wichtige Neuigkeiten hatte.

«Es geht Duke viel besser – Augen und Nase sind trocken, und er frißt wie 'n Pferd!» Wes war vor Aufregung ganz außer Atem.

Ich setzte den Hund auf den Tisch. Sein Zustand hatte sich ohne jeden Zweifel stark gebessert, und ich tat mein Bestes, um mich mit Wes zu freuen.

«Das ist ja wunderbar», sagte ich, aber im Innern hörte ich eine Alarmglocke. Im allgemeinen treten die Nervensymptome immer gerade dann auf, wenn es dem Hund scheinbar besser geht.

Ich zwang mich, optimistisch zu sein. «Tja, dann brauchst du vorläufig nicht wiederzukommen. Paß gut auf ihn auf, und wenn du etwas Ungewöhnliches bemerkst, bring ihn wieder her.»

Der zerlumpte kleine Kerl war vor Freude außer sich.

Das war am Freitagabend gewesen, und am Montag hatte ich bereits die ganze Angelegenheit als einen glücklich abgeschlossenen Fall abgetan. Aber da saßen Wes und Duke wieder im Wartezimmer.

Ich rief ihn herein und blickte kurz von meinem Schreibtisch auf. «Was gibt's, Wes?»

«Er schlottert so.»

Ich hockte mich auf den Boden und sah mir das Tier aufmerksam an. Und da war es: das leichte, regelmäßige Zucken der Schläfenmuskeln, das ich befürchtet hatte.

«Wes, er hat leider Chorea», sagte ich.

«Was ist das?»

«Ich habe es dir schon einmal erklärt. Man

nennt es auch Veitstanz. Ich hatte gehofft, es würde nicht passieren.»

Plötzlich sah der Junge ganz verloren aus. Er stand schweigend da und ließ die Leine durch seine Finger gleiten. Das Sprechen fiel ihm schwer. «Wird er sterben?»

«Manche Hunde überleben es, Wes.» Ich sagte ihm nicht, daß ich es nur ein einziges Mal erlebt hatte. «Ich habe ein paar Pillen, die ihm vielleicht helfen.»

Ich gab ihm arsenhaltige Tabletten, die in meinem einzigen erfolgreichen Fall zu einer Besserung geführt hatten. Allerdings wußte ich nicht einmal, ob sie wirklich etwas nützten, aber mehr hatte ich nicht zu bieten.

In den nächsten zwei Wochen nahm Dukes Krankheit den klassischen Verlauf. Alles, was ich befürchtete, trat nacheinander ein. Das Zucken ging vom Kopf auf die Vorderläufe und dann auf das Hinterteil über.

Der Junge brachte ihn jeden Tag, und ich versuchte Wes klarzumachen, daß es keine Hoffnung mehr gab. Aber er wollte nichts davon hören, trug weiter Zeitungen aus oder verdiente sich anderweitig Geld, um mich zu bezahlen, obgleich ich es nicht wollte. Dann kam er eines Nachmittags allein.

«Ich konnte Duke nicht mitbringen», stammelte er. «Er kann nicht gehen. Könnten Sie mitkommen und ihn sich ansehen?»

Wir setzten uns in meinen Wagen. Es war ein Sonntagnachmittag, und die Straßen waren menschenleer. Er führte mich auf einen gepflasterten Hof und öffnete die Tür zu einem baufälligen Haus.

Als ich eintrat, schlug mir ein entsetzlicher Gestank entgegen. Tierärzte auf dem Lande sind gewöhnlich nicht empfindlich, aber hier drehte sich mir der Magen um. Mrs. Binks war sehr dick, trug ein verdrecktes Kleid, das wie ein Sack an ihr hing, und saß zusammengesunken mit einer Zigarette im Mund am Küchentisch. Sie war in die Lektüre eines Groschenheftes vertieft, das inmitten eines Haufens schmutziger Teller und Lockenwickler lag, und sie nickte uns kurz zu.

Ihr Mann lag mit offenem Mund auf dem Sofa unter dem Fenster, schnarchte dröhnend und stank nach schalem Bier. Der Spültisch, in dem ebenfalls schmutzige Teller lagen, war mit einer ekligen grünen Schicht überzogen. Kleidungsstücke, Zeitungen und Abfälle aller Art lagen am Boden herum, und ein Radio plärrte in voller Lautstärke.

Der einzige saubere Gegenstand war der Hundekorb in der Ecke. Ich trat auf ihn zu und beugte mich über das kleine Tier. Der arme Duke lag völlig hilflos da und zuckte am ganzen Körper. Er war abgemagert, und seine starr blickenden Augen hatten sich wieder mit Eiter gefüllt.

«Wes», sagte ich. «Jetzt mußt du mir erlauben, ihn einzuschläfern.»

Er antwortete nicht, und als ich es ihm zu erklären versuchte, übertönte das Radio meine Worte. Ich blickte zu seiner Mutter.

«Können Sie das Radio etwas leiser stellen?»

Sie nickte, und der Junge ging an den Apparat und stellte ihn ab. Ich versuchte es noch einmal.

«Glaub mir, es ist die einzige Lösung. Du kannst ihn nicht so kläglich eingehen lassen.»

Er sah mich nicht an. Seine ganze Aufmerksamkeit war auf den Hund gerichtet. Dann flüsterte er: «Ja, machen Sie's.»

Ich lief zum Wagen, um das Nembutal zu holen.

«Ich verspreche dir, daß es ihm nicht weh tut», sagte ich, während ich die Spritze füllte. Und das kleine Tier winselte auch kaum, bevor es ganz still lag und nicht mehr zuckte. Ich packte die Spritze ein. «Soll ich ihn mitnehmen, Wes?»

Wes sah mich erschrocken an. Seine Mutter sagte: «Ja, weg mit ihm. Hab das Mistvieh nie im Haus haben wollen.» Sie vergrub sich wieder in ihre Lektüre.

Ich nahm den kleinen Hund und ging hinaus. Wes folgte mir und sah zu, wie ich Duke sanft in den Kofferraum auf meinen schwarzen Arbeitskittel legte.

Als ich den Deckel schloß, hielt er sich die Fäuste vor die Augen, und sein Körper bebte. Ich legte ihm den Arm um die Schultern, und als er sich einen Augenblick lang an mich lehnte, fragte ich mich, ob er je in seinem Leben Gelegenheit gehabt hatte, sich so auszuweinen.

Aber schnell trat er zurück und wischte sich die Tränen vom schmutzigen Gesicht.

«Gehst du ins Haus zurück, Wes?» fragte ich.

Er blinzelte und sah mich dann wieder mit seinem trotzigen Ausdruck an.

«Nein», sagte er und lief weg. Er blickte sich nicht um, und ich sah ihm nach, wie er über die Straße ging, über eine Mauer kletterte und dann über die Felder zum Fluß rannte.

Von da an trug Wes keine Zeitungen mehr aus. Er spielte mir zwar keine bösen Streiche mehr, trieb es aber auf andere Art in der Folge immer schlimmer. Er setzte Scheunen in Brand, wurde wegen Diebstahl belangt, und als er dreizehn war, klaute er Autos.

Schließlich wurde er in eine Erziehungsanstalt gesteckt und verschwand dann völlig aus der Gegend. Niemand wußte, wo er war, und die meisten Leute vergaßen ihn. Nur der Ortspolizist erinnerte sich noch an ihn.

«Dieser Junge, der Wesley Binks», sagte er einmal zu mir, «das war ein durch und durch schlechter Kerl. Wissen Sie, ich glaube, dem hat kein Lebewesen je was bedeutet.»

«Ich weiß, was Sie meinen», erwiderte ich. «Aber da haben Sie nicht ganz recht. *Ein* Lebewesen hat es gegeben ...»

Sheps Hobby

Das kleine Haus von Mr. Bailes lag auf halbem Wege nach Highburn, und um in die Farm zu gelangen, mußte man ungefähr zwanzig Meter zwischen zwei hohen Mauern zu Fuß gehen. Links lag das Nachbarhaus und rechts der Garten des Bauernhofes. In diesem Garten hielt sich Shep fast den ganzen Tag auf.

Er war ein riesiger Hund und viel größer als ein gewöhnlicher Collie. Eigentlich bin ich sicher, daß er zum Teil ein deutscher Schäferhund war, denn trotz seines üppigen schwarzweißen Fells war seine Abstammung an den starken Läufen und dem edlen braunen Kopf mit den aufrecht stehenden Ohren zu erkennen.

Als ich zwischen den Mauern auf das Haus zutrat, war ich im Geiste bereits im Kuhstall, den man am hinteren Ende des Hofes sah. Denn Rose, eine der Kühe von Mr. Bailes, litt an einer jener mysteriösen Verdauungsstörungen, die dem Tierarzt schlaflose Nächte bereiten. Sie sind schwer zu diagnostizieren. Dieses Tier hatte seit zwei Tagen Magenknurren und gab seitdem keine Milch mehr, und als ich es gestern sah, hatte ich allerlei Überlegungen angestellt. Vielleicht ein Stück Draht. Aber der vierte Magen zog sich normal zusammen, und alle Wiederkaugeräusche klangen gesund. Und es fraß auch etwas Heu, aber ohne Begeisterung.

Darmverstopfung vielleicht? Oder Darmverschlingung? Über die Leibschmerzen gab es keinen Zweifel, und dann diese ewige Temperatur von 40,5 Grad – das klang wieder ganz nach einem Stück Draht. Natürlich konnte ich das ganze Problem lösen, indem ich die Kuh aufschnitt, aber Mr. Bailes war vom altmodischen Schlag und schätzte es nicht, wenn man seine Tiere operierte, ohne einen sicheren Befund zu haben. Und den hatte ich nicht.

Jedenfalls hatte ich sie mit den Vorderhufen hochgestellt und ihr eine starke Dosis Abführmittel gegeben. «Die Därme offenhalten und auf Gott vertrauen», hatte mir ein Kollege einmal beigebracht. Es steckte viel Wahrheit in diesem Wort.

Ich war auf halbem Weg zwischen den beiden Mauern, als ein ohrenbetäubender Laut in mein rechtes Ohr drang. Es war wieder einmal Shep.

Die Mauer war gerade so hoch, daß der Hund hinaufspringen und dem Vorbeigehenden ins Ohr bellen konnte. Es war eins seiner Lieblingsspiele, und er hatte mich schon einige Male damit erschreckt, aber noch nie so erfolgreich wie jetzt. Ich war mit meinen Gedanken ganz woanders, und der Hund hatte seinen Sprung auf den Bruchteil einer Sekunde berechnet, so daß seine Zähne nur zentimeterweit von meinem Gesicht entfernt waren. Seine Stimme entsprach durchaus seiner Größe: es war ein dröhnendes, markerschütterndes, bulliges Bellen, das sich seiner kräftigen Brust entrang.

Ich machte einen kleinen Luftsprung, und als ich klopfenden Herzens und mit dröhnendem Kopf wieder landete, blickte ich über die Mauer. Aber wie gewöhnlich sah ich nur noch, wie Sheps Schatten um die Ecke des Hauses verschwand.

Es war mir ein Rätsel. Warum machte er das nur? War er böse, oder machte er sich nur einen Spaß? Ich kam ihm nie nahe genug, um es herauszufinden.

So war ich nicht gerade in einem Idealzustand für schlechte Nachrichten, und gerade die erwarteten mich im Kuhstall. Ich brauchte nur das Gesicht des Farmers zu sehen, und schon wußte ich, daß es der Kuh schlechter ging.

«Es muß ihr was im Darm stecken», brummte Mr. Bailes trübselig.

Ich knirschte mit den Zähnen. Für die alten Farmer gab es nur eine Antwort auf alle Arten von Verdauungsstörungen: Verstopfung. «Hat das Öl denn nicht geholfen?»

«Nein. Sie macht nur so kleine harte Stücke. Richtige Verstopfung, sag ich Ihnen.»

«Schon gut, Mr. Bailes», sagte ich mit einem schiefen Lächeln. «Wir müssen es mit etwas Stärkerem versuchen.» Ich hatte aus dem Wagen den Klistierapparat mitgebracht, der inzwischen traurigerweise aus unserem Leben verschwunden ist, mit dem langen Gummischlauch und dem Holzknebel mit den Ledergurten, die man hinter den Hörnern befestigt. Als ich zehn Liter warmes Wasser mit Formalin und Kochsalz in die Kuh pumpte, kam ich mir wie Napoleon vor, der seine alte Garde in Waterloo ein-

266

setzt. Wenn das nicht half, war ich am Ende meines Lateins.

Irgendwie hatte ich nicht das rechte Selbstvertrauen. Der Fall hier war etwas Besonderes. Aber ich mußte es versuchen. Ich mußte etwas unternehmen, um die Verdauung dieser Kuh wieder in Gang zu bringen, denn ihr heutiger Zustand gefiel mir gar nicht. Das leise Knurren war immer noch zu vernehmen, und ihre Augen waren etwas eingesunken – das schlimmste Zeichen bei Rindern. Und vor allem fraß sie jetzt überhaupt nichts mehr.

Am folgenden Morgen fuhr ich die Dorfstraße hinunter und sah Mrs. Bailes aus dem Krämerladen kommen. Ich hielt an und streckte den Kopf aus dem Fenster. «Wie geht es denn Rose heute früh, Mrs. Bailes?»

Sie stellte ihren Korb auf den Boden und sah mich traurig an.

«Ach, es geht ihr schlecht, Mr. Herriot. Mein Mann meint, sie macht's nicht mehr lange. Wenn Sie ihn sehen wollen, müssen Sie auf das Feld da draußen. Er richtet gerade die Tür von der kleinen Scheune.» Ich fühlte mich plötzlich elend, als ich zum Gatter am Feld fuhr.

«Verdammt! Verdammt! Verdammt!» brummte ich, als ich über die Wiese ging. Ich hatte das häßliche Vorgefühl, daß sich hier eine kleine Tragödie anbahnte. Falls dieses Tier starb, war es ein schwerer Schlag für den kleinen Farmer mit seinen zehn Kühen und ein paar Schweinen.

Und trotz allem schlich sich eine Art Friede in meine Seele. Es war eine große Wiese, und ich sah die Scheune am anderen Ende, als ich durch das kniehohe Gras ging. Bald war Zeit zur Heuernte, und plötzlich wurde mir bewußt, daß es Hochsommer war, daß die Sonne schien und der Klee und das warme Gras dufteten. Irgendwo in der Nähe stand ein Feld mit Saubohnen in voller Blüte, und auch diesen Duft genoß ich mit halbgeschlossenen Augen. Und dann die Stille. Sie war am allertröstlichsten. Sie und das Gefühl, allein zu sein. Ich blickte mich um, und meilenweit schlief das grüne Land unter der Sonne. Nichts regte sich, nichts war zu vernehmen.

Und da schien sich plötzlich der Boden unter meinen Füßen aufzutun. Einen entsetzlichen Augenblick lang verdunkelte sich der blaue Himmel, als ein roter Rachen mir ein ohrenbetäubendes «Waaah!» ins Gesicht brüllte. Ich schrie vor Schreck und schaute mich um. Da sah ich Shep, der zum Gatter rannte. Er hatte sich mitten im hohen Gras versteckt und gewartet, bis ich ganz in seiner Nähe war, um mich zu überfallen.

Hatte er zufällig hier gelegen, oder hatte er mich kommen sehen und mir aufgelauert? Falls es so war, konnte er zufrieden sein, denn nichts hatte mich je so erschreckt wie dieser Riesenhund, der in der friedlichen Landschaft wie aus dem Nichts auftauchte.

Ich zitterte noch, als ich die Scheune erreichte, und ich brachte kaum ein Wort hervor, als Mr. Bailes mit mir über die Straße zurück zu seinem Hof ging.

Meine Patientin hätte nicht schlimmer dran sein können. Sie war vom Fleisch gefallen, und sie starrte teilnahmslos aus eingesunkenen Augen die Wand an. Das ominöse Knurren war noch stärker geworden.

«Es muß ein Draht sein», stammelte ich. «Lassen Sie sie einen Augenblick los, bitte.»

Mr. Bailes löste die Kette, und Rose ging den Stallgang entlang. Schließlich drehte sie sich um und trabte fast in ihren Stand zurück, wobei sie mühelos über die Mistrinne sprang. Meine Bibel war damals Doktor Udalls *Tierärztliches Handbuch*, und der große Mann schrieb darin, eine Kuh, die sich frei bewegen könne, habe aller Wahrscheinlichkeit nach keinen Fremdkörper im Leib. Ich kniff ihr in die Seite, und sie reagierte nicht ... es mußte etwas anderes sein.

«Die schlimmste Verstopfung, die ich seit langem gesehen hab», sagte Mr. Bailes. «Heute früh hab ich ihr noch eine gute Portion von sehr starkem Zeugs gegeben, aber es hat nichts genützt.»

Ich fuhr mir mit der Hand über die Stirn. «Wie war das eben, Mr. Bailes?» Es ist immer ein schlechtes Zeichen, wenn der Kunde seine eigene Medizin anzuwenden beginnt.

Der Farmer langte auf den Fenstersims und zeigte mir eine Flasche. «Doktor Hornibrooks Magenelixier. Ein bewährtes Heilmittel für alle Viehkrankheiten.» Der Doktor im Zylinder und Frack lächelte mich vertrauensvoll vom Etikett an, als ich den Korken entfernte und an der Flasche roch. Ich blinzelte und taumelte mit tränenden Augen zurück. Es roch wie reines Ammoniak, aber ich war nicht in der Lage, mich überheblich aufzuführen.

«Dieses verdammte Stöhnen –» Der Farmer zuckte die Schultern. «Was soll das nur bedeuten?»

Es hatte keinen Sinn, ihm zu erklären, daß es wie eine Bauchfellentzündung klang, denn ich wußte ja nicht, was dahintersteckte.

So beschloß ich einen letzten Versuch mit einem Einlauf. Das war immer noch die stärkste Waffe in meiner Rüstkammer, aber dieses Mal fügte ich der Mixtur noch zwei Pfund schwarze Melasse hinzu. Damals hatte fast jeder Farmer ein Faß davon in seinem Kuhstall, und ich brauchte nur in die Ecke zu gehen, um mich zu bedienen.

Noch heute trauere ich oft den Melassefässern nach, denn dieser schwarze Sirup war eine gute Medizin für das Vieh; dieses Mal allerdings hatte ich keine großen Hoffnungen. Mein Instinkt sagte mir, daß bei diesem Tier etwas von Grund auf nicht stimmte.

Erst am nächsten Nachmittag fuhr ich wieder nach Highburn. Ich ließ den Wagen auf der Straße und wollte mich gerade auf den Weg zwischen den Mauern begeben, als ich verdutzt stehenblieb und auf eine Kuh starrte, die friedlich auf der Weide graste. Die Weide lag neben der großen Wiese, durch die ich gestern gekommen war, und die Kuh war Rose. Es gab keinen Zweifel – sie hatte ein schönes rotbraunes Fell mit einem weißen, fußballgroßen Fleck auf der linken Flanke.

Ich öffnete das Gatter, und im Nu war meine Sorge verflogen. Sie hatte sich wie durch ein Wunder erholt und sah wieder ganz normal aus. Ich ging auf sie zu und kratzte sie an der Schwanzwurzel. Sie war ein sanftes Tier, schaute mich nur kurz an, während sie weitergraste, und ihre Augen waren nicht mehr eingesunken, sondern voll und glänzend. Sie schien besonders Gefallen an einem grünen Kraut zu finden, das sie weiter hinten auf der Weide entdeckte, und sie trottete langsam darauf zu. Ich war ganz hingerissen und folgte ihr. Sie schüttelte ungeduldig Kopf und Ohren gegen die Fliegen, das Knurren war verschwunden, und ihr Euter hing schwer und füllig zwischen den Beinen. Es war unglaublich, wie sie sich seit gestern verändert hatte.

Ein Gefühl der Erleichterung durchflutete mich, als ich Mr. Bailes über die Mauer zur Wiese klettern sah. Wahrscheinlich reparierte er immer noch die Scheunentür.

Der gute Mann tat mir jetzt leid, und ich nahm mir vor, ihn meinen Triumph nicht spüren zu lassen. Denn es mußte ihm doch peinlich sein, mich hier zu sehen, nachdem er mir gestern mit seinen Reden von Hausmitteln seinen Unglauben in meine Kunst bewiesen hatte. Nun ja, schließlich war er um seine Kuh besorgt gewesen, und ich konnte es ihm nicht verübeln. Wozu sollte ich mich da ihm gegenüber brüsten?

«Guten Morgen, Mr. Bailes», sagte ich jovial. «Rose sieht heute wieder ganz gesund aus, nicht wahr?»

Der Farmer nahm die Mütze ab und fuhr sich über die Brauen. «Tja, die Kuh ist wie neugeboren.»

«Ich glaube nicht, daß sie weitere Behandlung braucht», sagte ich. Ich zögerte. Ein kleiner Seitenhieb konnte vielleicht nicht schaden. «Jedenfalls war es gut, daß ich ihr gestern noch einen Einlauf gemacht habe.»

«Die Pumperei?» Mr. Bailes hob die Brauen. «Ach, damit hat das nichts zu tun.»

«Was ... was wollen Sie damit sagen? Habe ich sie etwa nicht geheilt?»

«Nein, junger Mann. Nein. Jim Oakley hat sie geheilt.»

«Jim ... was ...?»

«Tja, Jim ist gestern abend vorbeigekommen. Das tut er öfter mal, und da hat er die Kuh gesehen und mir gleich gesagt, was ich tun muß. Ich sage Ihnen, sie war am Sterben – die Pumperei hat überhaupt nichts genützt. Da hat er mir gesagt, ich soll sie mal ordentlich über die Weide galoppieren lassen.»

«Was?»

«Tja, das hat er gesagt. Er hat schon manchmal Kühe in dem Zustand gesehen, und ein guter Galopp hat sie kuriert. Da haben wir Rose hier herausgebracht, und bei Gott, das hat's geschafft.»

«Und wer ist Jim Oakley?» fragte ich kühl.

«Der Briefträger natürlich.»

«Der Briefträger!»

«Nun ja, aber vor Jahren hat er auch Vieh gehabt. Er versteht mit Tieren umzugehen, der Jim.»

«Zweifellos, aber Mr. Bailes, ich kann Ihnen versichern ...»

Der Farmer hob die Hand. «Lassen Sie nur, junger Mann. Jim hat sie kuriert, und da gibt's nichts zu rütteln. Sie hätten ihn sehen sollen, wie er Rose herumgejagt hat. Er ist so alt wie ich, aber Donnerwetter, der kann rennen. Rennt wie der Teufel, dieser Jim.» Er kicherte vergnügt.

Das reichte mir. Während der Lobreden über Jim hatte ich zerstreut die Kuh am Schwanz gekrault und mir dabei die Hand schmutzig gemacht. Ich raffte den Rest meiner Würde zusammen und nickte Mr. Bailes zu.

«Ich muß mich verabschieden. Kann ich mir die Hände waschen?»

«Bitte», erwiderte er. «Meine Frau gibt Ihnen heißes Wasser.»

Auf dem Weg zum Haus grübelte ich über die grausame Ungerechtigkeit des Schicksals nach. Versonnen ging ich durch das Gatter und über die Straße. Bevor ich den Gang zwischen den Mauern betrat, schaute ich in den Garten. Er war leer. Ich trat in den Weg ein und fühlte mich immer elender. Es gab keinen Zweifel, ich stand diesen Leuten gegenüber als ein völliger Trottel da.

Ich wollte gerade rechts einbiegen und auf die Küchentür zusteuern, als ich von links plötzlich das Rasseln einer Kette vernahm. Ein brüllendes Ungeheuer sprang auf mich, bellte mir ohrenbetäubend ins Gesicht und verschwand wieder.

Dieses Mal glaubte ich, einem Herzschlag zu erliegen. In meiner jetzigen Verfassung war Shep entschieden zuviel für mich. Ich hatte ganz vergessen, daß Mrs. Bailes ihn manchmal in der Hundehütte an die Kette legte, um unwillkommene Besucher abzuschrecken, und als ich an die Wand gelehnt stand und das Herz mir in den Ohren pochte, sah ich die lange Kette auf dem Kopfsteinpflaster.

Ich habe im allgemeinen nichts für Menschen übrig, die Tieren gegenüber die Beherrschung verlieren, aber dieses Mal gingen mir selbst die Nerven durch. Ich griff nach der Kette und zerrte wutentbrannt. Endlich konnte ich diesen Quälgeist von Hund einmal erwischen, und dieses Mal mußte ich ihn mir vornehmen. Ich zerrte und zerrte, eine Nase erschien, dann ein Kopf und dann das ganze Tier. Er machte keine Miene, sich zu meiner Begrüßung zu erheben, aber ich zog ihn unbarmherzig über die Pflastersteine, bis er zu meinen Füßen lag.

Außer mir vor Wut hockte ich mich hin, schwenkte die Faust unter seiner Nase und schrie ihn an: «Du Mistviech! Wenn du das noch einmal tust, schlage ich dir den Schädel ein! Hörst du? Ich schlage dir den Schädel ein, du verdammtes Mistviech!»

Shep sah mich aus erschrockenen Augen an und wedelte entschuldigend mit dem Schwanz. Als ich weiter auf ihn einschrie, schien er mich geradezu anzugrinsen, rollte sich auf den Rücken und blieb so mit halbgeschlossenen Augen liegen.

Jetzt wußte ich Bescheid. Er war zahm und gutmütig. Alle seine wilden Angriffe waren nur ein Spiel. Ich beruhigte mich, wollte ihm jedoch eine Lektion erteilen.

«So, mein Freund», flüsterte ich bedrohlich. «Denke an das, was ich dir gesagt habe!» Ich ließ die Kette los und rief ihm zu: «Zurück in die Hütte!»

Shep schoß mit eingezogenem Schwanz in seinen Verschlag zurück, und ich ging ins Haus, um mir die Hände zu waschen.

Die Erinnerung an meine Blamage beschäftigte mich noch eine Zeitlang. Damals war ich überzeugt davon, daß ich ungerecht behandelt worden war, aber heute bin ich älter und weiser, und rückblickend muß ich zugeben, daß ich unrecht hatte.

Die Symptome der Kuh waren typisch für einen verrutschten Labmagen (wenn der vierte Magen sich von der rechten auf die linke Seite verlagert), und das war etwas, das damals den Tierärzten noch nicht geläufig war. Heute wird in diesen Fällen operiert, aber manchmal genügt es auch, die Kuh auf den Rücken zu legen und zur Seite zu rollen, warum also soll es nicht auch helfen, wenn man sie galoppieren läßt? Ich muß gestehen, daß ich Jim Oakleys Rezept seitdem oft angewandt und damit gute Resultate erzielt habe. Von den Farmern kann man immer etwas lernen, aber in diesem Fall hatte mir ein Briefträger etwas beigebracht.

Ich war überrascht, als Mr. Bailes mich einen Monat später wieder zu einer seiner Kühe rief. Ich hätte angenommen, daß er sich seit meinem Versagen bei Rose nur noch an Jim Oakley wenden würde. Aber nein, seine Stimme klang freundlich und höflich wie immer am Telefon, und er machte keine Andeutung, daß er das Vertrauen zu mir verloren hatte. Seltsam ...

Ich blickte zuerst in den Garten, bevor ich mich in den Gang zwischen den Mauern wagte. Ein schwaches, metallisches Geräusch verriet mir, daß Shep in der Hundehütte lag, und ich ging langsamer. Ich wollte mich nicht noch einmal überraschen lassen. Am Ende des Ganges blieb ich stehen und wartete, aber ich sah nur die Spitze der Schnauze, die sich zurückzog, als ich vor der Hütte stand. So hatte mein Wutanfall offenbar gewirkt – der große Hund wußte, daß ich mir von ihm keine weiteren Späße gefallen ließ.

Und doch war ich nach meinem Besuch nicht ganz fröhlich bei dem Gedanken. Ich hatte das unbehagliche Gefühl, Shep einer seiner Hauptfreuden beraubt zu haben. Schließlich hat jedes Geschöpf ein Recht auf Vergnügen, und wenn auch Sheps Hobby nicht ganz ungefährlich war, so war es schließlich ein Teil seiner Natur.

Als ich später in jenem Sommer wieder einmal durch Highburn fuhr, hielt ich erwartungsvoll vor der Farm. Die weiße und staubige Dorfstraße schlummerte in der Nachmittagssonne. Es war still, und nichts rührte sich – außer einem kleinen Mann, der auf den Durchgang zuging. Er war dick und dunkelhaarig – ein Kesselflicker aus einem

Zigeunerlager außerhalb des Dorfes –, und er trug eine Anzahl von Töpfen und Pfannen.

Von meinem Standort aus konnte ich durch den Zaun in den Garten blicken, wo Shep sich geräuschlos auf seinen Posten hinter der Mauer begab. Fasziniert sah ich dem Mann zu, wie er in den Gang trat und wie der Hund den über die Mauer ragenden Kopf genau beobachtete.

Wie ich es erwartet hatte, geschah es auf der Mitte des Weges. Der genau berechnete Punkt, die sekundenlange Pause auf der Mauerhöhe und dann das plötzliche und donnernde Gebell in Ohrenhöhe des Opfers.

Auch die Wirkung war wie erwartet. Ich sah ganz verzweifelt fuchtelnde Arme, die Pfannen flogen in die Luft und schepperten zu Boden, und dann schoß der kleine Mann aus dem Gang, bog um die Ecke und lief die Straße hinauf. Für seinen Körperbau lief er erstaunlich geschwind, seine kurzen Beine stampften wild, und er hielt nicht an, bis er den Krämerladen am anderen Ende des Dorfes erreicht hatte.

Ich weiß nicht, warum er ausgerechnet da hineinging, denn dort konnte man ihm zur

Herzstärkung allerhöchstens eine Limonade bieten.

Shep trottete sichtlich zufrieden über das Gras zu einem Apfelbaum, in dessen Schatten er sich behaglich niederließ. Dort lag er mit dem Kopf auf den Pfoten und wartete auf sein nächstes Opfer.

Ich lächelte zufrieden, als ich weiterfuhr. Beim Krämerladen hielt ich an und sagte dem kleinen Mann, er könne ruhig zurückgehen und seine Töpfe auflesen. Was mich jedoch am meisten freute, war die Gewißheit, daß ich dem großen Hund nicht seinen Spaß genommen hatte.

Micks Augen
geht es besser

Es war neun Uhr abends, es regnete in Strö-
men, und ich war immer noch bei der Arbeit.
Stöhnend hielt ich mich am Lenkrad fest
und rutschte auf dem Sitz hin und her.
Meine müden Glieder schmerzten.

Warum hatte ich bloß diesen Beruf? Hätte
ich mir nichts Einfacheres und Gemütliche-
res aussuchen können – zum Beispiel Kohle-
bergbau oder Holzfällerei? Schon vor drei
Stunden, auf dem Weg zu einer kalbenden
Kuh, hatte mich das Selbstmitleid überfallen. Die Geschäfte auf dem Marktplatz von
Darrowby waren geschlossen, und trotz des
kalten Nieselregens strahlten die Häuser ein
behagliches Gefühl von Feierabendruhe aus,
von getaner Arbeit, prasselnden Kaminen,
guten Büchern und duftendem Tabakrauch.
All das hätte auch ich haben können, und
dazu noch Helen – zu Hause in unserem gemütlichen Heim.

Ich glaube, so richtig verdrießlich wurde
ich, als ich einen Wagen voller junger Leute

vom *Drover's* fortfahren sah: drei Mädchen und drei Burschen, gutgelaunt und feingemacht, wahrscheinlich auf dem Weg zu irgendeiner Tanzparty. Alle hatten es bequem, alle hatten ihren Spaß – außer Herriot, der auf die kalten, nassen Berge zuratterte und nichts als Müh' und Plage vor sich hatte.

Auch der Fall, zu dem man mich gerufen hatte, konnte mich nicht aufmuntern. Die dünne kleine Färse lag in einem baufälligen Schuppen, dessen Boden mit alten Blechdosen, zerbrochenen Backsteinen und anderem Gerümpel übersät war. Ich konnte kaum erkennen, worüber ich stolperte, denn das einzige Licht stammte von einer rostigen Öllampe, und selbst deren flackerndes Flämmchen drohte jeden Moment vom Wind ausgeblasen zu werden.

Zwei Stunden lang rackerte ich mich in dem Schuppen ab. Ich mußte das Kalb Zentimeter für Zentimeter herausziehen. Es war keine Fehllage, es war nur alles sehr eng, und die Färse blieb die ganze Zeit über auf der Seite liegen, so daß ich mich zwischen den Steinen und Dosen auf dem Boden herumrollen mußte und nur gelegentlich auf stehen konnte, um zum Wassereimer zu stolpern.

Jetzt saß ich mit steifgefrorenem Gesicht wieder in meinem Wagen, meine Haut war unter den Kleidern wundgescheuert, und ich fühlte mich wie gerädert. Ich versank fast in Selbstmitleid, als ich in das winzige Dörfchen Copton bog. An warmen Sommertagen hatte mich der idyllische Ort immer an ein besonderes Fleckchen in Perthshire erinnert. Die einzige Straße schlängelte sich an einem grünen Abhang entlang. Oberhalb der Häuser erstreckte sich eine dunkle Ansammlung großer Bäume bis zum heidebewachsenen Hochland empor.

An diesem Abend jedoch war Copton düster und ausgestorben. Von meinen einsamen Scheinwerfern erleuchtet, schlug der Regen gegen die festverschlossenen Häuser. Nur das Licht des Dorfpub fiel sanft auf die nasse Straße. Unter dem wild im Wind schaukelnden Schild des *Fox and Hound* blieb ich stehen, folgte einem inneren Impuls und öffnete die Tür. Ein Bier würde mir jetzt ganz bestimmt guttun.

Freundliche Wärme schlug mir entgegen, als ich in den Pub trat. Es gab keine Theke, nur Holzbänke mit hoher Rückenlehne und Tische aus Eichenholz unter den weißgetünchten Wänden einer umgebauten Bauernküche. In einem alten schwarzen Kochherd knisterte ein Holzfeuer, und darüber tickte die Wanduhr. Es ging hier nicht so lebhaft zu wie in den modernen Pubs, aber es war ein freundliches Lokal.

«Na, Mr. Herriot, bei der Arbeit gewesen?» sagte mein Nachbar, als ich mich auf die Holzbank sinken ließ.

«Ja, Ted. Sieht man's mir an?»

Der Mann blickte auf meinen schmutzigen Regenmantel und die dreckigen Stiefel. «Nun ja, Sie sind ja nicht in Sonntagskleidung. Sie haben Blut auf der Nase und Kuhmist am Ohr.» Ted Dobson war ein kräftiger Viehzüchter in den Dreißigern, und seine weißen Zähne blitzten bei seinem Grinsen auf.

Auch ich lächelte und entfaltete mein Taschentuch. «Komisch, daß man sich bei solchen Gelegenheiten immer an der Nase kratzen muß.»

Ich blickte mich im Raum um. Etwa zwölf Männer saßen vor ihren Halblitergläsern, und einige von ihnen spielten Domino. Sie

waren alle Landarbeiter und gehörten zu
den Leuten, denen ich begegnete, wenn ich
vor Sonnenaufgang aus dem Bett geklingelt
wurde; dann waren sie gekrümmte Gestal-
ten in alten Überhängen, die mit dem Kopf
gegen Wind und Regen auf die Höfe radelten
und sich resigniert in ihr hartes Schicksal
fanden. Mir passierte es ja nur gelegentlich,
aber sie waren jeden Morgen in der Dunkelheit unterwegs.

Und sie taten es für dreißig Shilling die
Woche; ich schämte mich ein bißchen, wenn
ich sie hier wiedersah.

Mr. Waters, der Wirt, dessen Name zu allerlei Späßen Anlaß gab, füllte mein Glas
und hielt dabei den Krug möglichst hoch,
um dem Bier den richtigen Schaum zu geben.

«So, Mr. Herriot, das macht einen Sixpence.»

Er brachte das Bier stets in einem großen
Krug aus dem Keller, wo die Holzfässer
standen. In einem modernen Gastbetrieb
wäre das viel zu unpraktisch gewesen, aber
im *Fox and Hounds* herrschte selten Betrieb,
und Mr. Waters hatte keine Chancen, als
Gastwirt einmal reich zu werden. Immerhin

hatte er vier Kühe im kleinen Stall nebenan, fünfzig Hennen liefen in seinem Hintergarten herum, und seine zwei Säue warfen jährlich eine stattliche Anzahl von Ferkeln.

«Danke, Mr. Waters.» Ich nahm einen tiefen Schluck. Trotz der Kälte mußte ich geschwitzt haben, denn ich war sehr durstig, und das Bier schmeckte mir ausgezeichnet. Ich war hier schon einige Male gewesen und kannte die Gäste. Besonders den alten Albert Close, einen Schafhirten im Ruhestand, der jeden Abend auf seinem Stammplatz in der Nähe des Feuers saß.

Er saß wie immer mit dem Kinn und den Händen auf den großen Stock gestützt, den er früher bei der Arbeit getragen hatte, und er starrte ins Leere. Halb unter der Bank und halb unter dem Tisch lag sein Hund Mick, der wie sein Herr alt und im Ruhestand war. Mick hatte sichtlich einen lebhaften Traum, denn seine Pfoten, Lefzen und Ohren zuckten, und hie und da bellte er leise.

Ted Dobson stieß mich an und lachte. «Der alte Mick hütet immer noch seine Schafe.»

Ich nickte. Zweifellos träumte der Hund

von seiner großen Zeit, als er auf einen Pfiff seines Herrn im weiten Bogen um die Herde rannte und die Schafe zusammentrieb. Und Albert? Was mochte hinter jenem starren und leeren Blick liegen? Ich konnte ihn mir als jungen Mann vorstellen, wie er im windigen Hochland herumwanderte, Meile für Meile über Moor, Felsen und Bäche, und mit dem Stock in das Torf stieß. Es gibt keine besseren Schafhirten als die in den Dales, die bei jeder Witterung im Freien leben und sich bei Schnee und Regen höchstens einen Sack über die Schultern binden.

Und jetzt war Albert ein gebrochener alter Mann, den die Arthritis plagte und der apathisch unter dem ramponierten Schirm seiner alten Tweedmütze hervorlugte. Ich sah, daß er gerade ausgetrunken hatte, und ging zu ihm hin.

«Guten Abend, Mr. Close», sagte ich.

Er hielt sich die Hand an das Ohr und blinzelte mich an.

«Was?»

Ich erhob die Stimme und rief: «Wie geht's, Mr. Close?»

«Kann nicht klagen, junger Mann», murmelte er. «Kann nicht klagen.»

«Möchten Sie noch ein Glas?»

«Vielen Dank.» Er wies mit einem zittrigen Finger auf sein Glas. «Hier können Sie noch 'nen Tropfen reintun, junger Mann.»

Ich wußte, daß er mit einem Tropfen einen halben Liter meinte, und ich gab dem Wirt ein Zeichen, der kunstgerecht einschenkte. Der alte Schafhirt hob das Glas und blickte mich an.

«Zum Wohl», grunzte er.

«Wohl bekomm's», sagte ich und wollte zu meinem Platz zurückgehen, als der alte Hund sich aufsetzte. Mein lautes Gespräch mit seinem Herrn mußte ihn geweckt haben, denn er streckte sich schläfrig, schüttelte den Kopf einige Male und blickte sich um. Als er mich ansah, bekam ich einen Schreck.

Seine Augen waren entsetzlich. Man konnte sie kaum sehen, denn sie blinzelten durch eine Eiterschicht, die bis über die Wimpern lag, und zu beiden Seiten der Schnauze ergoß sich ein scheußlicher schwarzer Ausfluß über das weiße Fell.

Ich streckte die Hand nach ihm aus, er wedelte kurz mit dem Schwanz und schloß die Augen. So schien er sich wohler zu fühlen.

Ich legte die Hand auf Alberts Schultern.

«Mr. Close, seit wann ist er in diesem Zustand?»

«Was?»

Ich sprach lauter. «Micks Augen. Sie sind in einem sehr schlechten Zustand.»

«Ach so.» Der alte Mann nickte verstehend. «Ist wohl ein bißchen erkältet. Hat er schon immer gehabt, seit er klein war.»

«Nein, es ist schlimmer als eine Erkältung. Es sind die Augenlider.»

«Was?»

Ich nahm einen tiefen Atemzug und brüllte mit voller Stimmkraft: «Er hat nach innen wachsende Augenlider. Das ist eine ernste Sache.»

Der Alte nickte wieder. «Tja. Er liegt ja oft mit dem Kopf an der Türspalte. Da hat er wohl Zug gekriegt.»

«Nein, Mr. Close!» schrie ich. «Es hat nichts damit zu tun. Was er hat, heißt Entropium, das muß operiert werden.»

«Ganz recht, junger Mann.» Er nahm einen Schluck Bier. «Nur 'ne kleine Erkältung. Schon als er klein war ...»

Ich kehrte betrübt an meinen Platz zurück. Ted Dobson sah mich fragend an.

«Was war denn los?»

«Ach, eine häßliche Geschichte, Ted. Entropium ist die Einwärtsdrehung des Augenlidrandes, und dann reiben die Wimpern an der Hornhaut. Das verursacht starke Schmerzen, Sehschaden und manchmal auch Erblindung. Auch im mildesten Fall ist es für einen Hund verdammt unangenehm.»

«Ich verstehe», sagte Ted nachdenklich. «Daß der alte Mick Triefaugen hat, hab ich schon lange bemerkt, aber es ist schlimmer geworden.»

«Ja, manchmal kommt es plötzlich, aber oft war schon eine Veranlagung vorhanden. Mick hat wahrscheinlich schon sein ganzes Leben darunter gelitten, aber jetzt hat es sich entsetzlich verschlimmert.» Ich blickte wieder zu dem alten Hund hinüber, der geduldig und mit geschlossenen Augen unter dem Tisch saß.

«Er hat also Schmerzen?»

Ich zuckte die Schultern. «Sie wissen ja, wie es ist, wenn man ein Staubkörnchen im Auge hat oder ein einziges Wimpernhaar. Ich glaube, es ist sehr schmerzhaft.»

«Der arme alte Kerl. Hätte nie gedacht, daß es so arg ist.» Er zog an seiner Zigarette. «Und eine Operation könnte es heilen?»

«Ja, Ted. Und es ist eine sehr befriedigende Arbeit für einen Tierarzt. Da hat man wirklich den Eindruck, dem Hund einen Gefallen zu tun.»

«Tja, das glaub ich schon. Muß ein schönes Gefühl sein. Aber so 'ne Operation ist doch wohl teuer, was?»

Ich lächelte schief. «Kommt darauf an, wie man's betrachtet. Es ist eine mühsame Arbeit, und sie nimmt Zeit in Anspruch. Gewöhnlich nehmen wir ein Pfund dafür. Ein Menschenchirurg würde über einen solchen Betrag nur lachen, aber für Albert ist es trotzdem zuviel.» Wir blickten schweigend durch den Raum auf den alten Mann in seiner fadenscheinigen Jacke und den abgerissenen Hosenrändern, die über seine löchrigen Stiefel fielen. Ein Pfund – das waren zwei Wochen Rente. Ein Vermögen.

Ted erhob sich plötzlich. «Jedenfalls muß es ihm jemand sagen. Ich versuch's mal.»

Er ging hinüber. «Na, Albert, noch eins gefällig?»

Der alte Schafhirt sah ihn geistesabwesend an und zeigte auf sein wieder leeres Glas. «Tja, kannst hier noch 'nen Tropfen reingießen, Ted.»

Ted winkte Mr. Waters herbei. «Hast du verstanden, was Mr. Herriot dir gesagt hat, Albert?» brüllte er.

«Ja ... ja ... Mick ist ein bißchen erkältet in den Augen.»

«Nein, das ist es nicht! Ist was ganz anderes! Ein En .... ein En ... eine andere Sache.»

«Ist ständig erkältet», murmelte Albert in sein Bier.

Ted brüllte außer sich: «Du alter Blödkopf! Jetzt hör mir doch endlich mal zu – du mußt dich um deinen Hund kümmern und ...»

Aber der alte Mann war bereits weit weg. «War schon immer erkältet ... schon als er klein war ...»

Ich mußte noch tagelang danach an diese Augen denken. Wenn ich mir Mick nur einmal vornehmen könnte. In einer Stunde würde ich den alten Hund in eine Welt versetzen, wie er sie wahrscheinlich seit Jahren nicht mehr gekannt hatte. Ich wünschte mir, ich könnte ihn in den Wagen packen und in der Praxis operieren. Aber ich konnte nicht damit anfangen, umsonst zu operieren. Ich sah ständig lahme Hunde auf den Bauernhöfen und verwahrloste und halbverhungerte Katzen auf den Straßen, und es wäre herrlich gewesen, sie alle gratis zu behandeln. Ich wäre nur dabei pleite gegangen.

Ted Dobson erlöste mich schließlich aus meinem Dilemma. Er war in die Stadt gekommen, um seine Schwester zu besuchen, und nun stand er, an sein Fahrrad gelehnt, bei uns vor der Tür. Sein freundliches Gesicht strahlte, als wolle es die Straße erleuchten.

Er kam direkt zur Sache. «Mr. Herriot, würden Sie Mick operieren?»

«Ja, natürlich, aber ... wie steht es mit der ...?»

«Ach, kein Problem. Die Kunden vom *Fox and Hounds* übernehmen das. Wir bezahlen das mit dem Clubgeld.»

«Clubgeld?»

«Ja, jede Woche legen wir was auf die Seite für einen Sommerausflug. Ans Meer oder so.»

«Das ist ja sehr lieb von Ihnen, Ted, aber sind auch alle damit einverstanden?»

Ted lachte. «Keinem wird der Ausflug fehlen. Meist war das ja auch sowieso nur 'ne große Sauferei.» Er hielt inne. «All die

Kumpel wollen, daß es gemacht wird – es geht uns allen verdammt an die Nieren, wenn wir den alten Hund sehen, jetzt, wo wir wissen, was es ist.»

«Na, das ist ja großartig», sagte ich. «Und wie bringen Sie ihn hierher?»

«Mein Chef leiht mir den Lieferwagen. Wäre Mittwoch abend recht?»

«Paßt ausgezeichnet.» Ich sah ihn wegradeln und ging in die Praxis zurück. Heutzutage mag es komisch klingen, daß man soviel von einem Pfund hermacht, aber damals war es noch eine beträchtliche Summe, und vielleicht macht man sich einen Begriff davon, wenn man weiß, daß mein erstes Gehalt als Tierarztassistent vier Pfund die Woche betrug.

Am Mittwoch gab es keinen Zweifel mehr, daß Micks Operation zu einer Art Festakt werden sollte. Der kleine Lieferwagen war vollgepackt mit Stammgästen aus dem *Fox and Hounds*, und andere kamen mit dem Fahrrad an.

Der alte Hund trottete widerstrebend durch den Hausflur zum Operationszimmer, und seine Nüstern zuckten, als er die unbekannten Gerüche von Äther und Desinfektionsmitteln wahrnahm. Hinter ihm marschierten die Landarbeiter, und ihre schweren Stiefel hallten auf den Fliesen wider.

Tristan, der die Narkose machte, hob den Hund auf den Tisch, und als ich mich umblickte, sah ich lauter erwartungsvolle Gesichter. Normalerweise mag ich es nicht, wenn Laien mir bei einer Operation zuschauen, aber ich konnte es diesen Männern nicht antun, sie hinauszuschicken.

Unter der Lampe konnte ich mir Mick zum erstenmal genauer anschauen. Er war ein schöner Hund – bis auf die entsetzlichen Augen. Als er dasaß, öffnete er sie kurz und schloß sie unter dem hellen Lampenlicht gleich wieder.

Die Spritze wirkte, er lag bewußtlos auf der Seite, und ich konnte ihn richtig untersuchen. Ich öffnete die Lider und sah die scheußlich verfilzten Wimpern voller Eiter und Tränen. Akute und verschleppte Hornhaut- und Bindehautentzündung, aber zu meiner großen Erleichterung stellte ich fest, daß die Hornhaut nicht vereitert war.

«Gott sei Dank», sagte ich. «Es sieht zwar sehr böse aus, aber ich glaube, daß wenigstens kein Dauerschaden eingetreten ist.»

Die Landarbeiter brachen zwar nicht in Jubelgeschrei aus, aber sie waren sichtlich sehr zufrieden. Und die Faschingsstimmung stieg noch, als sie plauderten und lachten, und ich glaube kaum, daß ich je eine Operation bei einem solchen Lärm durchgeführt habe.

Ich empfand ein wahres Hochgefühl, als ich den ersten Einschnitt machte; ich hatte so lange auf diesen Augenblick gewartet. Ich begann mit dem linken Auge, schnitt in der vollen Länge parallel zum Lidrand und dann im Halbkreis, so daß ich noch etwa einen Zentimeter von dem Gewebe mitbekam. Dann griff ich die Haut mit der Zange und entfernte sie, und als ich die Wundränder wieder zunähte, bemerkte ich mit großer Genugtuung, daß die Wimpern jetzt die Hornhaut nicht mehr berühren konnten.

Vom unteren Lid schnitt ich weniger fort, und dann machte ich mich an das rechte Auge. Plötzlich fiel mir auf, daß das laute Reden und Lachen erstorben waren. Ich blickte auf und sah den großen Ken Appleton, den Stallburschen von Laurel Grove, und es war auch nicht erstaunlich, daß ich ihn zuerst sah, denn er war einen Meter

neunzig groß und so kräftig wie die Zug-
pferde, um die er sich kümmerte.

«Gott, ist das eine Hitze hier», flüsterte er.
Der Schweiß lief ihm vom Gesicht, und er
war leichenblaß. Ich war gerade dabei, die
Haut vom Augenlid zu entfernen, als ich Tristans Schrei hörte.

«Haltet ihn!»

Die Freunde des großen Mannes standen
ihm bei, als er sanft zu Boden sank und dort
in eine friedliche Ohnmacht fiel. Er wachte
erst wieder auf, als ich den letzten Stich getan hatte. Seine Gefährten halfen ihm wieder auf die Beine, während Tristan und ich
saubermachten und die Instrumente in den
Schrank zurücklegten. Und jetzt kam auch
wieder Leben in die Party, und Ken mußte
etlichen Spott über sich ergehen lassen, aber
er war nicht der einzige, der bleich geworden war.

«Ein Tropfen Whisky würde Ihnen guttun,
Ken», sagte Tristan. Er holte eine Flasche,
deren Inhalt er in seiner gastfreundlichen
Art an alle verteilte. Meßgläser, Reagenzglä-
ser und alle möglichen anderen Gefäße wurden herumgereicht, und bald gab es ein
fröhliches Gedränge um den schlafenden

Hund. Als der Lieferwagen endlich wieder in die Nacht hinausfuhr, hörte ich noch lange das grölende Singen seiner Insassen.

Zehn Tage später brachten sie Mick zurück, damit ich die Fäden zog. Die Schnitte waren gut verheilt, aber die Hornhautentzündung war noch nicht vorüber, und der alte Hund blinzelte immer noch. Erst einen Monat später sah ich das Endresultat meiner Arbeit.

Ich kam auf dem Heimweg wieder einmal durch Copton, und aus dem abendlichen Dunkel leuchtete mir die Tür des *Fox and Hounds* entgegen, und da fiel mir wieder die kleine Operation ein, die ich bei all der neuen Arbeit schon fast vergessen hatte. Ich trat ein und setzte mich zu meinen alten Bekannten.

Alles war wie immer. Albert Close saß an seinem Stammplatz. Mick lag unter dem Tisch und war wieder in einen lebhaften Traum vertieft, denn seine Pfoten zuckten. Ich ging durch die Stube und hockte mich vor ihn hin.

«Mick!» sagte ich. «He, wach auf, Mick!»

In atemloser Spannung beobachtete ich, wie sich der zottige Kopf langsam nach mir umdrehte. Und da blickte ich beglückt und erstaunt in die großen, klaren und glänzenden Augen eines jungen Hundes. Ein beseligendes Wonnegefühl durchflutete mich, als er mich mit offener Schnauze ansah und mit dem wedelnden Schwanz auf die Fliesen schlug. Keine Entzündung, kein Ausfluß, und die Wimpern waren sauber und trocken und kratzten ihn nicht mehr. Ich streichelte ihm den Kopf und war gerührt darüber, wie eifrig er sich umblickte, denn diesem alten Hund hatte sich plötzlich eine ganz neue Freiheit, eine Welt ohne Schmerzen, aufgetan. Ted Dobson und die anderen lächelten mir verschwörerisch zu, als ich mich wieder erhob.

«Mr. Close», brüllte ich. «Noch ein Glas gefällig?»

«Ja, Sie können mir noch 'nen Tropfen eingießen, junger Mann.»

«Micks Augen geht es viel besser.»

Der alte Mann erhob sein Glas. «Zum Wohl. Es war ja auch nur eine kleine Erkältung.»

«Aber Mr. Close ... !»

«So 'ne Erkältung ist schlecht für die Augen. Der alte Hund liegt immer an der offenen Tür, und er wird sich wohl bald wieder erkälten. Schon als er klein war, hat er das immer gehabt ...»

Mr. Pinkertons Problem

Mr. Pinkerton saß im Büro neben Miss Harbottles Schreibtisch. Zu seinen Füßen lag sein Collie.

«Was kann ich für Sie tun, Mr. Pinkerton?» fragte ich, als ich die Tür hinter mir schloß.

Der Farmer zögerte. «Es ist mein Hund – da stimmt was nicht.»

«Wie meinen Sie das? Ist er krank?» Ich bückte mich und streichelte den Kopf des Hundes, der sogleich schwanzwedelnd aufsprang und mich begrüßte.

«Nein, nein, er ist sonst ganz in Ordnung.» Der Mann war sichtlich sehr verlegen.

«Na, was ist denn los? Er sieht völlig gesund aus.»

«Tja, aber ich weiß nicht ... Sehen Sie, es ist ...» Er blickte verstohlen zu Miss Harbottle hinüber. «Es ist sein Bleistift.»

«Wie bitte?»

Mr. Pinkertons eingefallene Wangen röteten sich. Wieder warf er Miss Harbottle einen angsterfüllten Blick zu. «Es ist sein ...

sein Bleistift. Er hat was an seinem Bleistift.» Er zeigte betreten auf den Hunde-
bauch.

«Tut mir leid, aber ich sehe nichts Ungewöhnliches.»

«Aber da ist es doch.» Das Gesicht des
Farmers zuckte in peinlicher Verlegenheit,
und er flüsterte mir heiser ins Ohr: «Da
kommt was raus, aus seinem ... aus seinem
Bleistift.»

Ich kniete mich hin und sah es mir näher
an, und plötzlich war mir alles klar.

«Meinen Sie das?» Ich zeigte auf einen
winzigen Tropfen Samenflüssigkeit am
Ende der Vorhaut.

Er nickte beschämt.

Ich lachte. «Da brauchen Sie sich keine
Sorgen zu machen. Das ist nichts Anorma-
les. Man nennt das einen Überfluß. Er ist
doch noch jung, nicht wahr?»

«Ja, etwa achtzehn Monate.»

«Das ist es. Er hat einfach zuviel Freude.
Viel gutes Fressen und nicht viel Arbeit,
was?»

«Ja, er kriegt gutes Futter. Nur das beste.
Und Sie haben recht – viel Arbeit hab ich
nicht für ihn.»

«Na sehen Sie. Geben Sie ihm etwas weniger zu fressen, und sehen Sie zu, daß er mehr Bewegung hat, und dann geht das ganz von selbst vorüber.»

Mr. Pinkerton starrte mich an. «Aber werden Sie denn nichts mit seinem ... mit seinem ...» Wieder blickte er ängstlich auf die Sekretärin.

«Nein, nein», sagte ich. «Ich versichere Ihnen, daß sein ... sein ... Bleistift völlig in Ordnung ist.»

Ich sah, daß ich ihn durchaus nicht überzeugt hatte und entschloß mich zu einer Zugabe. «Wissen Sie was? Ich gebe Ihnen ein mildes Beruhigungsmittel. Das wird helfen.»

Ich ging zum Medikamentenschrank und packte ein paar Tabletten ab. Ich reichte sie dem Farmer mit einem Lächeln, aber er blickte immer düsterer drein. Offenbar hatte ich es ihm nicht klar genug erklärt, und deshalb faßte ich die ganze Angelegenheit auf dem Weg zur Haustür in noch einfachere Worte.

Ich klopfte ihm noch einmal auf die Schulter, und obwohl mich mein langer Redeschwall außer Atem gebracht hatte, faßte

304

ich es noch einmal kurz zusammen. «Hören Sie», sagte ich,» geben Sie ihm weniger zu fressen, sehen Sie zu, daß er möglichst viel Bewegung hat, und tun Sie ihm morgens und abends je eine Tablette ins Futter.»

Der Farmer verzog den Mund. Dann drehte er sich um und ging die Stufen hinunter. Er blickte sich noch einmal um und rief mit vorwurfsvoller Stimme: «Aber, Mr. Herriot, was ist nun mit seinem Bleistift?»

Theo, der Pubterrier

Ich war im *Drovers' Arms*, und George Wilks, der Auktionator, saß neben mir.

«Das ist wohl der netteste Pubterrier, der mir je über den Weg gelaufen ist», sagte er, beugte sich hinunter und streichelte Theos Zottelkopf, der unter dem Barhocker seines Herrn hervorlugte.

Pubterrier war keine schlechte Definition. Theo war klein, fast weiß, mit einigen seltsamen schwarzen Streifen auf den Flanken, und sein großer Schnauzbart war zwar sehr attraktiv, ließ jedoch seine Abstammung nur noch rätselhafter erscheinen. Sein Herr, Paul Cotterell, blickte vom hohen Hocker herunter. «Was redet der da über dich?» murmelte er, und beim Klang seiner Stimme kam der kleine Hund schwanzwedelnd unter dem Hocker hervor.

Theo verbrachte den größten Teil seines Lebens zwischen den vier Beinen des Barhockers. Auch ich nahm meinen Hund mit in den Pub, aber während ich nur gelegentlich hinging – höchstens zweimal in der Woche –, war es bei Paul Cotterell eine heilige Gewohnheit. Jeden Abend von acht Uhr an sah man ihn samt Hund an der Theke des *Drovers' Arms*.

Er begrüßte mich, als ich an die Theke kam. «Hallo, Jim, trinken Sie ein Glas mit mir.»

«Vielen Dank, Paul», erwiderte ich. «Ich trinke einen halben Liter Bier.»

«Fein.» Er wandte sich höflich an die Kellnerin hinter dem Tresen. «Moyra, hätten Sie die Güte?»

Wir tranken unser Bier und plauderten, erst über die Musikfestspiele in Brawton und dann über die Musik im allgemeinen. Er war gebildet und schien darüber eine Menge zu wissen.

«Für Bach begeistern Sie sich also nicht so sehr?» fragte er lässig.

«Nein, eigentlich nicht. Manches gefällt mir schon, aber im Grunde sind mir gefühlvollere Sachen lieber. Elgar, Beethoven, Mozart. Sogar Tschaikowsky – über den Sie wahrscheinlich die Nase rümpfen?»

Er zuckte nur die Achseln, paffte an seiner Pfeife, zog eine Augenbraue hoch, und ich fand, daß ihm ein Monokel gut stehen würde. Aber er hielt keine Rede über Bach, obgleich er ihn allen anderen vorzog. Er hielt überhaupt nie Reden, sondern hörte lieber zu.

Paul Cotterell stammte aus Südengland, aber das hatten ihm die Einheimischen längst verziehen, denn er war liebenswürdig, amüsant und stets bereit, eine Runde auszugeben. Er hatte einen sehr englischen, lässigen Charme. Er regte sich nie auf, war stets höflich und beherrscht. «Wo Sie schon mal da sind, Jim», sagte er, «würden Sie sich vielleicht Theos Fuß mal anschauen?»

«Natürlich.» Es gehörte zu den Risiken unseres Berufes, daß die Leute sich einbilden, sie machen uns geradezu ein Vergnügen, wenn sie uns um tierärztlichen Rat fragen. «Holen Sie ihn rauf.»

«Hierher, hopp.» Paul klatschte sich auf das Knie, und der kleine Hund sprang herauf. Seine Augen strahlten, und ich fand wieder einmal, daß Theo beim Film sein müßte. Mit seinem lachenden Gesicht hätte er Millionen von Zuschauern unterhalten können.

«Komm, Theo», sagte ich und nahm ihn auf mein Knie. «Wo fehlt es denn?»

Paul zeigte auf die rechte Vorderpfote. «Dort. Seit ein paar Tagen lahmt er ein bißchen.»

«Aha.» Ich rollte den Hund auf den Rücken, und dann lachte ich. «Ach, er hat sich nur den Fußnagel abgebrochen. Da hängt noch ein Stückchen. Er muß auf einen spitzen Stein getreten sein. Augenblick.» Ich faßte in meine Tasche und holte die Nagelschere heraus, die ich stets bei mir trug. Es klickte, und es war erledigt.

«Ist das alles?» fragte Paul.

«Ja.»

Er zog spöttisch die Augenbraue hoch, als er Theo anblickte. «Und deshalb hast du dich so angestellt, du dummer Kerl?» Er schnappte mit den Fingern. «Zurück, auf der Stelle.»

Der kleine Hund sprang gehorsam auf den Teppich und verschwand unter dem Barhokker. Und in diesem Augenblick kam mir blitzartig die Erleuchtung über Paul – über seinen Charme, um den ich ihn sooft beneidet hatte. Nichts machte ihm etwas Besonderes aus. Natürlich hatte er seinen Hund gern, nahm ihn überall mit, ging regelmäßig mit ihm am Fluß spazieren, zeigte aber nicht die Besorgtheit, die ich bei so vielen Kunden bemerkt hatte, wenn ihren Tieren auch nur das Geringste fehlte. Sie waren überbesorgt – so wie ich es auch mit meinen eigenen Tieren war. All die Lässigkeit, die Nonchalance, um die ich ihn so beneidete, kam nur daher, weil nichts ihm sehr naheging.

«Diese große Operation ist wohl noch einen halben Liter wert, Jim», sagte er lächelnd. «Oder verlangen Sie ein höheres Honorar?»

Ich lachte. Ich mochte ihn wirklich gern. Wir sind alle verschieden und leben unseren Veranlagungen entsprechend, aber als ich mein zweites Glas bekam, dachte ich wieder an sein angenehmes Leben. Eine gute Beamtenstelle in Brawton, keine häusliche Verantwortung – er hatte überhaupt keine Sorgen.

Außerdem gehörte er zu Darrowby, zu einer Welt, die ich mochte, und ich fand es ebenso angenehm wie beruhigend, Paul Cotterell und seinen Hund jeden Abend auf ihrem Stammplatz im *Drovers'* vorzufinden.

Dieses Gefühl hatte ich, als ich eines Abends kurz vor der Sperrstunde hereinkam.

«Könnten es Würmer sein?» fragte Paul ohne Vorbereitung.

«Weiß ich nicht, Paul. Warum fragen Sie?»

Er zog an seiner Pfeife. «Ach, ich finde nur, daß er in letzter Zeit ein bißchen mager aussieht. Komm, Theo, hopp!»

Der kleine Hund sprang seinem Herrn auf den Schoß, sah so lebhaft aus wie eh und je, und als ich ihn aufnahm, leckte er mir die Hand. Aber seine Rippen fühlten sich wirklich recht mager an.

«Na ja», sagte ich. «Er hat vielleicht etwas an Gewicht abgenommen. Haben Sie Würmer in seinem Stuhl gesehen?»

«Nein, eigentlich nicht.»

«Nicht einmal kleine weiße Punkte an seinem Hintern?»

«Nein, Jim.» Er schüttelte den Kopf und lächelte. «So genau habe ich nun auch wieder nicht hingesehen.»

«Gut», sagte ich. «Wir geben ihm auf jeden Fall etwas gegen Würmer. Ich bringe Ihnen morgen ein paar Pillen mit. Sie sind doch hier?»

Er hob die Augenbraue. «Höchstwahrscheinlich.»

Theo bekam die Wurmpillen, und danach

war ich einige Wochen lang zu beschäftigt, um ins *Drovers'* zu gehen. Ich betrat den Pub erst wieder an einem Samstagabend, als der Turnverein seinen Tanzabend abhielt. Rhythmische Klänge drangen vom Ballsaal herüber, die kleine Bar war ganz voll von all den Leuten in Smoking und Abendkleidern.

Ich kämpfte mich durch den Lärm und die Hitze bis zur Bar durch, die an diesem Abend nicht wiederzuerkennen war – bis auf Paul Cotterell auf seinem Stammplatz.

Ich quetschte mich neben ihn und sah, daß er wie immer seine Tweedjacke trug. «Sie tanzen nicht, Paul?»

Er schüttelte langsam den Kopf und lächelte mir über der Pfeife zu. «Nichts für mich, alter Freund. Viel zu anstrengend.»

Theo saß brav unter dem Schemel, hielt sich aus dem Gedränge heraus. Ich bestellte zwei Bier, versuchte ein Gespräch, aber es war schwer, sich über den Lärm hinweg zu verständigen.

Dann sagte Paul mir ins Ohr: «Ich habe Theo die Pillen gegeben, aber er wird trotzdem immer dünner.»

«Tatsächlich?» rief ich zurück. «Das ist aber ungewöhnlich.»

«Ja ... wollen Sie ihn sich mal ansehen?»

Ich nickte, er schnappte mit den Fingern, und der kleine Hund saß augenblicklich auf seinen Knien. Ich stellte sofort fest, daß er leichter in meinen Händen wog. «Sie haben recht», sagte ich. «Er hat noch mehr abgenommen.»

Ich zog ein Augenlid herunter und sah, daß die Bindehaut bleich war. «Er ist blutarm», schrie ich. Ich tastete über Gesicht und Kiefer und stellte fest, daß die Lymphdrüse hinter dem Rachen sehr geschwollen war. Seltsam. Könnte es eine Infektion von Mund und Rachen sein? Ich blickte mich hilflos um und wünschte mir, Paul würde mich nicht ständig im Pub konsultieren. Ich wollte mir das Tier genauer ansehen, konnte es aber schließlich nicht auf die Theke legen.

Ich wollte ihn gerade etwas fester fassen, um ihm in den Rachen zu sehen, als meine Hand hinter den Vorderlauf glitt, und das Herz blieb mir stehen, als ich die Achselhöhle berührte. Auch sie war stark geschwollen. Jetzt betastete ich die Leistendrüse, und sie war dick wie ein Ei. Alle Drüsen waren dick angeschwollen.

Die Hodgkinsche Krankheit. Einen Augenblick lang vergaß ich das Geschrei, das Gelächter und die laute Musik. Paul paffte an seiner Pfeife und sah mich gelassen an. Wie konnte ich es ihm in dieser Umgebung beibringen? Er würde mich fragen, was die Hodgkinsche Krankheit sei, und dann müßte ich ihm erklären, daß sein Hund an krebsartigen Wucherungen des Lymphsystems sterben mußte.

Ich streichelte Theos komisches Zottelgesicht, er blickte mich aus seinen großen Augen an, und meine Gedanken überschlugen sich. Die Leute drängten sich an uns vorbei, um sich Bier und Gin von der Theke zu holen, und ein dicker Mann umarmte mich geradezu.

Ich lehnte mich hinüber. «Paul.»

«Ja, Jim?»

«Könnten Sie ... könnten Sie Theo morgen früh in die Praxis bringen? Sonntags machen wir um zehn auf.»

Seine Augenbraue hob sich etwas, dann nickte er.

«Abgemacht, alter Junge.»

Ich trank mein Glas nicht aus, zwängte mich durch die Menge bis zur Tür und blickte mich im Fortgehen noch einmal um.

Ich sah gerade noch das Schwanzende des Hundes unter dem Barhocker.

Am nächsten Morgen war ich früh auf. Ich brachte Helen eine Tasse Tee ans Bett und wartete – die Zeit schien mir endlos – auf Paul mit Theo.

Als er kam, sagte ich es ihm ohne alle Umschweife. Ich sah keine Möglichkeit, es ihm schonend beizubringen. Sein Gesicht blieb ausdruckslos, aber er nahm die Pfeife aus dem Mund, sah mich und dann den Hund und dann wieder mich an und sagte schließlich: «Tatsächlich?»

Er strich Theo mit der Hand über das Rückenfell. «Sind Sie ganz sicher, Jim?»

«Leider ja. Absolut sicher.»

«Und man kann es nicht behandeln?»

«Es gibt alle möglichen Linderungsmittel, Paul, aber keins davon hilft wirklich. Das Endergebnis ist stets dasselbe.»

«Ja ...» Er nickte langsam. «Aber er sieht doch noch ganz munter aus. Was geschieht, wenn wir nichts unternehmen?»

Ich überlegte. «Wenn die inneren Drüsen anschwellen, wird es schlimm. Wassersucht, vor allem im Bauch. Sie sehen ja schon jetzt eine kleine Schwellung.»

«Ja … jetzt sehe ich es auch. Sonst noch was?»

«Wenn die Brustdrüsen anschwellen, wird er japsen.»

«Habe ich bereits bemerkt. Nach einem kleinen Spaziergang ist er außer Atem.»

«Er wird immer mehr abmagern und Schmerzen haben.»

Paul senkte einen Augenblick den Kopf, und dann sah er mich an. «Das bedeutet also, daß er für den Rest seines Lebens ziemlich übel dran sein wird.» Er schluckte. «Und wie lange wird das noch dauern?»

«Ein paar Wochen. Es kommt drauf an. Vielleicht noch drei Monate.»

Er strich sich das Haar zurück. «Also Jim, das kann ich natürlich nicht zulassen. Sie müssen ihn jetzt einschläfern, bevor er wirklich leiden muß. Ist das nicht auch Ihre Meinung?»

«Ja, Paul, das würde ihm viel ersparen.»

«Würden Sie es jetzt gleich tun – sobald ich aus dem Zimmer bin?»

«Ja», erwiderte ich. «Und ich verspreche Ihnen, daß er nichts spüren wird.»

Sein Gesicht nahm einen seltsamen, starren Ausdruck an. Er steckte die Pfeife in den

Mund, aber da sie ausgegangen war, stopfte er sie in die Tasche. Dann beugte er sich über den Tisch und streichelte seinem Hund den Kopf. Das zottlige Gesicht wandte sich ihm zu, und einen Augenblick lang sahen Herr und Hund sich an.

Dann murmelte er: «Adieu, alter Junge» und ging schnell aus dem Zimmer.

«Guter Theo, guter Hund», sagte ich leise und streichelte ihm das Gesicht, während er sanft einschlief. Wie immer tat ich es widerwillig, obgleich ich wußte, daß es absolut schmerzlos war. Der einzige Trost war mir, daß die hilflosen Tiere wenigstens zuletzt noch eine freundliche Stimme und eine zärtliche Hand spürten.

Vielleicht bin ich sentimental. Und nicht wie Paul. Er hatte ganz praktisch und vernünftig gehandelt. Er war fähig, das Richtige zu tun, weil er sich nicht von seinen Gefühlen beherrschen ließ.

Später, beim Mittagessen, erzählte ich Helen von Theo.

Ich mußte es ihr sagen, denn sie hatte einen köstlichen Schmorbraten zubereitet, und ich hatte kaum Appetit.

«Weißt du, Helen», sagte ich, «es war mir

eine Lehre. Ich meine Pauls Haltung. Ich an seiner Stelle hätte gejammert und gezögert – ich hätte versucht, das Unvermeidliche hinauszuschieben.»

Sie dachte nach. «Das hätten eine Menge Leute getan.»

«Ja, aber er nicht.» Ich legte Messer und Gabel nieder und blickte die Wand an. «Er hat wie ein wirklich reifer Mensch gehandelt. Paul gehört zu den Leuten, von denen man manchmal liest. Jeder Lage gewachsen, kühl und überlegen.»

«Nun komm schon, Jim, und iß deinen Braten. Ich weiß, es war traurig, aber du mußtest es tun, und jetzt sei bitte nicht so unzufrieden mit dir. Paul ist Paul, und du bist du.»

Ich kaute am Fleisch, aber immer noch hatte ich dieses Gefühl von Unterlegenheit. Und dann blickte ich auf und sah, daß Helen lächelte. Das beruhigte mich. Ihr wenigstens machte es nichts aus, daß ich so war, wie ich bin.

Am Dienstag morgen besuchte ich Mr. Sangster, der ein paar Milchkühe in der Nähe des Bahnhofs hatte.

«Schlimm, die Sache mit Paul Cotterell, was?» sagte er.

«Wie bitte?»

«Ach, ich dachte, Sie wüßten es schon. Er ist tot.»

«Tot? Aber wieso denn ...»

«Man hat ihn heute früh gefunden. Hat sich umgebracht.»

Ich mußte mich stützen. «Selbstmord?»

«Ja. Hat 'ne Menge Pillen genommen. Die ganze Stadt redet davon.»

Ich war so benommen, daß die Stimme des Farmers wie aus weiter Ferne zu kommen schien.

«Wirklich jammerschade. War so'n netter Mensch. Alle haben ihn gern gemocht.»

Später kam ich an Pauls Wohnung vorbei und sah seine Vermieterin, Mrs. Clayton, in der Tür stehen. Ich hielt an und stieg aus.

«Mrs. Clayton», sagte ich, «ich kann es immer noch nicht glauben.»

«Ich auch nicht, Mr. Herriot. Es ist schrecklich.» Ihr Gesicht war bleich und ihre Augen rot. «Sechs Jahre lang hat er bei mir gewohnt – er war wie mein eigener Sohn.»

«Aber warum nur ...»

«Ach, er hat einfach den Verlust seines Hundes nicht verschmerzen können.»

Ich fühlte mich plötzlich furchtbar elend, und sie legte mir die Hand auf den Arm.

«Schauen Sie nicht so drein, Mr. Herriot. Es war nicht Ihre Schuld. Paul hat mir alles erzählt, und niemand hätte Theo retten können.»

Ich nickte stumm, und sie fuhr fort: «Aber unter uns gesagt, Mr. Herriot, Paul konnte so was einfach nicht ertragen, so wie Sie oder ich. Er war nun mal so – Sie müssen wissen, er hat Depressionen gehabt.»

«Depressionen? Paul?»

«Ja, ja. Er war lange in ärztlicher Behandlung und hat regelmäßig Medikamente genommen. Er hat sich äußerlich nie was anmerken lassen, aber er war seit Jahren schwer nervenkrank.»

«Nervenkrank ... Ich hätte wirklich nie geglaubt ...»

«Nein, niemand hätte das geglaubt, aber so war er nun mal. Er hat eine unglückliche Kindheit gehabt, soviel ich weiß. Vielleicht hat er deshalb so an seinem Hund gehangen. Er hat zu sehr an dem Tier gehangen.»

«Ja ... ja ...»

Sie nahm ihr Taschentuch und putzte sich die Nase. «Wie gesagt, der arme Kerl hat es schwer im Leben gehabt, aber er war tapfer.»

Wir schienen alles gesagt zu haben. Ich fuhr aus der Stadt, und die ruhigen grünen Hügel standen ganz im Gegensatz zu dem inneren Sturm, der in mir tobte. Mit meiner Menschenkenntnis war es also nicht weit her. Mein Urteil hätte kaum verkehrter sein können, aber Paul hatte seine geheime innere Schlacht mit einem Mut gekämpft, der alle getäuscht hatte.

Ich dachte über die Lehre nach, die er mir erteilt hatte, aber dazu kam noch etwas anderes, und das habe ich seitdem nie vergessen: Es gibt unzählige Menschen wie Paul, die nicht das sind, was sie scheinen.

Die große Flucht

Ich war gerade dabei, am Ohr eines Hundes zu operieren. Tristan stand dabei, lässig mit dem Ellbogen auf den Tisch gelehnt, und hielt eine Narkosemaske über die Nase des Tiers, als Siegfried ins Zimmer trat.

Er blickte kurz auf meinen Patienten. «Ach ja, das Hämatom, von dem Sie mir erzählt haben, James.» Dann sah er seinen Bruder an. «Mein Gott, du siehst ja heute morgen schrecklich aus! Wann bist du nach Hause gekommen?»

Tristan hob das bleiche Gesicht. Seine Augen waren blutunterlaufen und die Lider geschwollen. «Ach, weiß ich nicht. Ziemlich spät, nehme ich an.»

«Ziemlich spät! Ich war bei einer ferkelnden Sau und bin erst um vier Uhr morgens zurückgekommen, aber da warst du noch nicht zu Hause. Wo warst du denn überhaupt?»

«Ich war beim Tanzfest der Lebensmittelhändler. War toll.»

«Zweifellos!» schnaubte Siegfried. «Du

läßt dir auch nichts entgehen, was? Schützenfest, Kirchweih, Taubenzüchterball und jetzt die Lebensmittelhändler. Bei jedem Trinkgelage mußt du dabeisein.»

Unter Beschuß kehrte Tristan stets seine Würde hervor.

«Du solltest wissen», sagte er, «daß viele Lebensmittelhändler Freunde von mir sind.»

Sein Bruder wurde rot vor Zorn. «Das glaube ich sofort. Wahrscheinlich bist du ihr bester Kunde.»

Tristan konzentrierte sich auf die Ätherflasche.

«Und noch eins», fuhr Siegfried fort. «Du treibst dich mit einem halben Dutzend verschiedener Weiber herum. Und dabei solltest du dich auf dein Examen vorbereiten.»

«Das ist stark übertrieben.» Tristan war gekränkt. «Zugegeben, ich bin gern in weiblicher Gesellschaft – wie du ja übrigens auch.»

Tristan hielt den Angriff für die beste Form der Verteidigung, und dieser Hieb saß, denn Siegfried wurde ständig von hübschen Mädchen umlagert.

Aber er ließ sich nicht einschüchtern.

«Laß nur mich aus dem Spiel!» rief er. «Ich habe alle Examina hinter mir. Wir reden jetzt von dir! Hab ich dich nicht gestern nacht mit der Kellnerin vom *Drovers'* gesehen? Du hast dich zwar schnell in einen Ladeneingang verdrückt, aber ich bin verdammt sicher, daß du es warst.»

Tristan räusperte sich. «Das ist durchaus möglich. Lydia und ich sind gute Freunde – sie ist ein sehr nettes Mädchen.»

«Ich habe nie das Gegenteil behauptet. Ich finde nur, du solltest abends bei deinen Büchern sitzen, anstatt dich zu betrinken und Mädchen nachzulaufen. Verstanden?»

«Wie du willst.» Tristan nickte resigniert.

Sowie sein Bruder draußen war, brach Tristans Fassung zusammen.

«Jim, passen Sie bitte einen Augenblick auf die Narkose auf», stöhnte er, ging zum Waschtisch, goß sich ein großes Glas kaltes Wasser ein und trank es in einem Zug leer. Dann tunkte er etwas Watte in das kalte Wasser und betupfte sich die Stirn.

«Er ist in einem ungünstigen Moment gekommen. Gerade jetzt kann ich laute Stimmen und Vorwürfe nicht ertragen.» Er griff nach einem Aspirinröhrchen, nahm zwei heraus und schluckte sie mit einem weiteren großen Glas Wasser. Dann kam er an den Tisch zurück. «So, Jim. Es kann weitergehen.»

Ich beugte mich über den eingeschläferten Hund, einen Scotchterrier namens Hamish. Seine Besitzerin, Mrs. Westerman, hatte ihn vor zwei Tagen hergebracht.

Sie war pensionierte Lehrerin, und ich konnte mir gut vorstellen, daß in ihrer Klasse stets Ruhe und Ordnung herrschten. Ihre kalten blauen Augen, das stark hervortretende Kinn und die kräftigen Schultern vermochten auch mich einzuschüchtern.

«Mr. Herriot», hatte sie gesagt, «schauen Sie sich bitte meinen Hamish an. Ich hoffe, es ist nichts Schlimmes, aber sein Ohr ist sehr geschwollen und tut ihm weh. Es könnte doch nicht etwa ... Krebs sein?» Einen kurzen Augenblick lang wurde ihr Blick unsicher.

«Ach, das ist sehr unwahrscheinlich.» Ich schaute mir das linke Ohr an. Es war deutlich zu sehen, daß es ihm weh tat.

Ich hob das Ohr behutsam an und berührte die Geschwulst sacht mit den Fingern. Hamish winselte.

«Ja, ich weiß, alter Freund. Es tut weh, nicht wahr?» Als ich mich wieder Mrs. Westerman zuwandte, stieß ich fast mit ihrem ergrauten Haupt zusammen, das sie über ihren Schützling gebeugt hielt.

«Er hat ein Hämatom», sagte ich.

«Was ist denn das?»

«Die kleinen Blutgefäße zwischen der Haut und dem Knorpel sind aufgesprungen, und das herausgeflossene Blut hat die Schwellung verursacht.»

«Und was verursacht das?»

«Gewöhnlich ein Wurm. Hat er in letzter Zeit oft den Kopf geschüttelt?»

«Ja, jetzt fällt es mir wieder ein. Wie wenn er etwas im Ohr hätte und es draußen haben wollte.»

«Sehen Sie, dadurch sind die Blutgefäße geplatzt.»

Sie nickte. «Und was können Sie tun?»

«Ich muß ihn leider operieren.»

«Ach, du meine Güte! Das gefällt mir gar nicht.»

«Machen Sie sich keine Sorgen», sagte ich. «Ich muß ja nur das Blut herauslassen und das Ohr wieder zunähen. Wenn wir das nicht machen, bekommt er ein Blumenkohlohr, und das wäre doch schade, denn er ist ein hübscher kleiner Kerl.»

Und das meinte ich ehrlich. Hamish war ein stolzer, kräftiger und lebhafter Hund. Scotchterrier sind überhaupt attraktiv, und ich finde es schade, daß man heutzutage nur noch so wenige sieht.

Nach einigem Zögern war Mrs. Westerman einverstanden, und wir setzten das Datum für die Operation fest. Als sie ihn brachte, legte sie ihn mir in die Arme, streichelte seinen Kopf und blickte mich und Tristan streng an.

«Sie geben gut auf ihn acht, nicht wahr?» sagte sie, und ich fühlte mich wie ein Schuljunge, den man ermahnt hat, keine Dummheiten zu machen, und Tristan mußte es ebenso ergangen sein, denn er atmete auf, als sie fort war.

«Donnerwetter, Jim», stammelte er. «Mit der möchte ich mich nicht anlegen.»

Ich nickte. «Ja, und sie hängt sehr an dem Hund. Also geben wir uns Mühe.»

Ich machte einen Einschnitt in die innere Haut. Zuerst schoß etwas Blut in die bereitgestellte Emailleschüssel, dann nahm ich die Blutklumpen heraus.

«Kein Wunder, daß es ihm weh getan hat», sagte ich. «Er wird sich bedeutend besser fühlen, wenn er aufwacht.»

Ich füllte die Stelle zwischen Haut und Knorpel mit Sulfanilamid, und dann nähte ich zu.

Es war Mittagszeit, als Hamish aus der Narkose erwachte, und obgleich er noch ziemlich benommen war, sah man ihm an, daß er sich viel wohler fühlte. Mrs. Westerman wollte ihn gegen Abend abholen. Der kleine Hund rollte sich in seinem Körbchen zusammen und wartete mit stoischer Ruhe.

Um die Teestunde kam Siegfried noch einmal herein. «Ich muß für ein paar Stunden nach Brawton fahren», sagte er zu Tristan. «Und ich möchte, daß du zu Hause bleibst und Mrs. Westerman ihren Hund übergibst, wenn sie kommt. Ich weiß nicht, wann das sein wird.» Er nahm sich einen Löffel Marmelade. «Du kannst auf den Patienten aufpassen und dabei ein bißchen studieren. Höchste Zeit, daß du mal einen Abend zu Hause bleibst.»

Tristan nickte. «Geht in Ordnung.» Aber ich sah ihm an, daß es ihm nicht gefiel.

Als Siegfried abgefahren war, kratzte Tri-

stan sich am Kinn und blickte gedankenverloren durch die Glastür in den im Dämmer-
licht liegenden Garten. «Ach Jim, es ist einfach zu dumm.»

«Was?»

«Lydia hat heute abend frei, und ich bin
mit ihr verabredet.» Er pfiff ein paar Takte
vor sich hin. «Es wäre doch schade, die Gelegenheit zu verpassen, wo die Chancen
grade so günstig für mich stehen. Genau gesagt, sie frißt mir fast schon aus der Hand.»

Ich sah ihn erstaunt an. «Mein Gott, ich
hätte gedacht, du hättest nach der letzten
Nacht ein bißchen Ruhe nötig.»

«Ich doch nicht», sagte er. «Ich bin schon
wieder ganz fit. Schau, Jim», fuhr er fort,
«könntest du nicht hier bei dem Hund bleiben?»

Ich schüttelte den Kopf. «Tut mir leid,
Tris. Ich muß noch mal zu der Kuh von Ted
Binns – und der wohnt oben in den Dales.
Ich werde fast zwei Stunden weg sein.»

Er schwieg eine Weile, und dann hob er
den Finger. «Ich glaube, ich habe die Lösung. Es ist ganz einfach. Ausgezeichnet sogar. Ich bringe Lydia hierher.»

«Was? Hier ins Haus?»

«Ja. Hamish wird in seinem Korb am Kaminfeuer liegen, und ich werde mit Lydia auf dem Sofa sitzen. Wunderbar! Geradezu ideal für einen Winterabend. Und billig noch dazu.»

«Aber Tris! Hast du Siegfrieds Moralpredigt vergessen? Wenn er nun nach Hause kommt und dich erwischt?»

Tristan zündete sich eine Zigarette an. «Keine Gefahr, Jim. Du sorgst dich um Kleinigkeiten. Wenn er nach Brawton fährt, kommt er immer spät zurück. Kein Problem.»

«Na, wie du willst», sagte ich. «Aber du brockst dir nur Ärger ein. Und solltest du nicht Bakteriologie pauken? Die Examen stehen vor der Tür.»

Er lächelte mich durch den Rauch an. «Ach, das brauche ich mir nur einmal schnell durchzulesen.»

Ich konnte ihm nicht widersprechen. Er hatte eine sehr schnelle Auffassungsgabe, und bei seinem Glück würde er wahrscheinlich ohnehin durchkommen. Ich fuhr zu Ted Binns.

Es war acht Uhr, als ich zurückkam, und meine Gedanken waren weit von Tristan entfernt. Die Kuh reagierte nicht gut auf meine Behandlung, und ich fragte mich, ob ich auf dem rechten Weg war. In solchen Fällen las ich gerne noch einmal darüber nach, und die Bücher standen im Wohnzimmer. Ich öffnete die Tür, ohne zu zögern.

Einen Augenblick lang stand ich verblüfft da und versuchte meine Gedanken zu ordnen. Das Sofa stand direkt vor dem Kaminfeuer, die Luft war voller Zigarettenrauch und Parfum, aber niemand war zu sehen.

Das erstaunlichste war der lange Vorhang vor der Balkontür. Er wehte im Abendwind. Ich schaute in den dunklen Garten hinaus. Von irgendwo hörte ich ein trappelndes Geräusch, einen dumpfen Aufprall, einen kurzen Schrei und dann wieder Getrappel und Schreie. Ich ging den langen Pfad bis zur Mauer hinunter. Die Tür zum Hof stand offen und auch das Tor zur Straße, aber nichts regte sich.

Langsam ging ich zum Licht des alten Hauses zurück. Vor der Balkontür hörte ich eine Bewegung und ein Flüstern.

«Ach, bist du es, Jim?»

«Tris! Wo zum Teufel kommst du her?»

Er schlich mir ins Zimmer nach und

blickte sich ängstlich um. «Du warst es also, und nicht Siegfried?»

«Ja, ich bin eben gekommen.»

Er ließ sich auf das Sofa fallen und vergrub den Kopf in den Händen. «Ach, verdammt! Eben hatte ich noch Lydia in den Armen. Alles war wunderbar. Und dann hörte ich, wie die Tür aufging.»

«Aber du wußtest doch, daß ich bald zurückkommen würde.»

«Ja, aber ich hab mir plötzlich eingebildet, es sei Siegfried. Es klang wie seine Schritte.»

«Und was war dann?»

Er fuhr sich durch das Haar. «Ich bin in Panik geraten. Ich hatte Lydia die zärtlichsten Dinge ins Ohr geflüstert, und im nächsten Augenblick riß ich sie vom Sofa und warf sie aus der Balkontür.»

«Ich habe einen Aufprall ...»

«Ja, da fiel Lydia gerade in das Steingärtchen.»

«Und dann einen Schrei ...»

Er seufzte und schloß die Augen. «Das war Lydia im Rosenbusch. Die Arme kennt sich hier nicht gut aus.»

«Ach, Tris», sagte ich. «Das tut mir wirklich leid. Ich hätte nicht so hereinplatzen sollen. Ich war mit meinen Gedanken ganz woanders.»

Er legte mir die Hand auf die Schulter. «Es ist nicht deine Schuld, Jim. Du hast mich ja gewarnt.» Er zog die Zigaretten aus der Tasche. «Ich fürchte, mit dem Mädchen ist es leider aus. Sie muß mich für völlig übergeschnappt halten.»

Ich versuchte ihn zu trösten. «Ach, es wird schon wieder gut werden. Ihr werdet beide darüber lachen.»

Aber er hörte mir nicht zu. Er starrte entsetzt an mir vorbei. Dann wies er mit zitterndem Zeigefinger auf den Kamin. Nur mit Mühe brachte er hervor: «Um Gottes willen, Jim, er ist fort.»

«Wer ist fort?»

«Der verdammte Hund! Er war noch da, als ich hinausstürzte.»

Ich blickte auf den leeren Korb, und dann fühlte ich Tristans eiskalte Hand auf meinem Arm. «Er muß durch die Balkontür entwischt sein. Jetzt gibt es Ärger.»

Wir liefen in den Garten und suchten vergeblich. Wir kamen zurück, holten Taschenlampen, liefen auf dem Hof und um das

Haus herum und riefen nach Hamish – vergeblich.

Nach zehn Minuten waren wir wieder im hellerleuchteten Wohnzimmer und starrten uns an. Tristan gab als erster unseren Gedanken Ausdruck. «Was sagen wir Mrs. Westerman?»

Ich schüttelte den Kopf. Diese Situation wagte ich mir gar nicht vorzustellen. In diesem Augenblick ertönte die Klingel, und Tristan sprang in die Luft.

«O mein Gott!» stöhnte er. «Das muß sie sein. Geh doch bitte zur Tür, Jim. Sag ihr nur, es war meine Schuld – alles, was du willst –, wenn ich sie nur nicht sehen muß.»

Es war nicht Mrs. Westerman, sondern eine gutgewachsene Blondine, ziemlich wütend.

«Wo ist Tristan?» fauchte sie.

«Ah ... er ist ... äh ...»

«Ich weiß, daß er da drin ist!» Als sie an mir vorbeifegte, bemerkte ich einen Ölflekken an ihrer Wange und ihr arg zerzaustes Haar. Ich folgte ihr ins Wohnzimmer, wo sie auf meinen Freund losging.

«Schau dir die Strümpfe an!» schrie sie los. «Sie sind völlig ruiniert!»

Tristan warf einen nervösen Blick auf die wohlgeformten Beine. «Tut mir leid, Lydia. Ich kauf dir ein Paar neue. Ehrenwort, mein Schatz.»

«Das will ich dir auch geraten haben, du Lümmel!» erwiderte sie. «Und ich bin nicht dein ‹Schatz›. Was bildest du dir eigentlich ein?»

«Es war ein Mißverständnis. Laß es mich dir erklären ...» Tristan versuchte tapfer zu lächeln, aber es half nichts.

«Bleib mir vom Leib», sagte sie abweisend. «Für einen Abend hat es mir gereicht.»

Sie stob hinaus, und Tristan stützte sich mit der Stirn an den Kaminsims. «Das Ende einer schönen Freundschaft, Jim.» Dann richtete er sich auf. «Wir müssen den Hund finden.»

Wir gingen jeder in eine andere Richtung. Die Nacht war mondlos und finster, und wir suchten einen pechschwarzen Hund. Wir wußten wohl beide, wie hoffnungslos es war.

In einer kleinen Stadt wie Darrowby ist man bald auf den Landstraßen, wo es kein Licht gibt, und als ich über die Felder stolperte, kam ich mir ziemlich blöd vor.

Gelegentlich hörte ich Tristan verzweifelt rufen: «Haamiish! Haamiish! Haamiish!»

Nach einer halben Stunde trafen wir uns wieder in Skeldale House. Tristan blickte mir entgegen, und als ich den Kopf schüttelte, schien er ganz in sich zusammenzusinken. Und er rang nach Luft. Offensichtlich war er gerannt.

Im selben Augenblick klingelte es wieder an der Tür.

Alle Farbe verließ Tristans Gesicht, und er packte mich am Arm. «Das muß Mrs. Westerman sein. Allmächtiger Gott!»

Aber es war nicht Mrs. Westerman, sondern noch einmal Lydia. Sie ging auf das Sofa zu, griff unter das Polster und nahm ihre Handtasche heraus. Sie sagte kein Wort und warf nur Tristan einen vielsagenden Blick zu, bevor sie hinausging.

«Welch ein Abend!» stöhnte er und faßte sich an den Kopf. «Ich halte es nicht mehr aus.»

In der nächsten Stunde unternahmen wir unzählige Suchaktionen, aber wir fanden Hamish nicht, und auch niemand sonst schien ihn gesehen zu haben. Tristan hatte sich in den Sessel sinken lassen, und er schien völlig erschöpft zu sein. Wir schüttelten beide die Köpfe, und dann klingelte das Telefon.

Ich nahm den Hörer ab, und kurz darauf sagte ich: «Tris, ich muß noch mal weg. Das alte Pony von Mr. Drew hat wieder einmal eine Kolik.»

Er hob flehend die Hände. «Jim, du läßt mich doch nicht allein?»

«Ich muß, leider. Aber ich bleibe nicht lange weg.»

«Und wenn Mrs. Westerman nun kommt?»

Ich zuckte die Schultern. «Du wirst dich halt entschuldigen müssen. Hamish taucht bestimmt wieder auf – wahrscheinlich schon morgen früh.»

«Du hast gut reden …» Er faßte sich an den Kragen. «Und dann – wenn Siegfried nun kommt und sich nach dem Hund erkundigt. Was soll ich ihm da sagen?»

«Ach, da würde ich mir keine Sorgen machen», erwiderte ich leichthin. «Sag ihm einfach, du seist zu sehr mit der Kellnerin vom *Drovers'* beschäftigt gewesen. Er hat bestimmt Verständnis.»

Aber mein Scherz kam nicht an. «Jim, ich glaube, ich habe es dir schon einmal gesagt, aber du hast zuweilen was Hundsgemeines an dir.»

Das Pony war fast wieder gesund, als ich bei Mr. Drew ankam, aber ich gab ihm noch eine milde Beruhigungsspritze, bevor ich mich wieder auf den Heimweg machte. Auf der Rückfahrt kam mir ein Gedanke, und ich machte einen kleinen Umweg, an den modernen kleinen Häusern vorbei, wo Mrs. Westerman wohnte. Ich parkte den Wagen und ging auf das Haus Nummer zehn zu.

Und da lag Hamish auf der Veranda, behaglich zusammengerollt auf der Fußmatte, und schaute mich überrascht an, als ich mich über ihn beugte.

«Da warst du also, Freundchen», sagte ich. «Du warst intelligenter als wir. Warum sind wir nicht gleich daraufgekommen?»

Ich setzte ihn neben mich in den Wagen, und als wir abfuhren, stützte er sich mit den Pfoten auf das Armaturenbrett und schaute interessiert auf die Straße.

Vor Skeldale House nahm ich ihn unter den Arm und wollte gerade eintreten, als mir noch ein Gedanke kam. Tristan hatte mir bereits so viele Streiche gespielt, und obwohl wir gute Freunde waren, ließ er sich

338

nie eine Gelegenheit entgehen, mich auf den Arm zu nehmen. Wäre er jetzt an meiner Stelle gewesen, so hätte er keine Gnade gekannt. So drückte ich ausdauernd auf die Klingel.

Eine Weile lang hörte ich nichts, und ich stellte mir vor, wie der arme Kerl seinen ganzen Mut zusammennehmen mußte, um sich seinem Schicksal zu stellen. Endlich ging das Licht im Flur an, dann erschien eine Nase und danach ein ängstlich dreinblickendes Auge. Allmählich kam das ganze Gesicht zum Vorschein, und als Tristan mich sah, stieß er einen Wutschrei aus. Er hätte mich wahrscheinlich tätlich angegriffen, aber als er Hamish sah, war aller Ärger weg. Er griff das kleine Zotteltier und streichelte es.

«Der gute kleine Hund, der liebe kleine Hund», flötete er, als er in das Wohnzimmer trat. «Was für ein schöner, feiner Hund du bist.» Er legte ihn liebevoll in das Körbchen, und Hamish blickte sich nur noch einmal um, legte den Kopf zur Seite und schlief friedlich ein.

Tristan ließ sich in den Sessel fallen und blickte mich mit glasigen Augen an.

«Jim, wir sind gerettet», flüsterte er. «Aber diesen Abend werde ich nie ganz überwinden. Ich bin meilenweit gelaufen und habe mir fast die Lunge ausgeschrien. Ich bin völlig kaputt.»

Wie knapp wir der Katastrophe entkommen waren, wurde uns klar, als Mrs. Westerman zehn Minuten später erschien.

«Oh, mein Schätzchen!» rief sie, als Hamish schwanzwedelnd auf sie zulief. «Ich habe mir solche Sorgen um dich gemacht.»

Sie warf einen forschenden Blick auf das Ohr. «Ja, es sieht viel besser aus ohne diese furchtbare Geschwulst. Sie haben gute Arbeit geleistet. Ich danke Ihnen, Mr. Herriot, und auch Ihnen, junger Mann.»

Tristan war aufgestanden und verneigte sich leicht, als ich Mrs. Westerman hinausführte.

«Bringen Sie ihn in sechs Wochen wieder, dann ziehe ich die Fäden», rief ich ihr nach, und dann stürzte ich ins Zimmer zurück. «Siegfried ist eben angekommen! Tu jetzt lieber so, als ob du gearbeitet hättest.»

Tristan lief ans Bücherregal, nahm das Handbuch für Bakteriologie heraus, holte sich einen Notizblock und setzte sich an den

Tisch. Als sein Bruder eintraf, war er in die Arbeit vertieft.

Siegfried ging an das Feuer und rieb sich die Hände. Er sah rosig und gutgelaunt aus.

«Habe eben mit Mrs. Westerman gesprochen», sagte er. «Sie ist sehr zufrieden. Ihr habt gut gearbeitet.»

«Danke», sagte ich, aber Tristan war zu beschäftigt, um zu antworten. Er blätterte in seinem Buch und kritzelte Notizen auf den Block.

Siegfried stellte sich hinter ihn und schaute in das aufgeschlagene Buch.

«Ach ja, Clostridium Septikum», murmelte er befriedigt. «Das ist ein gutes Thema. Kommt oft im Examen vor.» Er legte seinem Bruder die Hand auf die Schulter. «Freut mich, dich bei der Arbeit zu sehen. Du hast zuviel herumgebummelt, und das tut nicht gut. Höchste Zeit, daß du mal einen Abend bei deinen Büchern verbringst.»

Er gähnte, streckte sich und ging zur Tür. «Ich gehe jetzt zu Bett. Bin ziemlich müde.» Mit der Hand auf der Klinke blieb er stehen. «Weißt du, Tristan, ich beneide dich – es gibt nichts Schöneres als einen ruhigen Abend zu Haus.»

Myrtle soll nicht sterben

«Uh ... Uh-hu-hu!» Das herzzerreißende Schluchzen riß mich vollends aus dem Schlaf. Es war ein Uhr nachts. Das Telefon an meinem Bett hatte geklingelt, und ich hatte erwartet, die brummige Stimme eines Farmers zu hören, bei dem eine Kuh kalbte. Solche nächtlichen Anrufe waren nichts Ungewöhnliches. Statt dessen hörte ich dieses schreckliche Heulen.

«Wer ist da?» fragte ich beunruhigt. «Was, zum Teufel, ist denn los?»

Schließlich hörte ich zwischen den Schluchzern eine männliche Stimme, die stammelte:» Hier ist Humphrey Cobb. Kommen Sie um Gottes willen her, Herr Doktor, und sehen Sie nach meiner Myrtle. Ich glaube, sie stirbt.»

«Myrtle?»

«Ja, mein armer kleiner Hund. Sie ist in einem fürchterliehen Zustand! Uh-hu!»

Der Hörer in meiner Hand zitterte. «Was fehlt ihr denn?»

«Oh, sie japst und keucht so schrecklich.

342

Ich fürchte, es ist bald vorbei mit ihr. Kommen Sie bitte ganz schnell, Herr Doktor.»

«Wo wohnen Sie denn?»

«Cedar House. Am Ende der Hill Street.»

«Ich weiß Bescheid. Ich komme sofort.»

«Oh, vielen Dank, Herr Doktor. Myrtle macht's bestimmt nicht mehr lange. Kommen Sie bitte ganz schnell!»

Ich sprang aus dem Bett und tastete nach meinen Kleidern, die über dem Stuhl hingen. In der Eile stieg ich mit beiden Füßen in dasselbe Hosenbein meiner Cordhose und fiel der Länge nach hin.

Helen war die nächtlichen Telefonanrufe gewöhnt und wachte oft nur halb auf. Ich versuchte sie nicht zu stören, indem ich mich anzog, ohne Licht zu machen – es drang immer ein Schimmer von dem Nachtlicht herein, das wir Jimmys wegen im Treppenhaus brennen ließen.

Aber diesmal war alles umsonst: Als ich polternd zu Boden ging, fuhr Helen hoch.

«Was ist los, Jim? Was ist passiert?»

Ich kam wieder auf die Füße. «Schon gut, Helen, ich bin nur gestolpert.» Ich griff nach meinem Hemd.

«Wo willst du denn hin?»

343

«Ein dringender Fall. Ich muß mich beeilen.»

«Gut, Jim. Aber mit dieser Hektik bist du auch nicht schneller. Komm doch erst mal wieder zur Ruhe.»

Helen hatte recht. Ich war zu nervös – ich habe die Tierärzte, die stets die Ruhe bewahren, immer beneidet.

Ich lief die Treppe hinunter und durch den Garten zur Garage. Cedar House lag nur eine Meile entfernt, und so blieb mir unterwegs nicht viel Zeit zum Nachdenken. Aber als ich am Ende der Hill Street ankam, war ich ziemlich fest der Meinung, daß eine Störung, wie Humphrey Cobb sie beschrieben hatte, eigentlich nur durch einen Herzanfall oder eine plötzliche Allergie verursacht sein konnte.

Ich klingelte. Das Licht über der Tür ging an, und Humphrey Cobb stand vor mir. Er war ein kleiner rundlicher Mann in den Sechzigern mit einer spiegelnden Glatze.

«Oh, Mr. Herriot, kommen Sie rein, kommen Sie», stammelte er, während ihm die Tränen über die Wangen strömten. «Ich danke Ihnen, daß Sie extra aufgestanden und mitten in der Nacht zu mir gekommen

344

sind, um meiner armen kleinen Myrtle zu helfen.»

Während er sprach, schlug mir eine Whiskyfahne entgegen. Und als er mir voran durch den Flur ging, bemerkte ich, daß er schwankte.

Mein Patient lag in einem Korb, der in der großen, wohlausgestatteten Küche neben dem Kochherd stand. Ein warmes Gefühl durchflutete mich, als ich sah, daß Myrtle ein Beagle war, wie mein eigener Hund. Ihre Schnauze stand offen, und ihre Zunge hing heraus, aber ich hatte nicht den Eindruck, daß sie litt oder in akuter Gefahr war, und als ich ihr den Kopf streichelte, klopfte sie mit dem Schwanz auf die Decke.

Wieder erhob Mr. Cobb seine klagende Stimme: «Was werden Sie mit ihr tun, Mr. Herriot? Es ist das Herz, nicht? O, Myrtle, meine Myrtle!» Der kleine Mann beugte sich über seinen Liebling und ließ seinen Tränen freien Lauf.

«Wissen Sie, Mr. Cobb», sagte ich, «so schlecht kann es ihr eigentlich nicht gehen. Regen Sie sich doch nicht so auf, Mann. Beruhigen Sie sich, ich werde sie jetzt erst mal untersuchen.»

Ich hielt mein Stethoskop an die Rippen und hörte das stetige Klopfen eines wunderbar kräftigen Herzens. Die Temperatur war normal. Als ich den Bauch abtastete, fing Mr. Cobb wieder mit seiner Klagestimme an.

«Das Schlimme ist», stieß er hervor, «daß ich das arme Tierchen vernachlässigt habe!»

«Was meinen Sie damit?»

«Na, ich bin den ganzen Tag in Catterick beim Pferderennen gewesen und habe gewettet und getrunken, ohne ein einziges Mal an mein armes Hündchen zu denken.»

«Sie haben sie die ganze Zeit hier im Haus allein gelassen?»

«Nein, nein, die Frau ist bei ihr gewesen.»

«Aha.» Ich spürte, daß ich langsam dem Geheimnis auf die Spur kam. «Und die Frau hat Myrtle Futter gegeben und sie in den Garten hinausgelassen?»

«Ja, sicher», sagte er und rang die Hände. «Aber ich hätte sie nicht allein lassen sollen. Sie hängt so sehr an mir.»

Während er sprach, fühlte ich, wie die eine Seite meines Gesichts vor Hitze zu kribbeln begann. Und plötzlich war mir alles klar.

«Sie haben sie zu dicht an den Ofen gestellt», sagte ich. «Sie japst, weil es ihr zu heiß ist.»

Er sah mich zweifelnd an. «Wir haben den Korb heute erst hierhergeschoben. Der Fliesenleger hat ein paar neue Kacheln auf dem Fußboden verlegt.»

«Sie werden sehen», sagte ich, «sobald Sie ihn wieder dahin schieben, wo er immer stand, wird ihr nichts mehr fehlen.»

«Aber, Herr Doktor», erwiderte er mit bebenden Lippen, «es muß mehr sein als nur das. Sie leidet. Sehen Sie sich ihre traurigen Augen an.»

Myrtle hatte wunderschöne große, schwimmende Augen, und sie wußte sie einzusetzen. Viele Hundeliebhaber glauben, der Spaniel könne die seelenvollsten Blicke von sich geben. Ich selber traue das eher den Beagles zu. Myrtle jedenfalls war eine Meisterin darin.

«Ach, da machen Sie sich mal keine Gedanken, Mr. Cobb», sagte ich. «Glauben Sie mir, es fehlt ihr nichts.»

Aber Mr. Cobb war immer noch unglücklich. «Wollen Sie nicht doch etwas tun, Herr Doktor?»

Das war eine der großen Fragen im Leben

eines Tierarztes. Wenn man nichts «tat», waren die Leute nicht zufrieden. In diesem speziellen Fall war es so, daß Mr. Cobb dringender einer Behandlung bedurfte als sein Liebling. Allerdings wollte ich Myrtle nicht, nur um ihn zu beruhigen, eine Spritze geben. Deshalb holte ich eine Schachtel Vitamintabletten aus meiner Tasche und schob dem kleinen Tier eine hinten über die Zunge.

«Das wär's», sagte ich. «Die Tablette wird ihr guttun.» Ich kam mir wie ein Scharlatan vor. Andererseits würde ihr die Tablette zumindest nicht schaden.

Mr. Cobb war sichtlich erleichtert. «Ah, das ist gut. Sie haben mein Gewissen beruhigt.» Er nahm Kurs auf einen üppig eingerichteten Salon und ging mit unsicheren Schritten auf einen Barschrank zu. «Wie wär's mit einem Gläschen, ehe Sie gehen?»

«Nein, vielen Dank, wirklich», sagte ich. «Lieber nicht.»

«Ich brauche einen Schluck, um meine Nerven zu beruhigen. Ich war so aufgeregt.» Er goß sich einen kräftigen Schluck Whisky ins Glas und winkte mich zu einem Sessel.

Mein Bett rief nach mir, aber ich setzte mich trotzdem und leistete ihm Gesellschaft, während er trank. Er erzählte mir, daß er Buchmacher gewesen sei und erst seit einem Monat in Darrowby lebe. Aber obwohl er beruflich mit Pferderennen nichts mehr zu tun habe, versäume er kein einziges Rennen im nördlichen England.

«Ich genehmige mir ein Taxi und mache mir einen guten Tag.» Sein Gesicht strahlte, während er sich an die glücklichen Stunden erinnerte, dann zitterten seine Wangen einen Moment, und der wehleidige Ausdruck kehrte in sein Gesicht zurück.

«Aber ich vernachlässige meinen Hund. Ich lasse ihn allein zu Hause.»

«Unsinn», sagte ich. «Ich habe Sie schon draußen in den Feldern mit Myrtle gesehen. Sie geben ihr viel Auslauf, nicht wahr?»

«O ja, wir machen jeden Tag lange Spaziergänge.»

«Na, dann hat sie doch ein gutes Leben. Sie machen sich unnötige Sorgen.»

Er sah mich mit strahlender Miene an und goß einen Schluck Whisky in sich hinein. «Sie sind ein guter Kerl», sagte er. «Kommen Sie, nehmen Sie wenigstens einen, bevor Sie gehen.»

«Also gut, aber nur einen kleinen, bitte.»

Während wir tranken, wurde er immer sanfter, bis er mich schließlich fast unterwürfig ansah. «James Herriot», lallte er. «Ich vermute, das ist Jim, was?»

«Ja.»

«Dann werde ich Sie Jim nennen, und Sie nennen mich Humphrey.»

«Gut, Humphrey», sagte ich und trank das letzte Tröpfchen von meinem Whisky. «Aber jetzt muß ich wirklich gehen.»

Draußen legte er die Hand auf meinen Arm, und sein Gesicht wurde wieder ernst. «Ich danke dir, Jim. Myrtle ging es wirklich ziemlich schlecht. Ich bin dir sehr dankbar.»

Als ich nach Hause fuhr, wurde mir klar, daß ich es nicht geschafft hatte, ihn davon zu überzeugen, daß seinem Hund überhaupt nichts gefehlt hatte. Er war überzeugt, daß ich Myrtle das Leben gerettet hatte. Es war ein ungewöhnlicher Besuch gewesen, und während mir der Zwei-Uhr-nachts-Whisky im Magen brannte, kam ich zu dem Schluß, daß dieser Humphrey Cobb zwar ein recht komischer kleiner Mann war, daß ich ihn aber trotzdem mochte.

Nach dieser Nacht sah ich ihn häufig mit Myrtle über die Wiesen und Felder gehen.

Wegen seiner fast kugeligen Gestalt schien es fast, als rollte er durch das Gras, aber er benahm sich immer vernünftig, außer daß er mir jedesmal überschwenglich dafür dankte, daß ich Myrtle den Klauen des Todes entrissen hätte, wie er sagte.

Dann plötzlich waren wir wieder am Anfang der Geschichte. Eines Nachts, kurz nach Mitternacht, klingelte das Telefon, und als ich den Hörer abnahm, hörte ich die weinerliche Stimme schon, bevor der Hörer mein Ohr berührte.

«Uuh ... Uuh ... Jim! Myrtle geht es wieder so schlecht. Kommst du bitte?»

«Was ... was ist es denn diesmal?»

«Sie hat so komische Zuckungen.»

«Zuckungen?»

«Ja, sie zuckt irgendwie ganz schrecklich. Bitte, komm, Jim, laß mich nicht warten. Ich habe eine Todesangst. Bestimmt hat sie Staupe.» Wieder Schluchzen.

Ich überlegte. «Sie kann nicht die Staupe haben, Humphrey. Die Staupe tritt nicht so plötzlich auf.»

«Ich bitte dich, Jim», sagte er wieder, als ob er nichts gehört hätte. «Sei ein guter Kerl. Bitte, komm und sieh dir Myrtle an.»

«Gut», sagte ich müde. «Ich bin in ein paar Minuten bei dir.»

«Du bist wirklich ein guter Kerl, Jim, ein guter Kerl.»

Ich legte den Hörer auf.

Ich zog mich in Ruhe an – nicht so hektisch wie beim erstenmal. Es klang ganz nach einer Wiederholung. Aber warum wieder nach Mitternacht? Ich war überzeugt, daß es auch diesmal wieder falscher Alarm war. Und doch – man konnte nie wissen.

Die gleiche schwindelerregende Whiskywolke schlug mir bei der Begrüßung entgegen. Und Humphrey polterte zweimal schnaufend und stöhnend gegen mich, als er mich zur Küche hin drängte. Er deutete auf den Korb in der Ecke.

«Da liegt sie», sagte er und rieb sich die Augen. «Ich komme gerade aus Ripon zurück und hab sie so vorgefunden.»

«Wieder beim Rennen gewesen, was?»

«Ja, ich habe gewettet und getrunken und meinen armen leidenden Hund allein zu Hause gelassen. Ich bin ein Schuft, Jim, ja, das bin ich.»

«Unsinn, Humphrey. Das habe ich dir doch schon damals gesagt. Du tust ihr nichts damit zuleide, wenn du mal einen Tag fort bist. Aber was ist mit den Zuckungen? Sie sieht doch völlig in Ordnung aus – im Moment jedenfalls.»

«Ja, jetzt hat sie damit aufgehört. Aber als ich nach Hause kam, machte ihr Hinterbein immer so ...» Und er machte eine zuckende Bewegung mit der Hand.

Ich stöhnte im stillen. «Vielleicht wollte sie sich kratzen oder eine Fliege wegjagen.»

«Nein, es war irgendwie anders. Ich weiß, daß sie leidet. Sieh dir doch diese Augen an.»

Ich sah, was er meinte. Myrtles Beagleaugen waren ganze Seen voller Gefühl, und es war nicht schwer, einen schmelzenden Vorwurf in ihnen zu lesen.

Obwohl ich wußte, daß es überflüssig war, untersuchte ich sie. Ich kannte das Ergebnis, die Diagnose – ohne Befund. Aber als ich versuchte, dem kleinen Männchen zu erklären, daß seinem Liebling nichts fehlte, wollte er es nicht wahrhaben.

«Bitte, gib ihr doch eine von deinen wunderbaren Tabletten», bat er. «Letztes Mal ist sie gleich davon gesund geworden.»

Ich spürte, daß ich ihn beruhigen mußte.

Also bekam Myrtle eine neue Vitaminzufuhr.

Humphrey war außerordentlich erleichtert und schwankte zufrieden auf den Salon und die Whiskyflasche zu.

«Ich brauche ein bißchen was, was mich aufrichtet nach diesem Schock», sagte er. «Und du brauchst auch einen, nicht wahr, Jim, mein Junge?»

Dieses Spielchen wiederholte sich in den folgenden Monaten noch mehrere Male – immer dann, wenn er beim Rennen gewesen war, und immer zwischen Mitternacht und ein Uhr. Ich hatte also reichlich Gelegenheit, das Geschehen zu analysieren, und kam zu einem auf der Hand liegenden Schluß.

Meistens war Humphrey ein ganz normaler, gewissenhafter Hundebesitzer, aber wenn er zuviel Alkohol getrunken hatte, schlug seine Zuneigung in weinerliche Sentimentalität um, und er wurde von Schuldgefühlen geplagt. Ich fuhr jedesmal zu ihm, wenn er nachts anrief, denn ich wußte, daß er in tiefer Not war und todunglücklich gewesen wäre, wenn ich mich geweigert hätte zu kommen. In Wirklichkeit behandelte ich Humphrey, nicht Myrtle.

Es amüsierte mich, daß er mir meine Beteuerungen, mein Besuch sei eigentlich unnötig gewesen, nicht ein einziges Mal glaubte. Jedesmal wieder war er überzeugt davon, daß meine Zaubertabletten dem Hund das Leben gerettet hätten.

O nein, ich ließ nie die Möglichkeit außer acht, daß Myrtle ihn ganz bewußt mit ihrem traurigen Blick traktierte. Hunde können sehr wohl ihre Mißbilligung ausdrücken. Ich nahm meinen eigenen Hund fast überall mit hin, aber wenn ich ihn einmal zu Hause ließ, um mit Helen ins Kino zu gehen, legte er sich unter unser Bett und schmollte, und wenn er wieder hervorkam, ignorierte er uns mindestens ein, zwei Stunden lang.

Ich zitterte, als Humphrey mir erzählte, daß er beschlossen habe, Myrtle belegen zu lassen. Ich ahnte, daß mir eine schwere Zeit bevorstand. Genauso war es dann auch. Der kleine dicke Mann flüchtete sich in eine Reihe von alkoholischen Angstzuständen, die alle unbegründet waren, und entdeckte während der neun Wochen immer wieder neue eingebildete Symptome an Myrtle.

Ich war sehr erleichtert, als sie fünf gesunden Jungen das Leben schenkte. Nun, dachte ich, würde ich etwas mehr Ruhe haben. Tatsache war, daß ich Humphreys nächtliche Anrufe satt hatte. Ich hatte es mir zum Prinzip gemacht, mich nie zu weigern, nachts aufzustehen und zu ihm zu gehen. Aber das Maß war voll. Und bei einem der nächsten Male würde ich Humphrey das sagen müssen.

Der Fall trat ein, als die Jungen ein paar Wochen alt waren. Ich hatte einen schrecklichen Tag hinter mir. Morgens um fünf ein Uterus-Vorfall bei einer Kuh, dann stundenlange Fahrten zu verschiedenen Höfen, ohne Unterbrechung, ohne Mittagessen, und am Abend hatte ich mich mit behördlichen Formularen abgequält, von denen ich einige, wie ich vermutete, falsch ausgefüllt hatte.

Als ich hundemüde ins Bett ging, brummte mir der Kopf, so sehr hatte ich mich verkrampft. Ich lag lange wach und versuchte die Formulare zu vergessen, und es war schon ein ganzes Stück nach Mitternacht, als ich endlich einschlief.

Ich habe immer die komische Vorstellung gehabt, daß, wenn ich wirklich einmal dringend Schlaf brauche, prompt nachts ein Anruf kommt. Als das Telefon in mein Ohr

schrillte, war ich also im Grunde nicht überrascht.

Die Leuchtzeiger des Weckers zeigten, daß
es 1 Uhr 15 war. «Hallo», brummte ich.

«Uuh ... Uuh ... Uuh!» Das Gejaule kam
mir zu bekannt vor. Ich biß die Zähne zusammen. Das hatte mir gerade noch gefehlt!

«Humphrey! Was ist denn nun schon wieder?»

«O Jim, Myrtle stirbt, wirklich, ich weiß,
daß sie stirbt. Komm schnell, Junge, komm
schnell!»

«Sie stirbt?» Ich holte ein paarmal ras-
selnd Luft. «Woher weißt du das?»

«Also ... sie liegt auf der Seite und
zittert.»

«Sonst noch was?»

«Ja, die Frau sagte, Myrtle hätte so gequält ausgesehen und sei so steifbeinig gelaufen, als sie sie heute nachmittag in den
Garten ließ. Ich bin noch nicht lange aus
Redcar zurück, verstehst du?»

«Du bist also wieder beim Pferderennen
gewesen, ja?»

«Stimmt ... und ich habe meinen Hund
vernachlässigt. Ich bin ein Schuft, ein ganz
gemeiner Schuft.»

Ich schloß die Augen in der Dunkelheit. Es würde immer so weitergehen mit den eingebildeten Symptomen. Diesmal zitterte sie, sah gequält aus, lief steifbeinig. Keuchen, Zuckungen, Kopfnicken, die Ohren schütteln, das hatten wir alles schon gehabt – was würde das nächste sein? Genug war genug. «Hör zu, Humphrey», sagte ich. «Mit deinem Hund ist alles in Ordnung. Ich habe dir doch immer wieder gesagt ...»

«O Jim, red nicht solang. Bitte komm. Uuh ... Uuh!»

«Ich komme nicht, Humphrey.»

«Bitte, Jim, sag das nicht! Es geht mit ihr zu Ende, ich sage es dir.»

«Ich meine es ernst. Wir vergeuden nur meine Zeit und dein Geld. Geh lieber ins Bett. Myrtle fehlt nichts.»

Während ich zitternd unter meiner Bettdecke lag, merkte ich, daß es eine ziemlich zermürbende Sache war, sich zu weigern, irgendwo hinzufahren. Es hätte mich weniger Kraft gekostet, aufzustehen und einer weiteren Vorstellung im Cedar House beizuwohnen, als zum erstenmal in meinem Leben «Nein» zu sagen. Aber so konnte es nicht weitergehen. Ich mußte fest bleiben.

Von Gewissensbissen hin und her gerissen, sank ich endlich in einen leichten Schlaf. Aber das Unterbewußtsein, das auch während des Schlafs weiterarbeitet, ließ mir keine Ruhe. Plötzlich war ich wieder hellwach. Der Wecker zeigte 2 Uhr 30.

«Mein Gott!» rief ich und starrte an die dunkle Zimmerdecke. «Myrtle hat Eklampsie!»

Ich sprang aus dem Bett und zog mich an.

«Was ist? Was ist los?» fragte Helen mit verschlafener Stimme.

«Humphrey Cobb!» stieß ich hervor und band mir den Schuh zu.

«Humphrey? Aber du hast doch gesagt, das sei nie eilig ...»

«Heute ist es eilig. Sein Hund stirbt.» Ich sah wieder auf die Uhr, griff nach meiner Krawatte, warf sie aber wieder zurück auf den Stuhl. «Verdammt! Die brauche ich nicht!» Ich sauste aus dem Zimmer.

Ich lief durch den Garten zur Garage. Unterwegs malte ich mir die Lage aus. Eine kleine Hündin, die fünf Junge säugte, Anzeichen von Angst und Steifheit heute nachmittag, und jetzt lag sie entkräftet da und zitterte. Eine klassische Wochenbett-

Eklampsie! Die ohne Behandlung schnell zum Tod führte. Und es war fast anderthalb Stunden her, seit er angerufen hatte. Ich mochte gar nicht daran denken.

Humphrey war noch auf. Er hatte sich offensichtlich mit der Flasche getröstet. Er konnte kaum noch stehen.

«Du bist also doch gekommen, Jim, mein Junge», murmelte er und blinzelte mich mit tränenden Augen an.

«Ja, wie geht's ihr?»

«Immer noch dasselbe.»

Ich umklammerte das Kalzium und die Spritze und drängte mich hinter ihm in die Küche.

Myrtle lag ausgestreckt da und schüttelte sich in Krämpfen. Sie atmete keuchend, zitterte heftig, und Speichelfäden tropften aus ihrer Schnauze. Die Augen hatten ihren weichen Glanz verloren, sie wirkten glasig und hatten einen starrenden Blick. Aber sie lebte … sie lebte.

Ich hob die winselnden Jungen hoch und legte sie auf ein Tuch, schnitt dann schnell ein paar Haare ab und reinigte die Stelle über der Radialvene. Ich führte die Nadel in die Vene ein und begann mit unendlicher

Sorgfalt und sehr langsam den Kolben in die Spritze zu drücken. Bei dieser Krankheit war Kalzium *das* Heilmittel, doch wenn man es zu schnell injizierte, bedeutete es den sicheren Tod des Patienten.

Ich brauchte mehrere Minuten, um die Spritze zu leeren. Dann hockte ich mich hin und wartete. In manchen Fällen war außer dem Kalzium auch noch ein Narkotikum erforderlich, und ich hatte Nembutal und Morphium bereitgelegt. Aber Myrtles Atem wurde ruhiger, und die starren Muskeln begannen sich zu entspannen. Als sie anfing, ihren Speichel hinunterzuschlucken, und als ihre Augen zu mir wanderten, wußte ich, daß sie am Leben bleiben würde.

Ich wartete, bis das letzte Zittern aus ihren Gliedern geschwunden war. Plötzlich legte sich eine Hand auf meine Schulter, Humphrey stand mit der Whisky-Flasche in der Hand hinter mir.

«Willst du einen Schluck, Jim?»

Er brauchte mich nicht zu überreden. Der Schrecken, daß ich beinahe verantwortlich für Myrtles Tod gewesen wäre, war mir in die Knochen gefahren.

Meine Hand zitterte noch, als ich das Glas

hob. Ich hatte kaum den ersten Schluck getrunken, als Myrtle aufstand und zu ihren Jungen ging und sie beschnupperte.

Manche Eklampsien reagierten langsam auf das Medikament, aber bei manchen wirkte es überraschend schnell. Ich war, meiner Nerven wegen, dankbar, daß es in diesem Fall so schnell gewirkt hatte.

So schnell, daß es kaum zu glauben war, denn nachdem Myrtle ihre Kinder beschnüffelt hatte, kam sie um den Tisch herum, um mich zu begrüßen. Ihre Augen sahen mich freundlich an, und sie wedelte nach echter Beagle-Art mit steil in die Höhe stehendem Schwanz.

Ich streichelte ihr die Ohren, als Humphrey in ein kehliges Gelächter ausbrach.

«Weißt du, Jim, heute abend habe ich was gelernt.» Er sprach schleppend, aber er war noch im Besitz seines Verstandes.

«Und was hast du gelernt, Humphrey?»

«Ich habe gelernt … hi-hi-hi … ich habe kapiert, was für ein alberner Geselle ich in all diesen Monaten gewesen bin.»

«Wie meinst du das?»

Er hob den Zeigefinger und bewegte ihn hin und her. «Tja, du hast es mir ja immer wieder gesagt. Du hast jedesmal gesagt, ich hätte dich für nichts und wieder nichts aus dem Bett geholt und hätte mir immer nur eingebildet, daß mein Hund krank sei.»

«Ja», sagte ich. «Das stimmt.»

«Und ich habe dir nie geglaubt, nicht wahr? Ich wollte es nicht hören. Aber jetzt weiß ich, daß du recht hattest. Ich bin ein Dummkopf gewesen, und es tut mir aufrichtig leid, daß ich dich in all den vielen Nächten gestört habe.»

«Ach, mach dir deswegen keine Sorgen, Humphrey.»

«Ja, aber es war nicht recht.» Er machte eine Handbewegung zu seinem strahlenden, mit dem Schwanz wedelnden Hündchen hin. «Sieh sie dir doch an. Jeder sieht, daß ihr heute abend nicht das geringste gefehlt hat.»

Die fröhliche Venus

Der Bauer kam zwischen den Kühen hindurch und griff nach dem Schwanz meiner Patientin. Als ich seinen Haarschnitt sah, wußte ich sofort, daß Josh Anderson, der Friseur, wieder am Werk gewesen war. Es war Sonntag morgen, und alles paßte zusammen. Ich hätte wirklich nicht zu fragen brauchen.

«Sie waren gestern abend im *Fasanen*, nicht wahr?» fragte ich unbekümmert, als ich das Thermometer einführte.

Er fuhr sich reumütig mit der Hand über den Kopf. «Ah, ja, war ich, und jetzt sitze ich da! Man sieht es, was? Meine Frau liegt mir auch schon dauernd damit in den Ohren.»

«Und Josh hatte wieder mal einen zuviel, was?»

«Ja, hatte er. Ich hätte es wissen müssen – an einem Sonnabend abend. Es ist meine Schuld.»

Josh Anderson war einer der Friseure am Ort. Er liebte seinen Beruf, aber er liebte auch das Bier. Und er war seinem Beruf so ergeben, daß er abends seine Schere und seine Haarschneidemaschine mitnahm, wenn er in die Kneipe ging. Für ein Maß Bier machte er jedem auf der Herrentoilette einen Schnellschnitt.

Die Stammkunden vom *Fasanen* waren längst nicht mehr überrascht, wenn sie in der Toilette einen Kunden von Josh Anderson vorfanden, der brav auf dem Klositz hockte, während der Meister schnippelnd um seinen Kopf herumtanzte. Aber die Kunden von Josh wußten, daß sie sich auf ein Risiko einließen. Wenn die Einnahmen des Friseurs bescheiden geblieben waren, kamen sie relativ ungeschoren davon, denn die Haarmode in Darrowby war nicht sonderlich anspruchsvoll. Doch wenn Josh nur ein wenig über den Durst getrunken hatte, konnten schreckliche Dinge passieren. Noch hatte Josh niemandem das Ohr abgeschnitten, jedenfalls war nichts dergleichen bekannt geworden. Aber wenn man am Sonntag oder Montag durch das Städtchen ging, konnte man schon äußerst seltsame Frisuren erblicken.

Ich betrachtete den Kopf des Bauern. Meiner Erfahrung nach mußte Josh etwa beim zehnten Maß Bier gewesen sein, als er diesen Haarschnitt verbrochen hatte. Die rechte Kotelette war zum Beispiel ordentlich getrimmt, während die linke ganz und gar verschwunden war. Das Haar oben auf dem Kopf sah aus, als sei Josh auf gut Glück mit der Schere hindurchgefahren. An einigen Stellen war der Kopf kahl, an anderen hing das Haar in langen Büscheln. Den Hinterkopf konnte ich nicht sehen, aber bestimmt bot auch er einen interessanten Anblick – vielleicht hing dort ein Zopf oder etwas Ähnliches.

Ja, dachte ich, es war bestimmt nach dem zehnten Maß. Nach zwölf bis vierzehn Maß ließ Josh alle Vorsicht fahren. Er fuhr dann einfach mit der Haarschneidemaschine über den Kopf seines Opfers und ließ nur vorn ein Haarbüschel stehen. Der klassisch geschorene Sträflingskopf, der den Besitzer nötigte, mehrere Wochen lang ständig eine über beide Ohren gezogene Mütze zu tragen.

Ich ging immer auf Nummer Sicher. Wenn ich mir die Haare schneiden lassen mußte, ging ich zur Geschäftszeit in Joshs Laden, wo er stets nur im Zustand absoluter Nüchternheit arbeitete.

Einige Tage später saß ich dort und wartete, bis ich an die Reihe kam. Mein Hund Sam lag unter meinem Stuhl, und ich beobachtete den Friseur bei der Arbeit. Auf dem Stuhl saß ein beleibter Mann, und ich sah im Spiegel, wie sich sein rotes Gesicht über dem in den Kragen gesteckten weißen Tuch alle paar Sekunden vor Schmerz verzog. Es war nämlich so, daß Josh die Haare nicht schnitt, sondern ausriß. Das lag nicht nur daran, daß seine Geräte altersschwach waren und dringend hätten geschärft werden müssen. Es war so, daß Josh sich einen bestimmten Dreh des Handgelenks angewöhnt hatte. Wenn er mit der Haarschneidemaschine den Nacken hinauffuhr, riß er am Ende jeder Bahn mit einem Ruck die Haare mitsamt den Wurzeln aus. Er war nie dazu gekommen, sich eine elektrische Haarschneidemaschine zu kaufen. Aber ich bin mir im Zweifel, ob sich, hätte er es getan, wirklich etwas geändert hätte.

Eigentlich war es ein Wunder, daß alle sich von Josh die Haare schneiden ließen. Es gab nämlich noch einen anderen Friseur in der Stadt. Aber die Leute mochten Josh.

Ich saß also in seinem Laden und sah ihm

bei der Arbeit zu. Er war ein schmaler Mann in den Fünfzigern. Sein kahler Kopf sprach den vielen Haarwuchsmitteln in seinen Regalen Hohn. Sein sanftes Lächeln, das ihn nie zu verlassen schien, und seine großen, seltsam weltfremd wirkenden Augen verliehen ihm eine ungewöhnliche Anziehungskraft.

Und dann war da noch seine offenkundige Zuneigung zu seinen Mitmenschen. Als der Kunde sich vom Stuhl erhob, sichtlich erleichtert, daß die schwere Prüfung vorüber war, tänzelte Josh um ihn herum, bürstete ihm die Haare ab und schwatzte fröhlich auf ihn ein. Er hatte dem Mann nicht nur die Haare geschnitten, sondern allem Anschein nach ein angenehmes geselliges Ereignis genossen.

Neben dem beleibten Bauern sah Josh noch zierlicher aus, und ich fragte mich verwundert, wie schon sooft, wie er es überhaupt fertigbrachte, all das viele Bier in sich aufzunehmen.

Allerdings sind Ausländer oft erstaunt, welche Mengen Bier Engländer konsumieren können. Selbst heute, nach vierzig Jahren in Yorkshire, vermag ich noch nicht mit ihnen zu wetteifern – vielleicht liegt es daran, daß ich in Glasgow aufgewachsen bin. Bei mir setzt jedenfalls nach zwei, drei Maß ein starkes Unbehagen ein. Bemerkenswert ist, daß ich in all den Jahren nicht einen einzigen Betrunkenen in Yorkshire erlebt habe. Die natürliche Zurückhaltung der Männer lockert sich ein bißchen, und sie werden immer leutseliger, während sie sich ein Glas nach dem andern hinter die Binde kippen, aber sie fallen fast nie aus der Rolle und machen nie irgendwelche Dummheiten.

Josh zum Beispiel trank jeden Abend in der Woche etwa acht Maß – außer Sonnabend, wo er es auf zehn bis vierzehn brachte. Und trotzdem wirkte er nie anders, wenn er getrunken hatte. Seine berufliche Geschicklichkeit litt, aber das war auch alles.

Jetzt wandte er sich an mich. «Wie schön, Mr. Herriot, Sie wieder einmal zu sehen.» Er schenkte mir ein warmes Lächeln, und seine großen Augen mit ihrer fast unergründlichen Tiefe sahen mich liebevoll an, während er mich zum Stuhl hindrängte. «Geht es Ihnen gut?»

«O ja, danke, Mr. Anderson», antwortete ich. «Und wie geht es Ihnen?»

«Gut, Sir, gut.» Er schob mir den weißen Umhang unter das Kinn und lachte amüsiert, als mein kleiner Beagle zu uns herübergetrottet kam und sich unter den Umhang legte.

«Hallo, Sam, du bist also auch mitgekommen, wie immer.» Er beugte sich zu ihm hinunter und streichelte seine schimmernden Ohren. «Wirklich, Mr. Herriot, er ist ein treuer Freund. Läßt Sie nie aus den Augen.»

«Das stimmt», sagte ich. «Und ich mag ohne ihn auch nicht aus dem Haus gehen.» Ich schwang in meinem Stuhl zu Josh herum. «Übrigens, habe ich Sie neulich nicht auch mit einem Hund gesehen?»

Josh hielt, die Schere in der Hand, mitten in der Bewegung inne. «Das haben Sie wohl. Eine kleine Hündin. Ein Streuner. Ich hab ihn vom Katzen- und Hundeheim in York. Jetzt, wo unsere Kinder alle aus dem Haus sind, wollten meine Frau und ich gern einen Hund haben. Und wir lieben unsere Venus sehr. Sie ist ein wunderbares Tier, sage ich Ihnen.»

«Was für eine Rasse ist es denn?»

«Du meine Güte, da dürfen Sie mich nicht fragen. Eine Promenadenmischung, und ich schätze, daß sie keinen Stammbaum hat. Aber sie ist unbezahlbar.»

Ich wollte ihm gerade zustimmen, als er die Hand hob. «Warten Sie einen Moment, ich hole sie runter.»

Er wohnte über dem Laden, und er polterte mit schweren Schritten die Treppe hinauf. Mit einer kleinen Hündin auf dem Arm kehrte er polternd zurück.

«Da ist sie, Mr. Herriot. Was halten Sie von ihr?» Er setzte sich vor mich auf den Boden, damit ich sie ansehen konnte.

Ich betrachtete das kleine Tier. Es hatte ein hellgraues, langes, gekräuseltes Fell. Auf den ersten Blick sah es aus wie eine Miniaturausgabe eines Wensleydale-Schafs. Eindeutig ein Kerlchen von verwirrender Abstammung, aber die sich an mich drängende Schnauze und der wedelnde Schwanz zeugten von seiner Gutartigkeit.

«Ich mag Ihren Hund», sagte ich. «Ich glaube, Sie haben sich den richtigen ausgesucht.»

«Das glauben wir auch.» Er stupste die kleine Hündin an und streichelte sie, und ich bemerkte, daß er eine lange Haarsträhne hochnahm und sie sanft zwischen Zeigefinger und Daumen zwirbelte. Es sah komisch aus, aber dann fiel mir ein, daß es genau das war, was er auch bei seinen Kunden tat. «Ja, wir haben sie Venus genannt», sagte er.

«Venus?»

«Weil sie so schön ist.» Sein Ton war ganz ernst.

«Aha», sagte ich. «Ich verstehe.»

Er wusch sich die Hände, griff nach der Schere, nahm eine Strähne meines Haars und zwirbelte sie sanft zwischen Zeigefinger und Daumen, bevor er sie abschnitt.

Ich verstand nicht, warum er das tat, aber ich war so mit anderen Dingen beschäftigt, daß ich nicht weiter darüber nachdachte. Ich mußte mich wappnen. Mit der Schere war es noch nicht so schlimm – es gab nur jedesmal einen unangenehmen Ruck, wenn die stumpfen Blätter sich schlossen.

Als er nach der Haarschneidemaschine griff, umklammerte ich die Stuhllehnen, als sei ich beim Zahnarzt. Solange er über meinen Hinterkopf fuhr, war noch alles in Ordnung, aber am Ende der Bahn, wenn der Dreh des Handgelenks kam und die letzten Haare mitsamt den Wurzeln ausgerissen wurden, verzog sich mein Gesicht, wie ich im Spiegel sah, jedesmal zu einer Grimasse. Hin und wieder entfuhr mir versehentlich ein schmerzliches «Oh!», aber Josh war nicht anzumerken, ob er es gehört hatte.

Ich kannte das nun schon seit Jahren. Ich hatte oft genug in seinem Laden gesessen und die halberstickten Schmerzensschreie anderer Kunden gehört, aber nie hatte der Friseur irgendeine Reaktion gezeigt.

Es war nämlich so, daß er sich, obwohl er nicht im geringsten arrogant oder eingebildet war, für einen begnadeten Haarschneider hielt. Auch jetzt, als er mich zum Schluß noch einmal überkämmte, strahlte er vor Stolz über das ganze Gesicht. Den Kopf auf die Seite gelegt, tätschelte er mein Haar immer wieder, drehte den Stuhl, um mich von allen Seiten zu betrachten, und stutzte hier und da noch ein Büschel, ehe er mir den Handspiegel reichte.

«Gut so, Mr. Herriot?» fragte er mit der Zufriedenheit eines Mannes, der weiß, daß er seine Sache gut gemacht hat.

«Wunderbar, Mr. Anderson, sehr schön.» Die Erleichterung, daß es vorbei war, verlieh meiner Stimme Wärme.

Er machte eine leichte Verbeugung. «Sie

wissen ja, Mr. Herriot: Es ist leicht, einem Kunden Haar abzuschneiden. Das Geheimnis ist, zu wissen, was man stehenlassen soll.»

Ich hatte das schon Hunderte von Malen gehört. Trotzdem lachte ich, während er mir mit seiner Kleiderbürste über meine Jacke fuhr.

Mein Haar pflegte damals sehr schnell zu wachsen, und bevor ich ihm den nächsten Besuch machen konnte, stand er eines Tages vor meiner Tür. Ich trank gerade Tee, als es anhaltend klingelte.

Er hatte Venus auf dem Arm. Aber das fröhliche kleine Hündchen, das ich im Laden gesehen hatte, war kaum noch wiederzuerkennen. Aus seiner Schnauze lief Speichel, es würgte und fuhr sich dauernd mit der Pfote ins Gesicht.

Josh sah bestürzt aus. «Meine arme Venus! Sie erstickt, Mr. Herriot. Sehen Sie sich das an! Sie stirbt, wenn Sie nicht schnell etwas tun.»

«Moment, Mr. Anderson. Sagen Sie doch, was ist passiert? Hat sie etwas verschluckt?»

«Ja, einen Hühnerknochen.»

«Aha, einen Hühnerknochen! Wissen Sie

nicht, daß Sie einem Hund nie Hühnerknochen geben dürfen?»

«Doch, ich weiß, ich weiß. Aber wir hatten Huhn zu Mittag, und sie hat sich das Gerippe aus dem Mülleimer geholt, die kleine Diebin. Sie hat eine ganze Menge davon gefressen, ehe ich es gemerkt habe, und jetzt ist sie am Ersticken.» Er starrte mich an, seine Lippen zitterten. Er war den Tränen nahe.

«Jetzt beruhigen Sie sich», sagte ich energisch. «Ich glaube nicht, daß sie erstickt. Übrigens ist sie dauernd mit ihrer Pfote zugange. Ich nehme an, ihr ist etwas in der Schnauze steckengeblieben.»

Ich griff dem kleinen Tier mit Finger und Daumen zwischen die Kiefer und drückte sie auseinander. Und zu meiner großen Erleichterung erblickte ich etwas, was allen Tierärzten vertraut ist: einen langen spitzen Knochen, der sich zwischen den Backenzähnen festgeklemmt hatte und wie ein Querbalken hinten im Gaumen saß.

Wie gesagt, so etwas kommt häufig vor, und es ist eine harmlose Sache, die ein erfahrener Tierarzt mühelos mit Hilfe einer Pinzette beheben kann. Der Erfolg stellt sich sofort ein, man braucht ein wenig Geschicklichkeit, nicht mehr, und der Ruhm ist groß. Ich liebte solche Fälle.

Ich legte dem Friseur die Hand auf die Schulter. «Sie brauchen sich keine Sorgen zu machen, Mr. Anderson, es ist nur ein Knochen, der zwischen den Backenzähnen steckt. Kommen Sie mit in das Behandlungszimmer, ich werde ihn im Nu beseitigen.»

Er sah mich erleichtert an, während wir durch den Flur ins Behandlungszimmer gingen. «Oh, Gott sei Dank, Mr. Herriot. Ich dachte schon, es sei vorbei mit ihr, wirklich. Wo wir uns so an das kleine Hündchen gewöhnt haben. Ich könnte es nicht ertragen, meine Venus zu verlieren.»

Ich lachte, setzte den Hund auf den Behandlungstisch und griff nach einer kräftigen Pinzette. «Kein Problem, ich versichere es Ihnen. Es dauert nur eine Minute.»

Jimmy, inzwischen fünf Jahre alt, war hinter uns hergekommen und beobachtete mit halbem Interesse, wie ich das Instrument in der Schwebe hielt. Trotz seiner jungen Jahre hatte auch er so etwas schon häufig gesehen, und es war nicht mehr aufregend für ihn.

Aber man konnte ja nie wissen ... Es lohnte sich schon, einen Blick zu riskieren, denn manchmal passierten komische Dinge. Er steckte die Hände in die Taschen, wippte auf den Sohlen hin und her und pfiff vor sich hin.

Gewöhnlich braucht man nur die Schnauze zu öffnen, den Knochen mit der Pinzette zu greifen und ihn herauszuziehen. Aber Venus wich vor dem glänzenden Metall zurück, und der Friseur ebenfalls. Die Angst in den Augen des Hundes spiegelte sich viermal so stark in denen des Besitzers.

Ich versuchte beide zu beruhigen. «Es ist nicht schlimm, Mr. Anderson. Ich werde Ihrem Hündchen nicht weh tun. Sie brauchen nur einen Moment seinen Kopf festzuhalten.»

Der kleine Mann holte tief Luft, packte den Hund im Nacken, preßte die Augen zu und wandte sich so weit ab, wie er nur konnte.

«Und jetzt, kleine Venus», gurrte ich, «mache ich dich wieder gesund.»

Offenbar glaubte Venus mir nicht. Sie zappelte heftig und schlug mit der Pfote nach meiner Hand, während ihr Besitzer seltsame stöhnende Laute von sich gab. Als ich die Pinzette endlich in ihrer Schnauze hatte, klappte sie die Zähne zusammen und biß fest auf das Instrument. Und als ich begann, mit ihr zu rangeln, konnte Mr. Anderson es nicht mehr aushalten und ließ den Kopf los.

Der kleine Hund sprang auf den Fußboden und nahm dort seinen Kampf wieder auf. Jimmy schaute gebannt zu.

Mehr sorgenvoll als ärgerlich sah ich den Friseur an. Er hatte eine ungeschickte Hand, wie seine Haarschneidekünste bewiesen, und er schien unfähig, einen zappelnden Hund festzuhalten.

«Versuchen wir es anders», sagte ich fröhlich. «Wir machen es auf dem Fußboden. Vielleicht hat sie Angst vor dem Tisch. Es ist nur eine harmlose kleine Sache, wirklich.»

Mit zusammengebissenen Zähnen und zusammengekniffenen Augen beugte sich Mr. Anderson vor und streckte seine zitternden Hände nach seinem Hund aus. Aber jedesmal, wenn er ihn berührte, rutschte er von ihm weg, bis der Friseur schließlich mit einem Seufzer kopfüber auf den Fliesenboden fiel. Jimmy kicherte.

Ich half dem Friseur wieder auf die Füße. «Ich will Ihnen etwas sagen, Mr. Anderson. Ich gebe Ihrem Hündchen eine kleine Betäubungsspritze. Dann hört der Zirkus hier auf.»

Josh erbleichte. «Eine Spritze? Sie wollen sie betäuben?» Angst flackerte in seinen Augen auf. «Wird sie das überstehen?»

«Natürlich. Lassen Sie sie nur bei mir, und kommen Sie in einer Stunde wieder. Dann ist es wieder so weit, daß sie laufen kann.» Ich drängte ihn durch die Tür in den Flur hinaus.

Er warf einen mitleidigen Blick auf seinen Liebling. «Ist es auch wirklich das richtige?»

«Ganz bestimmt. Wir regen sie nur auf, wenn wir so weitermachen.»

«Also gut. Ich gehe solange zu meinem Bruder.»

«Wunderbar.» Ich wartete, bis ich die Haustür hinter ihm zufallen hörte, und machte schnell die Spritze zurecht.

Hunde stellen sich nicht so an, wenn ihre Besitzer nicht anwesend sind. So konnte ich Venus ohne Schwierigkeiten vom Fußboden auf den Behandlungstisch heben. Aber sie

hatte immer noch die Kiefer fest zusammen-
gepreßt und bleckte die Zähne.

«Ist ja gut, Venus, ganz wie du willst»,
sagte ich. Ich griff nach ihrem Bein, schnitt
ein paar Haare weg und band die Vene ab.
Damals mußten Siegfried und ich alle Be-
täubungen meist ohne jede Hilfe machen. Es
ist erstaunlich, was man alles kann, wenn es
nötig ist.

Venus schien es gleichgültig zu sein, was
ich machte, solange ich von ihrem Gesicht
wegblieb. Ich stieß die Nadel in die Vene,
drückte auf den Kolben, und innerhalb von
Sekunden entspannte sie sich, und ihr Kopf
und ihr ganzer Körper sanken auf den Behandlungstisch. Ich rollte sie auf die Seite.
Sie schlief fest.

«Jetzt ist es nicht mehr schwierig,
Jimmy», sagte ich zu meinem Sohn. Mühelos
schob ich mit Daumen und Zeigefinger die
Zähne auseinander, griff den Knochen mit
der Pinzette und zog ihn aus der Schnauze.
«Nichts mehr drin, prima. Alles o. k.»

Ich ließ den Knochen in den Abfallbehäl-
ter fallen. «Ja, so muß man es machen, mein
Junge. Keine lächerliche Balgerei. So macht
es der erfahrene Tierarzt.»

380

Mein Sohn nickte ernst. Es war wieder langweilig jetzt. Er hatte auf große Dinge gehofft, als Mr. Anderson der Länge nach zu Boden gefallen war, aber das hier war lahm und konnte ihm nicht einmal mehr ein Lächeln abnötigen.

Aber auch mein eigenes zufriedenes Lächeln gefror, als ich plötzlich sah, daß Venus nicht mehr atmete. Ich versuchte das plötzliche Schlingern meines Magens zu ignorieren, denn ich bin immer ein nervöser Anästhesist gewesen. Noch heute habe ich die Angewohnheit, wenn einer meiner jüngeren Kollegen operiert, meine Hand auf die Brust des Patienten zu legen, dort, wo das Herz ist, und ein paar Sekunden mit weit aufgerissenen Augen wie erstarrt dazustehen. Ich weiß, daß die jungen Kollegen es hassen, wenn ich auf solche Art Beunruhigung und Verzweiflung verbreite, und eines Tages hat man mich sogar in scharfem Ton gebeten, den Raum zu verlassen. Aber ich kann es nun einmal nicht ändern.

Während ich Venus beobachtete, sagte ich mir wie immer, daß keine Gefahr bestand. Sie hatte die richtige Dosis bekommen, und im übrigen gab es bei Pentothal oft einen kürzeren Atemstillstand. Es war alles normal, und trotzdem wünschte ich sehnlichst, der Hund würde wieder anfängen zu atmen.

Das Herz schlug regelmäßig. Ich preßte ein paarmal die Rippen zusammen – nichts. Ich berührte den ins Blinde starrenden Augapfel – kein Kornesreflex. Ich trommelte mit den Fingern auf den Tisch und sah das kleine Tier prüfend an. Jimmy beobachtete mich erwartungsvoll. Sein Interesse für die Tiermedizin rührte in erster Linie von seiner Liebe zu Tieren her, aber es kam noch etwas anderes hinzu: er wußte nie, wann sein Vater etwas Komisches tat oder wann ihm etwas Komisches passierte.

Die unvorhersehbaren Mißgeschicke bei der täglichen Arbeit waren für Jimmy immer etwas zum Lachen, und er hatte deutlich das Gefühl, daß wieder etwas Komisches bevorstand.

Seine Ahnung erfüllte sich, als ich Venus plötzlich mit beiden Händen ergriff, sie ein paarmal erfolglos über meinem Kopf schüttelte und dann im Laufschritt mit ihr durch den Flur stürmte. Ich hörte die trippelnden kleinen Schritte meines Sohnes dicht hinter mir.

Ich stieß die Seitentür auf und stürzte in den Garten, blieb in dem schmalen Teil neben dem Haus stehen – nein, hier war nicht genug Platz – und rannte weiter auf den Rasen zu.

Dort legte ich den kleinen Hund ins Gras und kniete mich neben ihn, in der Haltung eines Betenden. Ich wartete und beobachtete ihn mit hämmerndem Herzen, aber seine Rippen bewegten sich nicht, und seine Augen starrten weiter blicklos ins Leere.

Oh, das konnte doch nicht sein! Ich packte den Hund bei den Hinterbeinen und wirbelte ihn um meinen Kopf herum, mal höher, mal tiefer, mit all meiner Kraft, so daß ich eine bemerkenswerte Geschwindigkeit erreichte. Diese Wiederbelebungsmethode scheint heute aus der Mode gekommen zu sein – damals war sie sehr gebräuchlich. Jedenfalls fand sie die volle Zustimmung meines Sohnes, der vor lauter Lachen ins Gras plumpste. Als ich anhielt und die immer noch unbewegten Rippen anstarrte, schrie er: «Weiter, Daddy, weiter.» Und er brauchte nicht länger als ein paar Sekunden zu warten, bis Venus wieder wie ein Vogel durch die Lüfte sauste.

Es übertraf alle seine Erwartungen. Er hatte sich wahrscheinlich schon geärgert, daß er für nichts und wieder nichts sein Marmeladenbrot im Stich gelassen hatte. Jetzt kam er voll auf seine Kosten. Bis auf den heutigen Tag ist mir die Szene noch gegenwärtig: meine Anspannung, die Angst, daß mein Patient womöglich ohne jeden Grund starb – und im Hintergrund das unbekümmerte Gelächter meines Sohnes.

Ich weiß nicht mehr, wie oft ich anhielt und den schlaffen Körper ins Gras legte, untersuchte und gleich darauf wieder herumwirbelte, bis Venus bei einer dieser Pausen die Brust hob und mit den Augen blinzelte.

Mit einem Seufzer der Erleichterung ließ ich mich auf den kühlen Rasen fallen und beobachtete durch die grünen Grashalme hindurch, wie das Atmen regelmäßiger wurde und Venus sich die Schnauze leckte und um sich blickte.

Ich wagte noch nicht gleich aufzustehen, denn die alte Gartenmauer drehte sich noch immer vor meinen Augen und ich hatte Angst, ich würde zu Boden stürzen.

Jimmy war enttäuscht. «Machst du jetzt nicht mehr weiter, Daddy?»

«Nein, mein Sohn, nein.» Ich setzte mich auf und zog Venus auf meinen Schoß. «Jetzt ist alles vorbei, Venus.»

«Das war aber komisch. Warum hast du das getan?»

«Damit der Hund wieder atmet.»

«Machst du das immer so, wenn sie wieder atmen sollen?»

«Nein, zum Glück ist das nicht oft nötig.» Ich kam langsam auf die Füße und trug das kleine Tier in den Behandlungsraum.

Als Josh Anderson kam, sah sein kleiner Liebling fast wieder normal aus.

«Sie ist noch ein bißchen benommen von der Betäubung», sagte ich. «Aber das wird nicht lange dauern.»

«Oh, großartig! Und der verdammte Knochen, ist er …?»

«Alles raus, Mr. Anderson.»

Er wich zurück, als ich die Schnauze öffnete. «Sehen Sie?» sagte ich. «Nichts mehr drin.»

Er lächelte glücklich. «Haben Sie irgendwelche Sorgen mit ihr gehabt?»

Meine Eltern hatten mich gelehrt, lieber ehrlich zu sein als klug, und fast hätte ich die ganze Geschichte erzählt. Aber warum sollte ich dem empfindlichen kleinen Mann Kummer machen? Wenn ich ihm erzählte, daß sein Hund eine ganze Zeitlang fast tot gewesen war, würde das nur seine Freude trüben und ihm sein Vertrauen zu mir nehmen.

Ich schluckte. «Nein, nein, Mr. Anderson. Es war eine harmlose kleine Operation.» Obwohl es so etwas wie eine Notlüge war, erstickte ich fast daran.

«Schön, schön. Ich bin Ihnen sehr dankbar, Mr. Herriot.» Er beugte sich über den Hund, nahm eine Haarsträhne und zwirbelte sie zwischen Zeigefinger und Daumen.

«Bist du durch die Luft geflogen, mein Hündchen?» murmelte er vor sich hin.

Ich spürte ein Prickeln im Nacken. «Wie … wie kommen Sie darauf?»

Er sah mich mit großen Augen an. «Oh, ich stelle mir vor, sie denkt, sie wäre geflogen, als sie schlief. Ich weiß nicht, warum. Es war nur so ein komisches Gefühl.»

«Ach so, ja, nun … Also gut.» Ich hatte selbst ein komisches Gefühl. «Jetzt nehmen Sie Ihr Hündchen mit nach Hause, und lassen Sie es heute ganz in Ruhe.»

Nachdenklich trank ich meinen Tee zu Ende. Fliegen … fliegen.

Vierzehn Tage später saß ich wieder auf Joshs Friseurstuhl. Zu meiner Beunruhigung fing er diesmal gleich mit der schrecklichen Haarschneidemaschine an, während er sonst erst mit der Schere das Terrain vorbereitete. Ich versuchte den Schmerz nicht zu beachten, indem ich, mit einer Spur Hysterie in der Stimme, mit ihm zu plaudern begann.

«Wie geht es – au! – Venus?»

«Oh, gut, gut.» Er lächelte mich freundlich im Spiegel an. «Man hat ihr nichts mehr danach angemerkt.»

«Nun – oh! –, ich habe auch nicht mit Schwierigkeiten gerechnet, es war – au! – nur eine Belanglosigkeit.»

Der Friseur riß mit seinem unnachahmlichen Dreh eine Strähne nach der anderen aus. «Es ist schon eine gute Sache, daß man Vertrauen zu Tierärzten wie Ihnen haben kann, Mr. Herriot. Ich wußte, daß mein kleiner Liebling in guten Händen war.»

«Vielen Dank, Mr. Anderson, es ist – au! – sehr nett, so etwas zu hören.» Ich freute mich, aber das Schuldgefühl war immer noch da.

Ich hatte keine Lust mehr zu sprechen. Ich betrachtete meine verzerrten Züge im Spiegel und versuchte mich auf etwas anderes zu konzentrieren – ein Trick, den ich mir beim Zahnarzt angewöhnt hatte. Während der Friseur weiter an meinem Haar herumzerrte, dachte ich so konzentriert wie möglich an meinen Garten.

Der Rasen mußte endlich wieder gemäht werden, und ich mußte auch allerlei Unkraut jäten, sobald ich mal ein paar freie Stunden hatte. Ich überlegte gerade, ob es schon Zeit war, die Tomaten zu düngen, als Josh die Haarschneidemaschine weglegte und die Schere ergriff.

Ich seufzte erleichtert auf. Das Nachspiel, das jetzt kam, war nicht mehr so unangenehm, und wer weiß, vielleicht hatte er ja sogar die Schere seit dem letzten Mal schärfen lassen. Meine Gedanken kreisten wieder um das Problem der Tomatendüngung, als die Stimme des Friseurs mich in die Wirklichkeit zurückholte.

«Mr. Herriot.» Er zwirbelte eine Haarsträhne zwischen Zeigefinger und Daumen. «Ich arbeite auch gern im Garten.»

Ich sprang fast vom Stuhl hoch. «Seltsam.

Eben gerade habe ich an meinen Garten gedacht.»

«Ja, ich weiß.» Sein Blick war ins Weite gerichtet, während er ein paar Haare zwischen Zeigefinger und Daumen hin und her drehte. «Es kommt durchs Haar, verstehen Sie?»

«Was?»

«Ihre Gedanken. Sie übertragen sich auf mich.»

«Das ist doch nicht möglich!»

«Doch, denken Sie mal darüber nach. Die Haare gehen bis in den Kopf hinein, und dort fangen sie etwas von Ihrem Gehirn auf, was sie senden und was ich empfange.»

«Also wirklich, Sie wollen sich wohl über mich lustig machen.» Ich lachte, aber es war ein ziemlich hohles Lachen.

Josh schüttelte den Kopf. «Ich scherze nicht, Mr. Herriot. Ich spiele dieses Spiel nun schon seit beinahe vierzig Jahren. Sie wären sprachlos, wenn ich Ihnen erzählte, was für Gedanken da so zum Vorschein kommen. Ich kann sie gar nicht wiederholen. Ich sage Ihnen, wenn Sie wüßten …»

Ich sank immer tiefer. Und ich wußte nichts mehr zu sagen. Das Ganze war natürlich völliger Unsinn, versuchte ich mir später einzureden, aber ich nahm mir trotzdem fest vor, beim Haarschneiden in Zukunft stets meine Gedanken im Zaum zu halten.

Räude!

«Das ist Amber», sagte Schwester Rose. «Deretwegen ich Sie hergebeten habe.»

Ich betrachtete die blasse, fast honigfarbene Tönung des Haars an den Ohren und den Flanken des Hundes. «Ich sehe, warum Sie ihr diesen Namen gegeben haben. Ich wette, sie leuchtet richtig, wenn die Sonne scheint.» Die Krankenschwester lachte. «Ja, die Sonne schien wirklich, als ich sie zum erstenmal sah, und der Name kam mir ganz von allein in den Sinn.» Sie sah mich verschmitzt an. «Ich bin gut im Erfinden von Namen, wie Sie wissen.»

«O ja, ohne Zweifel», sagte ich lächelnd. Es war ein kleiner Scherz zwischen uns. Schwester Rose mußte schon gut sein bei der Namensfindung für den endlosen Strom ungewünschter Tiere, der durch das kleine Hundeasyl hinter ihrem Haus ging. Sie leitete das Asyl und hielt es in Gang, indem sie kleine Ausstellungen veranstaltete und Trödel verkaufte und – indem sie ihr eigenes Geld hineinsteckte.

Und sie gab nicht nur ihr Geld, sondern auch ihre kostbare Zeit, denn als Krankenschwester hatte sie übergenug mit dem Dienst an der menschlichen Rasse zu tun. Ich fragte mich oft, woher sie die Zeit nahm, auch noch für die Tiere zu kämpfen. Es war mir ein Rätsel, und ich bewunderte sie.

«Woher kommt sie denn?» fragte ich.

Schwester Rose zuckte mit den Schultern. «Oh, jemand hat sie gefunden, als sie in den Straßen von Hebbleton herumstreunte. Niemand kennt sie, auch bei der Polizei liegt keine Verlustmeldung vor. Offenkundig ist sie ausgesetzt worden.»

Ich fühlte, wie der Zorn mir die Kehle zuschnürte. «Wie kann man einem so schönen Tier so etwas antun. Es einfach wegjagen und sich selbst überlassen.»

«Oh, solche Leute haben manchmal die erstaunlichsten Gründe. In diesem Fall liegt es, glaube ich, daran, daß Amber eine kleine Hautgeschichte hat. Vielleicht hatten sie Angst davor.»

«Sie hätten sie wenigstens zu einem Tierarzt bringen können», brummte ich und öffnete die Tür der Box.

Ich bemerkte ein paar nackte Stellen um

die Pfoten herum, und als ich mich hin-
kniete, um sie zu untersuchen, beschnupperte Amber meine Wange und wedelte mit
dem Schwanz. Ich sah sie mir an, die
Schlappohren, die vorstehende Schnauze,
die vertrauensvollen Augen, die so verraten
worden waren.

«Der Kopf ist von einem Jagdhund», sagte
ich. «Aber das übrige? Was meinen Sie?»

Schwester Rose lachte. «Oh, sie ist mir ein
Rätsel. Ich habe eine Menge Übung im Raten, aber hier versagt meine Kunst. Es
könnte sein, daß ein Fuchshund mit im Spiel
war, vielleicht zusammen mit einem Labrador oder einem Dalmatiner, aber ich weiß es
nicht.»

Ich wußte es auch nicht. Der Körper, der
braune, schwarze und weiße Stellen im Fell
hatte, war nicht der eines Jagdhundes. Amber hatte sehr lange Beine, einen langen
dünnen Schwanz, der dauernd in Bewegung
war, und über dem ganzen Fell lag ein wun-
derschöner goldener Schimmer. «Also», sagte ich, «was auch immer sie sein mag, sie ist
schön, und gutartig ist sie auch.»

«O ja, sie ist eine Liebe, es wird nicht
schwierig sein, ein Heim für sie zu finden.

Sie ist der vollkommene Haushund. Was meinen Sie, wie alt sie ist?»

Ich lächelte. «So genau kann man das nie sagen. Aber sie sieht noch ziemlich jung aus.» Ich öffnete ihre Schnauze und sah mir die Reihen ihrer tadellos weißen Zähne an. «Ich würde sagen, neun oder zehn Monate. Sie ist noch ein Welpe.»

«Genau das habe ich auch gedacht. Sie wird ziemlich groß sein, wenn sie ausgewachsen ist.»

Als wollte sie die Worte der Schwester bestätigen, sprang die junge Hündin hoch und legte mir ihre Vorderpfoten auf die Brust. Ich blickte wieder in die lachende Schnauze und in ihre Augen. «Amber», sagte ich, «du gefällst mir sehr.»

«Oh, da bin ich aber froh», sagte Schwester Rose. «Wir müssen diese Hautsache so schnell wie möglich in Ordnung bekommen, damit ich anfangen kann, ein neues Zuhause für sie zu suchen. Es ist nur eine Art Ekzem, nicht wahr?»

«Wahrscheinlich ... Ich sehe, daß sie auch um die Augen und an den Lefzen ein paar nackte Stellen hat.» Hautkrankheiten sind bei Hunden – genau wie bei Menschen – oft eine vertrackte Angelegenheit, man weiß nicht, wo sie herkommen, und sie sind schwierig zu behandeln. Ich betastete die haarlosen Bereiche. Die Kombination von Pfoten und Gesicht gefiel mir nicht, aber die Haut war trocken und gesund. Vielleicht war es nicht schlimm. Ich verbannte einen schrecklichen Verdacht, der kurz in mir aufstieg, aus meinem Kopf. Ich wollte nicht daran denken, und ich hatte nicht die Absicht, Schwester Rose zu beunruhigen. Sie hatte selbst genug um die Ohren.

«Ja, wahrscheinlich ein Ekzem», sagte ich schnell. «Reiben Sie diese Salbe morgens und abends gut in die befallenen Stellen ein.» Ich gab ihr eine Tube Zinkoxyd und Lanolin. Vielleicht eine etwas altmodische Medizin, aber die Salbe hatte mir ein paar Jahre lang gute Dienste geleistet, und zusammen mit dem guten Futter, das Schwester Rose ihren Schützlingen gab, würde sie schon wirken.

Als zwei Wochen vergingen, ohne daß ich etwas Neues von Amber hörte, war ich erleichtert. Ich war sogar glücklich, weil ich dachte, sie hätte inzwischen ein neues Zuhause bei guten Menschen gefunden.

Ich wurde unsanft in die Wirklichkeit zurückgerufen, als Schwester Rose eines Morgens anrief.

«Mr. Herriot, die nackten Stellen sind gar nicht besser geworden, im Gegenteil, sie breiten sich immer mehr aus.»

«Breiten sich aus? Wo?»

«Die Beine aufwärts und am Kopf.»

Wieder kam mir der schreckliche Gedanke. O nein, nicht das, bitte. «Ich komme sofort zu Ihnen, Schwester», sagte ich und nahm das Mikroskop mit.

Amber begrüßte mich wie beim erstenmal mit sprühenden Augen und wedelndem Schwanz. Aber mir wurde ganz elend, als ich die kahlen Stellen am Kopf und die nackte Haut an den Beinen sah.

Ich beugte mich zu dem Tier hinunter und schnupperte an den haarlosen Stellen.

Schwester Rose sah mir überrascht zu. «Was tun Sie da?»

«Ich versuche herauszufinden, ob die Stellen nach Mäusen riechen.»

«Nach Mäusen? Und? Tun sie es?»

«Ja.»

«Und was bedeutet das?»

«Räude.»

396

«Nein!» Die Schwester hielt die Hand vor den Mund. «Wie gräßlich!» Dann straffte sie in einer für sie charakteristischen Geste die Schultern. «Nun, ich habe meine Erfahrungen mit Räude, ich kann damit umgehen. Ich habe die Tiere immer mit Schwefelbädern wieder hinbekommen. Aber die Anstekkungsgefahr für die anderen Hunde ist groß. Es ist wirklich ein Problem.»

Ich ließ Amber los und stand auf. Ich war plötzlich sehr müde. «Ja, aber Sie denken an die sarkoptische Räude, Schwester. Ich fürchte, hier haben wir es mit etwas Schlimmerem zu tun.»

«Inwiefern schlimmer?»

«Nun, es sieht ganz so aus, als ob es sich um eine demodektische Räude handelt.»

Sie nickte. «Davon habe ich schon gehört.»

«Ja ...» Ich zögerte, aber dann sprach ich es aus: «Meist unheilbar.»

«Mein Gott, das wußte ich nicht. Sie hat sich nicht viel gekratzt, deshalb habe ich mir keine Sorgen gemacht.»

«Ja, genau das ist es», sagte ich bekümmert. «Bei sarkoptischer Räude, die wir heilen können, kratzen sich die Hunde fast ununterbrochen. Aber bei demodektischer Räude, vor der wir oft kapitulieren müssen, haben sie oft kaum Beschwerden.»

Aus dem schrecklichen Verdacht war eine Gewißheit geworden. Diese Hautkrankheit hatte mich von jeher wie ein Gespenst verfolgt, seit ich meinen Beruf ausübte. Ich hatte viele schöne Hunde gesehen, die eingeschläfert werden mußten – nach meist sehr langen vergeblichen Versuchen, sie zu heilen.

Ich nahm das Mikroskop hinten aus dem Wagen. «Ich will gleich eine gründliche Untersuchung vornehmen. Das ist die einzige Möglichkeit, Klarheit zu gewinnen.»

An Ambers linkem Vorderlauf war eine Stelle, von der ich mit dem Skalpell ein bißchen Haut abschabte. Ich tat das Gewebe mit dem Serum auf einen Objektträger, tropfte ein wenig Kaliumhydroxyd darauf und legte ein Deckgläschen darüber.

Schwester Rose gab mir eine Tasse Kaffee, während ich wartete, dann baute ich das Mikroskop vor dem Küchenfenster auf und blickte durch das Okular. Und da war es. Mir krampfte sich der Magen zusammen, als ich sah, was ich nicht sehen wollte – die gefürchtete Milbe *Demodex canis*: den Kopf, das Mittelstück mit den acht kurzen dicken Beinen und den langen zigarrenförmigen Körper. Und nicht nur eine. Das ganze Mikroskopfeld wimmelte von ihnen.

«Es ist so, wie ich befürchtet habe, Schwester», sagte ich. «Kein Zweifel. Tut mir sehr leid.»

Ihre Mundwinkel senkten sich. «Aber … gibt es da denn nichts, was man tun kann?»

«O doch, wir können es versuchen. Und wir werden es versuchen, denn ich habe einen Narren an Amber gefressen. Seien Sie nicht zu bekümmert. Einige wenige Demodex-Fälle habe ich geheilt, und immer mit demselben Mittel.» Ich ging zum Wagen und suchte im Kofferraum. «Hier ist es – Odylen.» Ich hielt ihr die Dose hin. «Ich zeige Ihnen, wie man es anwendet.»

Es war schwierig, die Flüssigkeit in die befallenen Stellen zu reiben, während Amber mich schwanzwedelnd leckte. Aber ich schaffte es schließlich.

«Machen Sie das jeden Tag», sagte ich, «und lassen Sie mich ungefähr in einer Woche wissen, wie es anschlägt. Manchmal hilft dieses Odylen tatsächlich.»

Schwester Rose streckte das Kinn vor – da war sie wieder, die Entschlossenheit, die so vielen Tieren das Leben gerettet hatte! «Ich versichere Ihnen, ich werde es gewissenhaft tun. Ich glaube, wir werden Erfolg haben. Es sieht doch gar nicht so schlimm aus.»

Ich sagte nichts, und sie fuhr fort: «Und was ist mit meinen anderen Hunden? Werden sie sich anstecken?»

Ich schüttelte den Kopf. «Das ist auch so eine merkwürdige Sache bei der demodektischen Räude», sagte ich, «sie greift sehr selten auf andere Tiere über. Sie ist längst nicht so ansteckend wie die sarkoptische Räude. Sie brauchen sich also keine großen Sorgen zu machen.»

«Das ist wenigstens etwas. Aber wie, um Himmels willen, bekommt ein Hund eine solche Krankheit?»

«Auch das ist ein Geheimnis», sagte ich. «Die Tiermedizin ist ziemlich fest davon überzeugt, daß alle Hunde eine gewisse Anzahl von Demodex-Milben in der Haut haben, aber warum sie in einigen Fällen Räude verursachen und in anderen nicht – das ist nie geklärt worden. Die Erbanlagen könnten etwas damit zu tun haben, denn manchmal

400

tritt die Krankheit bei mehreren Hunden desselben Wurfs auf. Aber es ist und bleibt eine ungeklärte Sache.»

Ich ließ Schwester Rose mir ihrer Dose Odylen allein. Falls die Heilung gelang, würde es eine der Ausnahmen sein, welche die Regel bestätigten. Ich konnte nur hoffen.

Nach einer Woche ließ die Krankenschwester wieder von sich hören. Sie hatte die Odylen-Behandlung mit treuer Sorgfalt durchgeführt, aber die Krankheit breitete sich weiter die Beine hinauf aus.

Ich fuhr zu ihr und fand meine Befürchtung bestätigt, als ich Ambers Kopf sah. Er war durch die größer gewordenen haarlosen Stellen entstellt, und wenn ich an die Schönheit dachte, die mich bei meinem ersten Besuch gefangengenommen hatte, war der Anblick des Hundes wie ein Schlag für mich. Daß Amber unverändert fröhlich mit dem Schwanz wedelte, schien mir der reinste Hohn und machte die Niederlage nur noch schlimmer.

Ich mußte etwas anderes versuchen. Da bekannt war, daß eine subkutane Sekundärzufuhr von Staphylokokken oft einer Heilung im Wege stand, verabreichte ich dem

Hund eine Injektion von Staphylokokken-Toxoiden. Außerdem begann ich, Amber mit Fowler's Arsenlösung zu behandeln, einem weitverbreiteten Mittel bei der Behandlung von Hautkrankheiten.

Zehn Tage vergingen. Ich fing wieder an zu hoffen, und so war es eine herbe Enttäuschung für mich, als eines Morgens nach dem Frühstück Schwester Rose anrief.

Ihre Stimme zitterte. «Mr. Herriot, Ambers Zustand verschlechtert sich zusehends. Nichts scheint mehr anzuschlagen. Allmählich glaube ich, es wäre besser ...»

Ich fiel ihr mitten im Satz ins Wort. «In Ordnung, ich bin in einer Stunde bei Ihnen. Geben Sie die Hoffnung noch nicht auf.»

Ich hatte sie mit diesen Worten trösten wollen. Aber ich hatte selber kaum noch Hoffnung. Ich hatte versucht, ihr etwas Hilfreiches zu sagen, weil Schwester Rose es haßte, einen Hund einschläfern zu lassen. Hunderte von Tieren waren durch ihre Hände gegangen, und ich konnte mich nur an einige wenige Fälle erinnern, in denen sie kapituliert hatte. Das waren Hunde gewesen mit chronischen Nieren- oder Herzbefunden und auch ein paar junge, die Staupe gehabt hatten. Bei allen anderen hatte sie gekämpft, bis sie so weit wiederhergestellt waren, daß sie zu ihren neuen Besitzern konnten. Aber es war nicht nur Schwester Rose – auch ich selbst schreckte davor zurück, Amber einzuschläfern. Der Hund hatte irgend etwas an sich, das mich verzaubert hatte.

Als ich bei Schwester Rose ankam, hatte ich noch keine Ahnung, was ich tun wollte, und war selber überrascht, als ich mich sagen hörte: «Schwester, ich bin gekommen, um Amber mit zu mir zu nehmen. Dann kann ich sie jeden Tag selbst behandeln. Sie haben genug zu tun, sie müssen sich ja auch um die anderen Hunde kümmern. Ich weiß, Sie haben getan, was Sie tun konnten. Aber jetzt möchte ich Ihnen diese Sorge abnehmen.»

«Wie wollen Sie das tun? Sie sind ein vielbeschäftigter Mann. Wie wollen Sie die Zeit dazu finden?»

«Ich kann Amber abends behandeln oder wenn ich mal einen Augenblick Ruhe habe. So kann ich auch jederzeit feststellen, ob sie Fortschritte macht. Ich bin entschlossen, sie durchzubringen.»

Als ich zurückfuhr, war ich selber überrascht über die Tiefe meiner Gefühle. Ich hatte schon manchmal den geradezu zwanghaften Wunsch verspürt, ein Tier zu heilen, aber noch nie so stark wie bei Amber. Die junge Hündin war entzückt, bei mir im Wagen zu sein. Sie schien es, wie sie es bei allem tat, als ein neues Spiel zu betrachten: sie hüpfte herum, leckte mir das Ohr, legte ihre Pfoten auf das Armaturenbrett und starrte durch die Windschutzscheibe. Ich warf einen Blick auf ihr glückliches Gesicht, das von der Krankheit gezeichnet und mit Odylen beschmiert war, und schlug mit der Faust auf das Lenkrad. Eine demodektische Räude war die Hölle, aber ich würde nicht aufgeben.

Es begann eine seltsam intensive Zeit in meinem Leben, die mir noch heute, über dreißig Jahre später, lebhaft in Erinnerung ist. Wir waren noch nicht darauf eingerichtet, Tiere bei uns unterzubringen – sehr wenige Tierärzte waren das damals –, aber ich bereitete im alten Stall im Hof ein bequemes Lager für Amber. Ich nagelte eine der Boxen mit einem halbhohen Holzbrett zu und machte auf dem Boden ein Bett aus Stroh. Trotz seines Alters war der Stall ein solides

Gebäude, in dem es nicht zog. Amber würde es behaglich haben.

In einem wollte ich sichergehen: Ich wollte Helen aus der Sache heraushalten. Ich erinnerte mich, wie niedergeschlagen sie gewesen war, als wir Oscar, den Kater, den wir adoptiert hatten, an seinen rechtmäßigen Besitzer verloren. Und ich wußte auch, daß sie über kurz oder lang ganz vernarrt sein würde in diesen liebenswerten Hund. Aber bei dieser Rechnung hatte ich mich selbst vergessen.

Tierärzte würden es in ihrem Beruf nicht lange aushalten, wenn sie sich allzusehr auf ihre Patienten einließen. Andererseits wußte ich aus Erfahrung, daß die meisten meiner Kollegen genauso verrückt mit Tieren waren wie ihre Besitzer. Doch bevor ich wußte, was geschah, war ich vernarrt in Amber.

Ich fütterte sie selbst, wechselte ihr Stroh, behandelte sie. Ich sah sooft wie möglich am Tag nach ihr, aber wenn ich heute an sie denke, sehe ich sie immer nachts. Es war Ende November, und es war schon kurz nach vier dunkel – bei meinen letzten Besuchen mußte ich oft in finsteren Kuhställen umhertasten. Wenn ich nach

Hause kam, fuhr ich immer um das Haus herum auf den Hof und hielt den Wagen so an, daß die Scheinwerfer auf den Stall gerichtet waren.

Wenn ich die Tür öffnete, sah ich, wie Amber mich erwartete, die Vorderpfoten auf der halbhohen Holzwand, die langen gelben Ohren im Licht der Scheinwerfer schimmernd. Freudig begrüßte sie mich. Ich sehe sie noch vor mir. Ihr fröhliches Temperament änderte sich nicht, und ihr das Stroh aufwirbelnder Schwanz stand nie still, auch nicht, wenn ich ihr all die unangenehmen Dinge antun mußte – wenn ich die zarte Haut mit der Flüssigkeit einrieb, ihr eine Spritze mit Staphylokokken-Toxoid gab, neue Hautproben abschabte, um den Fortschritt der Behandlung zu prüfen.

Als die Tage und Wochen vergingen und ich keine Besserung feststellen konnte, verzweifelte ich schier. Ich machte ihr Schwefelbäder und Bäder aus Derriswurzel und probierte alle Arzneien, die auf dem Markt waren, aus, obwohl ich mit alldem in der Vergangenheit keine Erfolge gehabt hatte. Jede schwer heilbare Tierkrankheit ruft Massen von Quacksalber-Kuren hervor, und ich verlor bald die Übersicht über die Zahl der Shampoos und Wässerchen, mit denen ich das junge Tier wusch, immer in der Hoffnung, daß vielleicht doch – trotz meiner Zweifel – eine magische Kraft in ihnen steckte.

Die nächtlichen Sitzungen im Licht der Scheinwerfer wurden ein Teil meines Lebens, und ich glaube, ich hätte endlos so weitergemacht, wäre es mir nicht an einem dunklen Abend, als der Regen auf das Pflaster des Hofes schlug, so vorgekommen, als sähe ich die junge Hündin zum erstenmal.

Die Räude hatte sich über den ganzen Körper ausgebreitet, nur an manchen Stellen waren noch Haarbüschel oder kleine Flecken Fell zu sehen. Die langen Ohren schimmerten nicht mehr golden. Sie waren fast kahl wie auch das Gesicht und der ganze Kopf. Die Haut war überall geschwollen und verschrumpelt und hatte eine bläuliche Tönung angenommen. Und wenn ich sie an einer Stelle drückte, suppten Eiter und Serum heraus.

Ich wußte nicht mehr weiter. Ich setzte mich ins Stroh, während Amber um mich herumsprang, mich leckte und mit dem

Schwanz wedelte. Trotz ihres schrecklichen Zustands war sie unverändert.

Aber so konnte es nicht weitergehen. Ich wußte, daß sie und ich jetzt am Ende des Weges angelangt waren. Während ich grübelte, streichelte ich ihr den Kopf und sah, daß die fröhlichen Augen in dem entstellten Gesicht mich mitleidig ansahen. Mein Elend hatte verschiedene Gründe: erstens hatte ich sie zu lieb gewonnen, zweitens hatte ich versagt, und drittens hatte sie niemanden außer Schwester Rose und mir. Und dann war da noch etwas – was sollte ich, nach all meinem aufmunternden Gerede, der guten Krankenschwester sagen?

Erst am nächsten Mittag fand ich den Mut, sie anzurufen. In dem Bemühen, es möglichst sachlich zu machen, sprach ich, glaube ich, fast schroff.

«Schwester Rose», sagte ich, «ich fürchte, mit Amber ist es vorbei. Ich habe alles versucht, aber es geht ihr immer schlechter. Ich denke, es wäre das gnädigste, sie einzuschläfern.»

Man hörte ihrer Stimme den Schock an. «Aber ... ich finde das so schrecklich – nur wegen einer Hautkrankheit.»

«Ich weiß, so denkt jeder. Aber es ist eine fürchterliche Krankheit. In ihrer schlimmsten Form kann sie das Leben eines Tieres zerstören. Amber muß sich schon sehr elend fühlen, und bald wird sie Schmerzen haben. Wir können ihr das nicht mehr zumuten.»

«Oh ... ich vertraue natürlich Ihrem Urteil, Mr. Herriot. Ich weiß, daß Sie nichts tun würden, was nicht nötig wäre.» Es folgte eine lange Pause, und ich wußte, daß sie versuchte, ihre Stimme wieder in ihre Gewalt zu bekommen. Dann sprach sie ruhig weiter. «Ich möchte gern zu Ihnen kommen und Amber sehen, sobald ich vom Krankenhaus wegkomme.»

«Bitte, Schwester», sagte ich leise, «ich möchte lieber, daß Sie es nicht tun.»

Wieder eine Pause. Dann: «Gut, Mr. Herriot. Ich überlasse alles Ihnen.»

Danach mußte ich einen dringenden Besuch machen, und den ganzen Nachmittag über hatte ich ständig zu tun. Aber die ganze Zeit über dachte ich an das, was ich später noch zu tun hatte.

Es war wie immer stockdunkel, als ich auf den Hof fuhr und die Stalltüren öffnete.

Und es war wie all die anderen Male: Amber stand im Licht der Scheinwerfer. Die Pfoten auf der Holzwand, mit dem Schwanz wedelnd, so daß ihr ganzer Körper hin und her schwang, begrüßte sie mich freudig hechelnd. Ich schob das Barbiturat und die Spritze in meine Jackentasche, bevor ich zu ihr in die Box kletterte. Lange Zeit spielte ich mit ihr. Ich klopfte ihr den Rücken und sprach mit ihr, während sie an mir hochsprang. Dann zog ich die Spritze auf.

«Setz dich, Amber», sagte ich, und gehorsam ließ sie sich auf ihr Hinterteil fallen. Ich griff nach ihrem rechten Vorderbein, um über dem Ellbogen die Vene zu stauen. Haare brauchte ich ihr nicht abzuschneiden – sie waren ihr alle ausgegangen. Amber sah mich interessiert an und schien sich zu fragen, was das für ein neues Spiel sein mochte, als ich die Nadel in die Vene schob. Ich mußte daran denken, daß es diesmal nicht nötig war, die Dinge zu sagen, die ich sonst in solchen Fällen sagte: «Sie wird nichts merken.» Oder: «Es ist nur eine Überdosis eines Betäubungsmittels.» Oder: «Es ist ein leichter Tod.» Es war kein bekümmerter Besitzer da, der mich hören konnte. Wir waren allein, Amber und ich.

Und als ich murmelte: «Braver Hund, Amber, du bist ein guter braver Hund», während sie ins Stroh sank, hatte ich das Gefühl, daß die Worte, die ich sonst sagte, auch diesmal wahr gewesen wären. Sie *hatte* nichts gemerkt, so verspielt und so unachtsam sie gewesen war, und es war tatsächlich ein leichter Tod, wenn ich bedachte, daß das Leben ihr bald zur Folter geworden wäre.

Ich kletterte aus der Box heraus und machte die Scheinwerfer aus. Noch nie, so schien mir, war der Hof so leer und dunkel und kalt gewesen. Das Gefühl des Verlustes und des Scheiterns nach so vielen Wochen war übermächtig, aber wenigstens war ich in der Lage gewesen, Amber die schlimmste Not zu ersparen – die inneren Abszesse und die Blutvergiftung, die einen an fortschreitender und unheilbarer demodektischer Räude leidenden Hund erwarten.

Lange Zeit trug ich eine Last mit mir herum, und ein bißchen davon fühle ich jetzt noch, nach all den Jahren. Ambers Tragödie war, daß sie zu früh geboren wurde. Heute können wir die meisten Fälle von demodektischer Räude durch Langzeitgaben von organischen Phosphaten und Antibiotika hei-

411

len. Damals gab es diese Medikamente noch nicht.

In den letzten Jahren haben wir die meisten Kämpfe gegen die Räude gewonnen. Ich kenne mehrere schöne Hunde in Darrowby, die wir heilen konnten, und wenn ich sie zuweilen sehe, gesund und mit schimmerndem Fell, sehe ich Amber wieder vor mir. Es ist immer dunkel, und sie steht wartend im Licht der Scheinwerfer.

Ruffles und Muffles

Was für gräßliche Hunde!

Das war ein Gedanke, der mir selten in den Kopf kam, denn es gelang mir, an fast all meinen Tierpatienten irgend etwas Liebenswertes zu finden.

Aber Ruffles und Muffles waren eine Ausnahme. Wie sehr ich mich auch bemühte, ich konnte keine liebenswerten Züge an ihnen feststellen, nur unangenehme – etwa die Art, wie sie mich in ihrem Heim begrüßten.

«Ab! Ab!» rief ich immer. Die beiden kleinen Tiere, weiße West Highlands, standen auf ihren Hinterbeinen und schlugen mir wütend die Krallen ihrer Vorderpfoten in die Hosenbeine. Ich weiß nicht, ob ich besonders empfindliche Schienbeine habe, aber es tat nur weh.

Während ich wie ein Ballettänzer auf Zehenspitzen zurückwich, hallte das entzückte Gelächter von Mr. und Mrs. Whithorn durchs Zimmer. Sie fanden die Szene jedesmals wieder ungeheuer amüsant. «Sind sie nicht süß, die Kleinen!» japste Mr. Whithorn, ehe er wieder loslachte. «Was für einen herzlichen Empfang sie Ihnen bereiten!»

Ich war mir dessen nicht so sicher. Abgesehen davon, daß sie mir durch den grauen Flanell hindurch die Beine zerkratzten, starrten sie mich böse an – mit halbgeöffneten Schnauzen, zitternden Lefzen und auf eine charakteristische Art klappernden Zähnen. Und sie knurrten, nicht richtig bösartig, aber auch nicht freundlich.

«Kommt her, meine Lieblinge.» Der Mann nahm die Hunde in die Arme und küßte sie beide seitlich auf die Schnauze. Er kicherte immer noch. «Ist es nicht köstlich, Mr. Herriot, wie sie Sie in unserem Haus begrüßen und Sie hinterher nicht mehr weglassen wollen?»

Ich sagte nichts. Ich massierte nur schweigend meine Beine. Die Wahrheit war, daß mich diese Viecher, jedesmal wenn ich kam, ihre Krallen spüren ließen, und wenn ich ging, in die Knöchel bissen. Dazwischen belästigten sie mich auf alle erdenkliche Weise. Das Seltsame war, daß sie beide sehr alt waren, Ruffles war vierzehn und Muffles zwölf. Man hätte eigentlich mehr Sanftheit von ihnen erwarten sollen.

«Nun», sagte ich, nachdem ich mich vergewissert hatte, daß sie mir nur Kratzwunden beigebracht hatten, «Sie sagten, daß Ruffles lahmt?»

«Ja.» Mrs. Whithorn nahm den Hund und setzte ihn auf den Tisch, auf den sie vorher Zeitungspapier gelegt hatte. «Es ist die linke Vorderpfote. Es fing heute morgen an. Er hat Schmerzen, mein armer Liebling.»

Vorsichtig nahm ich die Pfote und zog schnell die Hand zurück – die schnappenden Zähne schlossen sich kaum einen Zentimeter von meinen Fingern entfernt.

«Oh, mein Schätzchen!» rief Mrs. Whithorn. «Tut es so weh? Seien Sie vorsichtig, Mr. Herriot. Er ist nervös. Und ich glaube, Sie haben ihm weh getan.»

Ich atmete tief. Ich hätte dem Hund die Schnauze zubinden sollen. Aber ich hatte bei den Whithorns schon einmal Entsetzen damit hervorgerufen. Ich mußte also sehen, wie ich zurechtkam. Außerdem war ich kein Neuling in meinem Beruf. Ein Hund mußte schon ein sehr gewitzter Beißer sein, wenn er mich erwischen wollte.

Ich legte den Zeigefinger um die Pfote und versuchte in dem flüchtigen Augenblick, der mir bis zum nächsten Zuschnappen blieb, zu ergründen, was los war.

Eine Zyste zwischen den Zehen! Lächerlich, bei einem so trivialen Wehwehchen einen Tierarzt kommen zu lassen! Aber die Whithorns hatten sich stets mit Erfolg geweigert, mit ihren Hunden in die Praxis zu kommen.

Ich trat vom Tisch zurück. «Es ist nur eine harmlose Zyste, aber vermutlich ist sie schmerzhaft. Ich rate Ihnen, die Pfote in heißem Wasser zu baden, bis die Zyste aufgeht. Dann läßt der Schmerz sofort nach. Viele Hunde knabbern selber daran herum, aber man kann den Prozeß nicht beschleunigen.»

Ich wollte ihm ein Antibiotikum injizieren und holte die Spritze heraus. «Wir wissen nicht, wodurch eine solche Zyste entsteht. Es ist noch kein Erreger gefunden worden, der sie verursacht. Trotzdem gebe ich ihm eine Spritze – für den Fall, daß es zu einer Infektion kommt.»

Es gelang mir, ihm die Spritze zu geben, indem ich ihn beim Genick packte. Dann hob Mrs. Whithorn den anderen Hund auf den Tisch.

«Sehen Sie ihn besser auch gleich mit an, wo Sie schon mal hier sind», sagte sie.

So war es immer. Ich tastete das knurrende weiße Bündel ab, maß seine Temperatur und horchte es mit dem Stethoskop ab. Der Hund hatte fast alle Leiden, von denen alte Hunde befallen werden – Arthritis und Nephritis und anderes. Außerdem nahm ich besondere Herzgeräusche wahr, die jedoch wegen des mißlaunigen Knurrens, das im Thorax widerhallte, schwer zu hören waren.

Nachdem ich meine Untersuchung beendet und verschiedene Medikamente für ihn aus meiner Tasche genommen hatte, rüstete ich mich zum Aufbruch. Jetzt begann die Phase meines Besuches, die Mr. und Mrs. Whithorn noch mehr entzückte als der Empfang, den die Hunde mir bereiteten.

Das Ritual änderte sich nie. Während die Whithorns fröhlich kicherten, nahmen die beiden Hunde Aufstellung in der Tür und schnitten mir den Rückweg ab. Sie standen da mit zurückgezogenen Lefzen und gebleckten Zähnen – die Verkörperung der Bösartigkeit. Um sie von ihrem Posten wegzulocken, machte ich eine Ausfallbewegung nach rechts und hechtete dann auf die Tür zu. Aber ich mußte mich, die Finger schon an der Klinke, schnell wieder umdrehen und ihre gierigen Schnauzen, die nach meinen Knöcheln schnappten, abwehren. Und während ich auf den Absätzen herumfuhr, wurden aus meinen eben noch so eleganten Ballettschritten unbeholfene Hopser.

Aber ich entkam. Zwei letzte schnelle Stöße mit den Füßen, und ich war draußen im Freien und knallte die Tür dankbar hinter mir zu. Ich hatte mich gerade wieder etwas erholt, als Doug Watson, der Milchmann, in seinem blauen Lieferwagen ankam. Er hatte ein paar Kühe auf seinem kleinen Hof am Rande der Stadt und erhöhte sein Einkommen dadurch, daß er den Einwohnern von Darrowby Milch ins Haus lieferte.

«Morgen, Mr. Herriot.» Er deutete auf das Haus. «Waren Sie dort drinnen bei den Hunden?»

«Ja.»

«Ganz schöne kleine Mistkerle, was?»

Ich lachte. «Jedenfalls nicht sehr gutartig.»

«Bei Gott, das stimmt. Ich muß immer aufpassen, wenn ich die Milch bringe. Wenn die Tür zufällig offen ist, stürzen sie sich sofort auf mich.»

«Das glaube ich.»

«Sie gehen mir sofort an die Beine. Manchmal komme ich mir wie ein Idiot vor, wenn ich da rumhüpfe – und jeder mich sehen kann.»

Ich nickte. «Ich weiß, wie Ihnen zumute ist.»

«Man muß dauernd in Bewegung bleiben, sonst haben sie einen», sagte er. «Sehen Sie mal, hier!» Er streckte sein eines Bein aus dem Lieferwagen und deutete auf den Absatz seines Gummistiefels. Ich sah zwei saubere Löcher an beiden Seiten. «Da hat mich neulich der eine erwischt. Ist bis auf die Haut durchgegangen.»

«Gott im Himmel! Welcher war es denn?»

«Ich weiß nicht genau. Wie heißen sie übrigens?»

«Ruffles und Muffles», erwiderte ich.

«Komische Namen!» Er sah mich verwundert an. Sein eigener Hund hieß Spot. Er dachte einen Augenblick nach, dann hob er den Finger. «Sie werden es mir nicht glauben, aber diese Hunde waren mal richtig nette kleine Dinger.»

«Was?»

«Ich mache keinen Scherz. Als sie hier ankamen, waren sie genauso freundlich wie andere Hunde. Das war noch vor Ihrer Zeit. Aber es stimmt.»

«Das ist wirklich erstaunlich», sagte ich. «Dann möchte ich nur mal wissen, was da passiert ist.»

Dougs Worte gingen mir im Kopf herum, als ich zur Praxis zurückfuhr.

Siegfried war gerade dabei, Anweisungen auf eine Flasche zu schreiben, die ein Mittel gegen Koliken enthielt. Ich erzählte ihm von dem Ereignis.

«Ja», sagte er. «Das habe ich auch gehört. Ich bin ein paarmal bei den Whithorns gewesen. Ich glaube, ich weiß, warum die beiden Hunde so unausstehlich sind.»

«Warum?»

«Ihre Besitzer sind schuld daran. Sie haben ihnen nie Gehorsam beigebracht – sie knutschen sie die ganze Zeit ab.»

«Du könntest recht haben», sagte ich. «Ich habe mich auch immer sehr mit meinen Hunden angestellt, aber diese übertriebene Schmuserei ist nicht gut.»

«Genau. Zuviel davon ist schlecht für einen Hund. Und noch etwas: Die beiden Tiere sind die Herren im Haus. Hunde wollen gehorchen. Das gibt ihnen Sicherheit. Glaub mir, Ruffles und Muffles wären glücklich und gut zu leiden, wenn sie von Anfang an richtig behandelt worden wären.»

«Ja, das glaube ich. Und tatsächlich, sie beherrschen das ganze Haus.»

«So ist es», sagte Siegfried. «Aber in Wirklichkeit wären sie besser dran, wenn die Whithorns mit ihrem Getue aufhören würden und sie normal behandelten. Ich fürchte nur, dazu ist es jetzt zu spät.» Er packte sein Kolikmittel ein und fuhr los.

Monate vergingen. Ich mußte noch ein paarmal zu den Whithorns. Und jedesmal führte ich die üblichen Tänze auf. Dann starben die beiden alten Hunde seltsamerweise kurz nacheinander. Und beide fanden ein ruhiges Ende. Ruffles lag eines Morgens tot in seinem Korb, und Muffles lief in den Garten, um unter dem Apfelbaum ein Schläfchen zu halten, und wachte nicht mehr auf.

Das war ein gnädiger Tod. Sie hatten mich zwar immer recht unsanft behandelt, aber ich war froh, daß ihnen erspart blieb, was mich in der Kleintierpraxis immer am meisten aufregte – der Verkehrsunfall, die schleichende Krankheit, die Tötung. Es war, als sei damit ein Kapitel in meinem Leben beendet. Doch kurz darauf rief Mr. Whithorn mich an.

«Mr. Herriot», sagte er, «wir haben zwei neue Westies. Könnten Sie nicht mal zu uns kommen und sie gegen Staupe impfen?»

Es war eine erfreuliche Abwechslung. Als ich das Haus betrat, erblickte ich zwei schwanzwedelnde Welpen. Sie waren zwölf Wochen alt und sahen mich mit neugierigen Augen an.

«Zwei schöne Tiere», sagte ich. «Und wie heißen sie?»

«Ruffles und Muffles», antwortete Mr. Whithorn. «Wir wollen das Andenken an unsere beiden verstorbenen Lieblinge wach halten.» Er griff nach den Welpen und überschüttete sie mit Küssen.

Nach der Impfung dauerte es eine Zeitlang, ehe ich die Hunde wiedersah. Ja, es muß fast ein Jahr später gewesen sein, als ich zu den Whithorns gerufen wurde. Als ich in das Wohnzimmer kam, saßen Ruffles und Muffles Nummer zwei nebeneinander auf dem Sofa. Eine merkwürdige Starrheit war in ihrer Haltung. Als ich mich ihnen näherte, blickten sie mir kalt entgegen, und wie auf ein Kommando entblößten beide ihre Zähne und fingen an, leise, aber drohend zu knurren.

Ein Schauder durchfuhr mich. Es konnte doch nicht wieder passieren! Aber als Mr. Whithorn Ruffles auf den Tisch hob und ich mein Auroskop aus der Hülle nahm, merkte ich schnell, daß das Schicksal die Uhr zurückgedreht hatte. Das kleine Tier stand da und betrachtete mich mißtrauisch.

«Halten Sie bitte seinen Kopf», sagte ich. «Ich will zuerst die Ohren untersuchen.» Ich nahm das Ohr zwischen Zeigefinger und Daumen und führte vorsichtig das Auroskop ein. Ich beugte mich zu dem Instrument hinunter und sah mir den äußeren Ohrgang an, als der Hund plötzlich auf mich losging. Ich fuhr mit dem Kopf zurück, hörte ein bösartiges Knurren und spürte, wie mir der Luftzug der zusammenklappenden Zähne ins Gesicht fuhr.

Mr. Whithorn richtete sich fröhlich auf. «Oh, ist er nicht ein süßer kleiner Affe? Ha, ha, ha, ha. Er will den Unsinn einfach nicht haben.» Er stützte die Hände auf den Tisch, schüttelte sich vor Lachen und wischte sich die Augen. «O nein, o nein, was für ein Charakter!»

Ich starrte den Mann an. Die Tatsache, daß er leicht einem Tierarzt ohne Nase hätte gegenüberstehen können, schien ihm nichts zu bedeuten. Ich starrte auch seine Frau an, die hinter ihm stand. Sie lachte genauso fröhlich. Wie sollte ich diesen Leuten Vernunft beibringen? Ich konnte nur weitermachen.

«Mr. Whithorn», sagte ich streng. «Würden Sie ihn bitte wieder halten? Und packen Sie ihn diesmal mit beiden Händen fest am Hals.»

Er sah mich ängstlich an. «Tut ihm das denn nicht weh?»

«Nein, natürlich nicht.»

«Gut.» Er legte seine Wange an den Kopf des Hundes und flüsterte zärtlich auf ihn ein. «Herrchen verspricht dir, ganz vorsichtig zu sein, mein Engel. Brauchst keine Angst zu haben, mein Süßer.»

Er griff die lose Haut im Genick, wie ich ihm gesagt hatte, und ich machte mich wieder an die Arbeit. Ich starrte in das Innere

424

des Ohrs, lauschte Mr. Whithorns gemurmelten Beschwichtigungen und war jeden Augenblick auf einen neuen Ausbruch gefaßt. Aber als er kam, begleitet von wütendem Gekläff, merkte ich, daß ich diesmal nicht in Gefahr war, denn Ruffles hatte seine Aufmerksamkeit auf etwas anderes gelenkt.

Ich ließ das Auroskop fallen, sprang zurück und sah, daß der Hund seine Zähne in den Daumen seines Herrn grub. Und es war nicht nur ein Zuschnappen, er verbiß sich und schlug die Zähne tief ins Fleisch.

Mr. Whithorn stieß einen durchdringenden Schmerzensschrei aus, ehe er sich losmachen konnte.

«Du verdammter kleiner Mistkerl!» schrie er und tanzte durchs Zimmer, wobei er seine verletzte Hand hochhielt. Ich sah, daß aus zwei tiefen Löchern Blut tröpfelte, und sah zu Ruffles hin. «Oh, du widerliche kleine Bestie!»

Ich dachte an Siegfrieds Worte über das Getue dieser Leute und daß sie lieber vernünftig mit ihren Hunden umgehen sollten. Nun, vielleicht war dies der Anfang.

Brandys Hang
zu Mülltonnen

Im Halbdunkel des Flurs unserer Praxis glaubte ich, der Hund hätte seitlich am Kopf ein enormes Gewächs, aber dann sah ich, daß es nur eine Kondensmilchdose war, und war erleichtert. Nicht daß ein Hund mit einer seitlich aus der Schnauze sprießenden Milchdose ein üblicher Anblick war, aber ich wußte nun, daß ich es mit Brandy zu tun hatte.

Ich stemmte ihn hoch und stellte ihn auf den Tisch. «Brandy, du warst wieder an der Mülltonne.»

Der große goldgelbe Labrador sah mich reumütig an und versuchte alles, um mir übers Gesicht zu lecken. Es gelang ihm jedoch nicht, da seine Zunge in der Dose eingeklemmt war. Aber er machte es wett, indem er heftig mit dem Schwanz wedelte und mit dem Hinterteil wackelte.

«O Mr. Herriot, es tut mir ja so leid, daß ich Sie wieder bemühen muß.» Mrs. Westby, seine attraktive junge Herrin, lächelte schuldbewußt. «Er ist einfach nicht von dieser Mülltonne abzubringen. Manchmal bekommen die Kinder und ich die Dosen selbst wieder aus der Schnauze raus, aber diese hier hat sich festgeklemmt. Und seine Zunge ist unter dem Deckel.›

«Ja … ja …» Ich fuhr leicht mit dem Finger über den gezackten Rand des Metalls. «Ich sehe schon, es ist ein bißchen schwierig. Und wir wollen ihm ja nicht die Schnauze zerschneiden.»

Während ich nach einer Pinzette griff, dachte ich an die vielen Male, bei denen ich ähnliches für Brandy hatte tun müssen. Er war einer meiner Stammkunden, ein riesiges, tolpatschiges, etwas dümmliches Tier mit der geradezu wütenden Besessenheit, in Mülltonnen herumzustöbern.

Er liebte es, Dosen herauszufischen und die leckeren Reste aus ihnen herauszuschlabbern. Und er betrieb die Schleckerei mit einer solchen Hingabe, daß er schließlich mit der Zunge in der Dose festsaß. Immer wieder war er von seiner Familie oder von mir befreit worden – von Fruchtsalatdosen oder aus Cornedbeefdosen, aus Dosen, in denen gebackene Bohnen oder Suppen gewesen waren. Es gab keine Sorte Dosen, die er nicht ausschleckte.

Ich griff mit der Pinzette nach dem Dosendeckel und bog ihn langsam zurück, bis ich die Dose vorsichtig von der Zunge abziehen konnte. Einen Augenblick später schwappte diese Zunge über meine Backe – Brandys Art, mir seine Freude und seinen Dank kundzutun.

«Hör auf, du alberner Hund!» sagte ich lachend und hielt das hechelnde Gesicht von mir fern.

«So, komm runter, Brandy!» Mrs. Westby zerrte ihn vom Tisch und redete in scharfem Ton auf ihn ein. «Du meinst, wenn du so ein Getue machst, ist alles wieder gut. Aber du bist wirklich eine Plage mit deinen Dummheiten, das muß jetzt aufhören!»

Das Schelten hatte keine Wirkung, der Schwanz wedelte weiter, und ich sah, daß Mrs. Westby lächelte. Man mußte Brandy eben einfach gern haben, diesen großen treuen und unendlich gutmütigen Hund.

Ich hatte gesehen, wie die Kinder der Westbys – drei Mädchen und ein Junge – ihn an den Beinen herumschleppten, den Kopf nach unten, oder wie sie ihn in einen Kin-

428

derwagen legten, in Babykleidern! Die Kinder spielten alle möglichen Spiele mit ihm, und Brandy ertrug sie alle mit Gelassenheit. Manchmal glaubte ich sogar, sie gefielen ihm.

Brandy hatte, außer seinem Hang zu Mülltonnen, noch andere Eigenarten.

Als ich einmal bei den Westbys war, um ihre Katze zu behandeln, fiel mir auf, daß der Hund sich merkwürdig benahm. Mrs. Westby saß strickend in einem Sessel, während ihre älteste Tochter neben mir auf dem Kaminvorleger hockte und den Kopf der Katze hielt.

Als ich meine Tasche nach dem Thermometer durchsuchte, sah ich plötzlich Brandy ins Zimmer schleichen. Er hatte einen listigen Ausdruck, wie er da über den Teppich trottete und sich dann brav, als könnte er kein Wässerchen trüben, zu seiner Herrin setzte. Nach wenigen Augenblicken fing er an, sein Hinterteil ganz langsam hochzuheben und an ihre Knie zu lehnen. Gedankenverloren nahm Mrs. Westby die Hand vom Strickzeug und schob ihn weg, aber er fing sofort wieder an. Es war eine außergewöhnliche Art der Bewegung, die Schenkel wippten in einem langsamen Rumbarhythmus, während er das Hinterteil Zentimeter um Zentimeter hob, und die ganze Zeit über machte er ein so unschuldiges Gesicht, als ob nichts wäre.

Fasziniert unterbrach ich die Suche nach meinem Thermometer und beobachtete ihn. Mrs. Westby war ganz in ihre Strickerei vertieft und schien nicht zu bemerken, daß Brandys Hinterteil jetzt fest an ihren in blauen Jeans steckenden Knien ruhte. Der Hund legte eine Pause ein – die erste Phase war offenbar erfolgreich beendet. Dann begann er ebenso langsam seine Position zu festigen und schob sich mit Hilfe der Vorderbeine vorsichtig auf den Sessel hinauf, bis er zu einem bestimmten Zeitpunkt fast auf dem Kopf stand. Jetzt, einen Moment bevor er mit einem letzten Schub rückwärts auf ihrem Schoß gelandet wäre, blickte Mrs. Westby von ihrer Strickerei auf.

«Also wirklich, Brandy, du bist zu albern!» Sie legte die Hand auf sein Hinterteil und schob ihn mitleidlos auf den Teppich hinunter, wo er liegen blieb und sie mit feuchten Augen ansah.

«Was war denn das?» fragte ich.

Mrs. Westby lachte. «Ach, das hat mit diesen alten blauen Jeans zu tun. Als Brandy als junger Welpe zu uns ins Haus kam, habe ich ihn stundenlang auf den Knien gehabt und gestreichelt. Ich trug damals meistens die Jeans. Seitdem versucht er immer, wenn er die Jeans sieht, auf meinen Schoß zu kommen, obwohl er inzwischen ein ausgewachsener Hund ist.»

«Aber er springt nicht hoch.»

«O nein», sagte sie. «Das hat er versucht, und ich habe ihn dafür ausgeschimpft. Er weiß genau, daß ich keinen großen Labrador auf dem Schoß haben kann.»

«Also versucht er es jetzt mit der heimlichen Annäherung ...?»

Sie kicherte. «Ja, so kann man es nennen. Wenn ich stricke, schafft er es manchmal fast, und wenn er vorher im Dreck gespielt hat, macht er mich so schmutzig, daß ich fürchterlich mit ihm schimpfe.»

Ein Patient wie Brandy brachte Farbe in meinen Alltag. Wenn ich mit meinem eigenen Hund spazierenging, sah ich ihn oft am Ufer des Flusses spielen. An heißen Tagen waren immer viele Hunde im Wasser, sei es um Stöckchen zu jagen oder um sich ein biß-

431

chen abzukühlen. Aber während alle Hunde verhältnismäßig ruhig ins Wasser gingen und gelassen davonschwammen, war Brandys Verhalten einzigartig.

Ich beobachtete, wie er ans Flußufer rannte, und ich erwartete, daß er einen Augenblick stehenblieb, ehe er ins Wasser ging. Statt dessen katapultierte er sich vom Boden hoch, spreizte die Beine, schwebte einen Augenblick in der Luft wie ein fliegender Fuchs und stürzte dann in einer aufspritzenden Fontäne in die Fluten. Welch ein glücklicher Sonderling, dachte ich.

Am nächsten Tag, auch wieder am Fluß, wurde ich Zeuge von etwas noch Außergewöhnlicherem. Es gibt dort einen kleinen Kinderspielplatz mit ein paar Schaukeln und einer Rutsche. Brandy vergnügte sich an der Rutsche. Und er nahm dabei einen für ihn ganz untypisch ernsten Ausdruck an. Er stand ruhig und ohne zu drängeln in der Schlange der Kinder, und wenn er an der Reihe war, kletterte er die Treppe hinauf und rutschte, ganz Würde und Wichtigkeit, die Metallbahn hinunter. Dann schritt er um die Rutsche herum und reihte sich wieder hinten in die Schlange ein.

Die kleinen Jungen und Mädchen schienen dies für selbstverständlich zu halten. Mir dagegen fiel es schwer, mich von diesem Schauspiel loszureißen. Ich hätte den ganzen Tag zusehen können.

Ich mußte jedesmal lächeln, wenn ich an Brandys Possen dachte. Aber als Mrs. Westby ihn mir ein paar Monate später in die Praxis brachte, lächelte ich nicht mehr. Seine quirlige Überschwenglichkeit war verschwunden, schleppend schlich er durch den Flur zum Behandlungszimmer.

Als ich ihn auf den Untersuchungstisch hob, merkte ich, daß er eine Menge Gewicht verloren hatte.

«Was ist denn nur los mit ihm, Mrs. Westby?» fragte ich.

Sie sah mich besorgt an. «Er kränkelt seit ein paar Tagen, er ist teilnahmslos und hustet, und er ißt kaum etwas. Aber seit heute morgen kommt er mir richtig krank vor. Er muß richtig nach Luft japsen ...»

Während ich das Thermometer einführte, beobachtete ich, wie sich der Brustkorb in schnellem Rhythmus hob und senkte. «Er sieht wirklich ziemlich elend aus.»

Brandy hatte 40 Grad Fieber. Ich nahm

mein Stethoskop und hörte die Lungen ab. Ein alter schottischer Arzt hatte einmal den Brustkorb eines Patienten als eine «rasselnde Kiste» bezeichnet – und genauso hörte es sich jetzt bei Brandy an. Da waren ein Rasseln und Pfeifen, ein Piepsen und Gurgeln – und im Hintergrund das keuchende Atmen. Ich steckte das Stethoskop in die Tasche. «Er hat eine Lungenentzündung.»

«Der arme Kerl.» Mrs. Westby streckte die Hand aus und streichelte ihm die Brust. «Dann ist es sehr ernst, ja?»

«Ich fürchte, ja.»

«Aber ...» Sie warf mir einen vertrauensvollen Blick zu. «Soweit ich gehört habe, gibt es gute neue Medikamente ...»

Ich zögerte. «Ja, das ist richtig. In der Humanmedizin und auch bei den meisten Tieren haben die Sulfonamide und neuerdings das Penicillin das Bild verändert. Aber Hunde sind nach wie vor schwer zu heilen.»

Das ist auch heute, dreißig Jahre später, noch so. Trotz all der Antibiotika, die dem Penicillin folgten – die Streptomycine, Tetrazykline, Synthetika und Steroide –, bin ich immer äußerst besorgt, wenn ein Hund Lungenentzündung hat.

«Aber Sie halten es nicht für hoffnungslos?» fragte Mrs. Westby.

«Nein, nein. Ich muß Sie nur darauf hin-
weisen, daß viele Hunde nicht auf die Behandlung ansprechen. Aber Brandy ist jung
und kräftig. Er müßte gute Chancen haben.
Wie ist es übrigens dazu gekommen?»

«Ich glaube, das weiß ich, Mr. Herriot. Er
ist vor einer Woche im Fluß herumge-
schwommen. Ich habe versucht, ihn aus dem
Wasser zu locken, aber wenn er irgendwo ein
Stöckchen schwimmen sieht, ist er nicht zu
halten. Sie haben es ja selber gesehen.»

«Ich weiß. Und hinterher hat er gefroren?»

«Ja. Ich bin gleich mit ihm nach Hause gegangen, denn es war ein sehr kalter Tag. Und
ich merkte, wie er zitterte, als ich ihn zu
Hause abtrocknete.»

Ich nickte. «Das könnte der Grund sein.
Also lassen Sie uns mit der Behandlung anfangen. Ich gebe ihm eine Penicillinspritze
und komme morgen bei Ihnen vorbei und
gebe ihm dann noch eine. Es ist besser, wenn
er in diesem Zustand nicht in die Praxis
kommt.»

«Gut, Mr. Herriot. Und kann ich sonst
noch etwas tun?»

«Ja, das können Sie. Machen Sie ihm ein Jäckchen. Schneiden Sie einfach zwei Löcher für die Vorderbeine in die Decke und nähen Sie die beiden Enden über dem Rükken zusammen. Es kann auch ein alter Pullover sein, Hauptsache, die Brust ist warm bedeckt.»

Am nächsten Tag gab ich ihm die zweite Penicillinspritze. Noch war keine Besserung festzustellen. Ich gab ihm noch an vier weiteren Tagen Penicillin – aber Brandy gehörte offenbar zu den vielen Hunden, die nicht auf die Behandlung ansprachen. Die Temperatur sank ein wenig, aber er aß fast nichts mehr und wurde immer dünner. Ich stellte ihn um auf Sulphapyridin-Tabletten, aber auch sie schienen nicht anzuschlagen.

Die Tage gingen dahin, Brandy hustete und keuchte und blickte immer elender und trüber in die Welt. So kam ich zu dem traurigen Schluß, daß dieser schöne Hund, der noch vor wenigen Wochen quicklebendig gewesen war, sterben würde.

Aber Brandy starb nicht. Er überlebte. Mehr war es nicht. Die Temperatur sank, sein Appetit wurde ein wenig besser, er vegetierte in einer Art Dämmerzustand dahin.

«Er ist nicht mehr der alte Brandy», sagte Mrs. Westby ein paar Wochen später zu mir, als ich eines Morgens bei ihr vorsprach. Und in ihren Augen schimmerten Tränen.

Ich schüttelte den Kopf. «Nein, das ist er wirklich nicht mehr. Geben Sie ihm regelmäßig den Lebertran?»

«Jeden Tag. Aber das scheint auch nicht zu helfen. Warum ist er so, Mr. Herriot?»

«Die akute Lungenentzündung ist ausgeheilt, aber er hat eine chronische Pleuritis, Verwachsungen und vielleicht noch andere Lungenschäden zurückbehalten. Es sieht so aus, als ob es so bleiben wird.»

Sie wischte sich die Augen. «Es bricht mir das Herz, ihn so zu sehen. Er ist erst fünf, aber er sieht aus wie ein uralter Hund. Und er war so voller Leben!» Sie schluchzte auf und putzte sich die Nase. «Wenn ich daran denke, wie ich ihn gescholten habe, wenn er dauernd an die Mülltonnen ging und mir meine Jeans schmutzig machte!»

Ich grub meine Hände in die Hosentaschen. «Jetzt tut er so etwas überhaupt nicht mehr, nicht?»

«Nein. Er schleicht nur im Haus herum. Er will nicht einmal mehr spazierengehen.»

Während ich ihn beobachtete, stand Brandy von seinem Platz auf und schleppte sich zum Kamin. Dort blieb er einen Augenblick stehen, abgemagert und mit trübem Blick. Dann schien er mich plötzlich wahrzunehmen, zum erstenmal seit langem, zuckte kurz, aber gleich darauf mußte er wieder husten und keuchen und plumpste auf den Kaminvorleger.

Mrs. Westby hatte recht, er sah aus wie ein uralter Hund.

«Glauben Sie, daß es so bleiben wird?» fragte sie.

Ich zuckte mit den Schultern. «Jetzt können wir nur noch hoffen.»

Aber als ich in den Wagen stieg und davonfuhr, hatte ich nicht viel Hoffnung.

Wochen und Monate vergingen. Ich sah den Labrador nur, wenn Mrs. Westby ihn an der Leine ausführte. Ich hatte immer den Eindruck, daß er nur zögernd mitlief und daß seine Herrin absichtlich langsam ging, damit er Schritt halten konnte. Sein Anblick machte mich traurig. Ich mußte immer an den quicklebendigen, tollenden Brandy von früher denken. Aber wenigstens hatte ich sein Leben gerettet. Mehr konnte ich für ihn nicht tun, und ich bemühte mich mit aller Entschlossenheit, nicht mehr an ihn zu denken.

Das gelang mir auch einigermaßen – bis zu einem Nachmittag im Februar. Ich hatte eine Höllennacht hinter mir. Ich hatte bis vier Uhr morgens ein Pferd mit Koliken behandelt und war danach ins Bett gekrochen, beruhigt, daß das Pferd jetzt frei von Schmerzen war, als ich von einem anderen Bauern gerufen wurde. Ich half einer kleinen jungen Kuh, ein kräftiges Kalb zur Welt zu bringen, aber die Anstrengung hatte mich die letzte Kraft gekostet, und als ich nach Hause kam, war es zu spät, um noch einmal ins Bett zu gehen.

Irgendwie quälte ich mich durch den Morgen. Ich war so müde, daß ich mich wie ausgehöhlt fühlte. Beim Essen beobachtete Helen mich besorgt, weil ich über dem Teller einschlief. Um zwei Uhr waren ein paar Hundebesitzer mit ihren Tieren im Warteraum. Ich gab mich mechanisch mit ihnen ab. Meine Augenlider waren halb geschlossen. Ich schlief fast im Stehen ein. Tatsächlich hatte ich das Gefühl, nicht mehr ganz dazusein.

«Der Nächste, bitte», murmelte ich, als ich die Tür des Wartezimmers öffnete. Ich trat zurück und wartete darauf, daß ein Hund in den Flur hinausgeführt würde.

Und tatsächlich erschien ein Mann in der Tür, der einen kleinen Pudel bei sich hatte. Aber beim Anblick dieses Tieres riß ich weit die Augen auf: Der Pudel ging aufrecht auf den Hinterbeinen.

Ich wußte, daß ich fast am Einschlafen war. Aber ich hatte doch noch keine Halluzinationen! Ich starrte auf den Pudel, aber das Bild änderte sich nicht: das kleine Geschöpf stolzierte durch die Tür – Brust raus, Kopf hoch, aufrecht wie ein Soldat.

«Folgen Sie mir, bitte», sagte ich heiser und ging über die Fliesen zum Behandlungsraum. Auf halbem Weg drehte ich mich um. Ich konnte es immer noch nicht glauben. Aber es war das gleiche Bild – der Pudel marschierte unbeirrt auf seinen Hinterbeinen neben seinem Herrn her.

Der Mann mußte mir meine Verwunderung angemerkt haben. Er lachte plötzlich.

«Keine Angst, Mr. Herriot», sagte er. «Der kleine Kerl war im Zirkus tätig, bevor ich ihn bekam. Und so lasse ich ihn manchmal seine kleinen Kunststückchen vorführen, um die Leute zu überraschen.»

«Das ist Ihnen allerdings gelungen!» sagte ich und holte tief Luft.

Der Pudel war nicht krank. Ich sollte nur seine Krallen beschneiden. Ich lächelte, als ich ihn auf den Tisch hob und anfing, mit der Zange zu hantieren.

«Ich nehme an, die hinteren Krallen brauche ich nicht zu beschneiden», sagte ich im Scherz. «Die läuft er sich ja sicher von allein ab.»

Doch als ich fertig war, überkam mich wieder bleierne Müdigkeit, und ich hätte umfallen können, als ich den Mann mit dem Hund zur Tür brachte.

Ich beobachtete, wie das kleine Tier davontrottete, nun auf vier Beinen wie alle anderen Hunde auch, und mir fiel ein, daß es lange her war, seit ich einen Hund etwas Ungewöhnliches, ja Komisches hatte tun sehen.

Freundliche Erinnerungen stiegen in mir auf, während ich mich müde an den Türpfosten lehnte und die Augen schloß. Als ich sie wieder öffnete, sah ich Brandy mit Mrs. Westby um die Ecke kommen. Seine Nase

441

war vollständig umhüllt von einer roten Tomatensuppendose. Er zerrte wie verrückt an der Leine und wedelte mit dem Schwanz, als er mich sah.

Dies war nun bestimmt eine Halluzination, sagte ich mir. Ich sah Dinge aus der Vergangenheit! Höchste Zeit, daß ich ins Bett ging. Aber ich stand immer noch an der Tür, als der Labrador die Stufen heraufgesprungen kam. Er machte den Versuch, mir das Gesicht zu lecken, aber die Konservendose hinderte ihn daran. So gab er sich damit zufrieden, sein Bein kämpferisch gegen die oberste Stufe zu stemmen.

Ich starrte in Mrs. Westbys strahlendes Gesicht. «Was...»

Ihre blitzenden Augen und das fröhliche Lächeln machten sie noch anziehender. «Sehen Sie, Mr. Herriot, es geht ihm besser! Es geht ihm besser!»

Im nächsten Augenblick war ich hellwach. «Und ich ... ich vermute, Sie wollen mich bitten, ihn von der Dose zu befreien?»

«Genau. Bitte, helfen Sie ihm.»

Ich brauchte meine ganze Kraft, um ihn auf den Tisch zu heben. Er war schwerer als vor seiner Krankheit. Ich streckte die Hand

nach der Pinzette aus und fing an, den gezackten Rand von der Nase und der
Schnauze weg nach außen zu biegen. Toma-
tensuppe mußte eines seiner Lieblingsgerichte sein, jedenfalls hatte er die Nase so
tief in die Dose gedrückt, daß es mich einige
Zeit kostete, bevor ich ihm das Blechding
von der Schnauze ziehen konnte.

Ich wehrte den liebevollen Überfall seiner
Schlabberzunge ab. «Er geht also wieder
seinem alten Hang nach.»

«Ja, das tut er. Mehrere Dosen habe ich
schon selber entfernt. Und er klettert auch
wieder auf die Rutsche – mit den Kindern
auf dem Spielplatz.» Sie lächelte glücklich.

Nachdenklich zog ich das Stethoskop aus
der Tasche meines weißen Kittels und
horchte die Lungen ab. Wunderbar! Hier
und da war noch eine kleine Unregelmäßig-
keit, aber das fürchterliche Gerassel war
verschwunden.

Ich lehnte mich an den Tisch und betrachtete das große Tier mit einer Mischung aus
Dankbarkeit und Ungläubigkeit. Es war wie
vorher, ungestüm und voller Lebensfreude.
Seine Zunge hing lässig aus der Schnauze,
es schien zu lächeln, und die Sonne schien

durch das Fenster auf sein schimmerndes goldenes Fell.

«Sagen Sie, Mr. Herriot –» Mrs. Westby sah mich mit großen Augen an – «wie ist so etwas möglich? Wie kommt es, daß es ihm jetzt wieder besser geht?»

«Das ist die Heilkraft der Natur. Wenn die Natur sich entschließt zu handeln, kann kein Tierarzt mit ihr konkurrieren.»

«Aha. Und man kann nie voraussagen, wann das geschieht?»

«Nein.»

Ein paar Sekunden lang standen wir still da und streichelten dem Hund den Kopf, die Ohren und das Rückenfell.

«Übrigens, was ich Sie noch fragen wollte», sagte ich schließlich. «Zeigt er auch wieder Interesse an Ihren Blue Jeans?»

«Das kann man wohl sagen! Sie sind gerade in der Waschmaschine. Von oben bis unten verdreckt. Ist das nicht wunderbar?»

Quellenverzeichnis

Die folgenden Stories sind entnommen dem Band
«Der Doktor und das liebe Vieh», Copyright © 1974
by Rowohlt Verlag GmbH, Reinbek bei Hamburg
Deutsch von Friedrich A. Kloth

Tricki Woo, der Pekinese
Tristans Nachtwache
Ein Triumph der ärztlichen Kunst
Lächeln unter Tränen
Ein braver Hund

Die folgenden Stories sind entnommen dem Band
«Dr. James Herriot, Tierarzt», Copyright © 1976 by
Rowohlt Verlag GmbH, Reinbek bei Hamburg
Deutsch von Ulla H. de Herrera

Mrs. Donovan
Jock ist der Beste
Eine Promenadenmischung
Ein Fall für Granville Bennett
Gyp bellt nie
Familie Dimmocks
Magnus und Company
Ein wahres Wunder

Die folgenden Stories sind entnommen dem Band
«Der Tierarzt kommt», Copyright © 1979 by Rowohlt
Verlag GmbH, Reinbek bei Hamburg
Deutsch von Helmut Kossodo

Cedrics Winde
Wesley war wie verwandelt
Sheps Hobby
Micks Augen geht es besser
Mr. Pinkertons Problem
Theo, der Pubterrier
Die große Flucht

Die folgenden Stories sind entnommen dem Band
«Von Zweibeinern und Vierbeinern», Copyright
© 1982 by Rowohlt Verlag GmbH, Reinbek bei
Hamburg
Deutsch von Ursula Bahn

Myrtle soll nicht sterben
Die fröhliche Venus
Räude!
Ruffles und Muffles
Brandys Hang zu Mülltonnen

James Herriot

James Herriot ist das Pseudonym des britischen Tierarztes James Wight, geboren 1916. Er lebte mit seiner Frau und seinen zwei Kindern in Nordengland, wo er bis zu seinem zweiundsiebzigsten Lebensjahr als Tierarzt praktizierte. James Herriot starb am 23. Februar 1995 in Thirsk in Yorkshire.

Der Doktor und das liebe Vieh
Als Tierarzt in den grünen Hügeln von Yorkshire
(rororo 4393 und als "Großdruck" 33133)
Warmherzig und humorvoll, mit nie versiegendem Staunen vor dem immer wieder neuen Wunder des Lebens erzählt James Herriot in den amüsanten Erinnerungen von der Tierarztpraxis in der wilden, einsamen Landschaft der Yorkshire Dales.

Der Tierarzt *Die zweite Folge der heiteren Tierarztgeschichten*
(rororo 4579)

Der Tierarzt kommt *Die dritte Folge der heiteren Tierarztgeschichten*
(rororo 4910)
«Geschichten voller Heiterkeit, voller Witz und Nachdenklichkeit. Eine wunderschöne, entspannende Lektüre für den Sonntagvormittag auf dem Balkon oder für den Urlaub.»
Norddeutscher Rundfunk

Ein jegliches nach seiner Art
Neue Geschichten vom Doktor und dem lieben Vieh
(rororo 13733 und als gebundene Ausgabe im Wunderlich Verlag)

Von Zweibeinern und Vierbeinern *Neue Geschichten vom Tierarzt*
(rororo 5460)
«Das ist ein Herriot von der besten Sorte, ein Buster Keaton der Tiermedizin. Er bringt uns zum Lachen und zum Weinen, und er führt uns manche kleine Wahrheiten vor Augen, denen wir nachdenklich zustimmen ...»
Washington Post

Auf den Hund gekommen
Stories
(rororo 13638)
Eine Auslese der aufregenden und nachdenklichen, humorvollen und melancholischen Hundegeschichten aus den Büchern des berühmten Tierarztes.

rororo Unterhaltung